戦後日本政治の変遷

変遷　史料と基礎知識

小西德應・竹内 桂・松岡信之〔編著〕

北樹出版

まえがき

　富田信男・楠精一郎・小西德應著『新版 日本政治の変遷』が北樹出版から刊行されたのは、1993年11月のことでした。その10年前の1983年に出版されていた、富田信男・福岡政行・谷藤悦史著『日本政治の変遷』の戦後史部分に手を入れるとともに、新たな政治状況を書き加えました。新版の刊行後、さらなる増補版を出す必要性を感じていたものの、各著者が事情を抱えて、放置したままになりました。その後、富田先生、楠先生が共に鬼籍に入られたため、増補版に着手する機会を逸しておりました。

　このたび幸いにも、博士論文を書き上げた2人の若い研究者の慫慂と助力を得て、四半世紀ぶりに新たに『日本政治の変遷』を刊行することになりました。

　本書を出すにあたって問題となったのは、どこを対象時期とするかでした。第二次世界大戦から70年以上が、明治維新から150年以上が経過した今日までをふりかえると、第二次世界大戦での敗戦をちょうど折り返し地点とすることができます。また、戦後の日本政治を対象とするだけでも膨大な量となることは容易に想像できます。大学で活用するテキストとしてふさわしい分量とすること、さらに日本国内の読者だけではなく、グローバル化が進む今日、日本のことを学ぶ多くの人々に現代史に関心を持ち、理解を深めていただくためにも、その手掛かりを提示することで意見が一致しました。そこで対象時期を1945年以降とし、書名を『戦後日本政治の変遷』とすることにしました。

　前著が出版されて以降、この四半世紀の間に、日本政治が大きな変革を遂げただけではなく、研究環境も大きく変化しました。具体的には、古い映像をふくめ多様な史資料の発掘・刊行がなされました。また戦後50年を超えたころから、それまでは政治家や高級官僚などごく一部の人による「証言」が中心でしたが、オーラルヒストリー手法の浸透もあって証言を残す人が増え、多様な資料とともに提供されるようになりました。また冷戦の終了に伴い、ソ連などを含む諸外国の史資料公開がなされるようになりました。さらに、この間のグローバル化に合わせて、歴史をより広い視野で捉える必要性も高まってきました。こうした世界的な政治・社会状況の変化に合わせて、新たに使われ始めた視点や分析用語もあります。あらためて通史として、そうした実態を踏まえた上で歴史を見直す必要

が出てきたのです。

　しかし、『新版』の「まえがき」でも指摘されている紙幅の問題が引き続きあり、本書では組み方を変えて記載分量を可能な限り増やしましたが、依然として限界が残りました。本文については、書くべきことが多いテーマはかえって辞書的な叙述となった項目があり、史料についても多くの部分を割愛せざるを得なかったものがあります。新しい分析用語や項目についても紙幅の関係からあきらめたものがあります。他方で、テーマによっては、前著執筆当時から状況は大きく変わったものの、掲載すべき新しい史資料が出されなかったものもあります。そうした箇所は、『新版』のものをベースにしました。

　もうひとつ、前著が刊行されてからの大きな研究環境の変化に、インターネットが1990年代から日本でも普及し始めたことがあります。コンテンツが充実してきたことにより、今日の日本政治史研究においても不可欠なツールとなっています。初学者への史資料へのアクセスを容易にするためにも、本書では国会議事録をはじめ、インターネットのサイトから引用した史資料が相当数あります。なお少数ながら、読みやすくするため、史料は現代表記にし、数字は算用数字に改めたものがあります。また巻末には、初学者の理解と研究を進める観点から、政党・派閥の変遷図、戦前期の主要な史料、関連図書を掲載しました。

　執筆者の分担ナンバーは以下の通りです。小西：10〜32、竹内：33〜38、47〜58、65〜66、72〜77、松岡：1〜9、39〜46、59〜64、67〜71、78〜80。

　本書を『新版』の編著者である富田信男先生、楠精一郎先生に捧げます。お2人が築かれた成果の上に、本書ができ上がりました。末尾になりますが、昨今の厳しい出版状況の中、新版に引き続いて刊行をお引き受けくださった北樹出版の木村哲也前社長と、編集作業を担当してくださった古屋幾子さんに御礼を申し上げます。

目　次

第3部　連立内閣の時代

戦後日本政治の変遷

史料と基礎知識

1 敗戦を巡る決断

　戦局の悪化に直面した東条英機内閣では、東条首相が陸軍参謀総長を、嶋田繁太郎海相が軍令部総長を兼任することで戦争指導の集権化を試みた。しかし、1944年6月のマリアナ沖海戦での敗北、さらに7月のサイパン島陥落により絶対国防圏が崩れたことで、日本本土が米軍の空襲圏内に入るとともに政権基盤は弱体化していった。戦況の悪化を受けて近衛文麿や若槻礼次郎といった重臣層が倒閣運動に走ったことで、7月18日東条内閣は総辞職した。続く小磯国昭内閣も米軍の沖縄上陸（45年4月）や中国国民党との和平工作（繆斌工作）の失敗により4月には総辞職に追い込まれた。

　45年2月、ルーズベルト米大統領、チャーチル英首相、スターリン・ソ連最高指導者によるヤルタ会談では、対独戦後処理方針とともに、ソ連の条件つき対日参戦を決定した。その上、ルーズベルトとスターリンは樺太南部のソ連返還と共に、樺太・千島交換条約（1875年）により日本領となっていた千島列島のソ連引き渡しに同意する極東密約（ヤルタ協定）を交わしていたのである。

　4月7日、小磯の後継として鈴木貫太郎内閣が発足した。5日にはソ連が翌年の中立条約不延長を通告してきたが、条約がそれまで有効だと認識していた日本側は、6月22日の御前会議でソ連を仲介国とする和平交渉の開始を決定する。この交渉には近衛が特使としてあたることとなり、ソ連に提示する「和平交渉の要綱」が作成された。同要綱は、「国体護持」を絶対条件とする一方で、領土は「固有本土を以て満足」するなど、領土の縮小をも許容するものだった。

　7月26日、米、英、中の三カ国首脳の名でポツダム宣言が発表された。同宣言は日本に対してすみやかな降伏、軍国主義勢力の除去、連合国軍による保障占領などを要求した。日本側では、同宣言受諾後における天皇の地位が明確に表現されていなかったことから合意形成に手間取った。結局、28日に鈴木首相が同宣言を「黙殺」するとの記者会見を行うが、8月6日に広島、9日に長崎に原爆が投下されたことや、9日にソ連が対日参戦（満州国侵攻）したことにより和平工作の失敗は明白となった。同日夜に御前会議における天皇の「聖断」により同宣言の受諾が決まったが、国体護持問題を連合国に問い合わせることとなった。明確な回答がない中、14日には天皇による二度目の「聖断」によって、ポツダム宣言の無条件受諾を決定した。

ヤルタ協定 (抜粋)（1945年2月11日）

　三大国、すなわちソヴィエト連邦、アメリカ合衆国及び英国の指導者は、ドイツ国が降伏し且つヨーロッパにおける戦争が終結した後2箇月又は3箇月を経て、ソヴィエト連邦が、次の条件で、連合国側において日本国に対する戦争に参加することを協定した。(略)

2. 1904年の日本国の背信的攻撃により侵害されたロシア国の旧権利は、次のように回復される。

（イ）樺太の南部及びこれに隣接するすべての島をソヴィエト連邦に返還する。

3. 千島列島は、ソヴィエト連邦に引渡す。

　(略) 三大国の首班は、ソヴィエト連邦のこれらの要求が日本国の敗北した後に確実に満足されることを合意した。

（岩沢雄司編『国際条約集』2019年版）

ポツダム宣言 (抜粋)（1946年7月26日）

(1) 吾等合衆国大統領、中華民国政府主席及グレート・ブリテン国総理大臣は、吾等の数億の国民を代表し、協議の上、日本国に対し、今次の戦争を終結する機会を与ふることに意見一致せり。

(2) 合衆国、英帝国及中華民国の巨大なる陸、海、空軍は、西方より自国の陸軍及空軍に依る数倍の増強を受け、日本国に対して最後的打撃を加ふるの態勢を整へたり。右軍事力は、日本国が抵抗を終止するに至る迄同国に対し戦争を遂行する一切の連合国の決意に依り支持せられ、且鼓舞せられ居るものなり。

(6) 吾等は、無責任なる軍国主義が世界より駆逐せらるるに至る迄は、平和、安全及正義の新秩序が生じ得ざることを主張するものなるを以て、日本国国民を欺瞞し、之をして世界征服の挙に出づるの過誤を犯さしめたる者の権力及勢力は永久に除去せられざるべからず。

(8) カイロ宣言の条項は、履行せらるべく、又日本国の主権は、本州、北海道、九州及四国並に吾等の決定する島嶼に局限せらるべし。

(12) 前記諸目的が達成せられ、且日本国国民の自由に表明せる意思に従ひ平和的傾向を有し且責任ある政府が樹立せらるるに於ては、連合国の占領軍は、直に日本国より撤収せらるべし。

(13) 吾等は、日本国政府が直に全日本国軍隊の無条件降伏を宣言し、且右行動に於ける同政府の誠意に付、適当且十分なる保障を提供せんことを同国政府に対し要求す。右以外の日本国の選択は、迅速且完全なる壊滅あるのみとす。

（同上）

和平交渉の要綱 (抜粋)（1945年6月）

・国体の護持は絶対にして一歩も譲らざること

・国土に就ては、なるべく他日の再起に便なることに努むるも、止むを得ざれば固有本土を以て満足す

・我国古来の伝統たる天皇を戴く民本政治には、我より進んで復帰するを約す。これが実行のため、若干法規の改正、教育の革新にも亦同意す

・国内の治安確保に必要なる最小限の兵力は、これを保有することに努むるも、当分その若干を現地に残留せしめることに同意す

（矢部貞治編著『近衛文麿』下巻）

(第17回) 御前会議決定メモ（1945年8月14日）

自分ノ非常ノ決意ニハ変リナイ

内外ノ情勢、国内ノ情態彼我国力戦ヨリ判断シテ軽々ニ考ヘタモノデハナイ

国体ニ就テハ敵モ認メテ居ルト思フ毛頭不安ナシ

敵ノ保障占領ニ関シテハ一抹ノ不安ガナイモノデモナイカ戦争ヲ継続スレハ国体モ国家ノ将来モナクナル即チモトモ子モナクナル

今停戦セハ将来発展ノ根基ハ残ル

武装解除ハ堪ヘ得ナイカ国家ト国民ノ幸福ノ為ニハ明治大帝カ三国干渉ニ対スルト同様ノ気持ヲヤラ子バナラヌ

ドウカ賛成シテ呉レ

陸海軍ノ統制モ困難カアラウ

自分自ラ「ラヂオ」放送シテモヨロシイ

速ニ詔書ヲ出シテ此ノ気持ヲ伝ヘヨ

（参謀本部編『敗戦の記録』）

2 初期占領政策

1945 年 8 月 15 日、天皇の玉音放送（終戦の詔勅）により日本は敗戦を迎え、17 日には初の皇族内閣として東久邇宮稔彦内閣が組閣された。天皇から「特に憲法を尊重し、詔書を基とし、軍の統制、秩序の維持に努め時局の収拾に努力せよ」との指示を受けた通り、敗戦に伴う軍隊の速やかな武装解除、国内治安の維持、そして占領統治の円滑な開始が同内閣の使命となった。

日本側の非武装化は急速に進んだ。9 月 2 日の降伏文書調印により改めて、連合国への降伏と武装解除が命じられる。軍事機構の解体についても、参謀本部と軍令部の廃止（10 月 15 日）、陸軍省と海軍省の廃止（12 月 1 日）が行われた。

一方で、天皇に対する戦争責任の追及を避けることも重視された。東久邇首相は 8 月 17 日の記者会見において「この際私は軍官民、国民全体が徹底的に反省し懺悔しなければならぬ」と「一億総懺悔」の必要を説いたが、一部では戦争の責任を曖昧にするものだとの批判も起きた。

9 月 2 日の降伏文書調印式を経て、16 日には東京に連合国軍最高司令官司令部（GHQ / SCAP）が置かれ、本格的に占領統治が始まった。連合国、なかでもアメリカ軍による初期の占領方針は、日本の非軍事化と民主化を徹底的に推し進めることであったため、矢継ぎ早に改革が行われていった。

10 月 4 日には自由の指令（人権指令）により、治安維持法など弾圧法規の撤廃、さらに政治犯の釈放、特別高等警察の廃止、内相以下 4000 名の内務官僚の罷免が指令された。日本政府側は、戦時体制を解除して平時の状態に戻すことが民主化であると考えていたために、政治的自由を全面的に附与する改革に対応することができなかった。特に山崎巌内務大臣が政治犯釈放に反対し、東久邇内閣は「改革指令の遂行は共産革命を誘発し不可能」として 10 月 9 日に総辞職した。後任として外交官出身の幣原喜重郎に大命が下った。

10 月 11 日には幣原首相に対して口頭で五大改革指令が伝えられた。これは婦人参政権、労働組合の結成奨励、教育の民主化、秘密警察等の廃止、経済民主化を内容とする、経済、社会面での民主化を進めるものだった。12 月には神道指令により国家神道が廃止され、46 年 1 月には天皇の人間宣言が出された。

沖縄は、46 年 1 月に出された指令（SCAPIN-677）により北緯 30 度以南が日本本土とは切り離され、1972 年に至るまで米軍による直接統治が行われた。

終戦の詔勅・現代語訳 （抜粋）

（1945年8月15日）

　わたくしは、世界の情勢とわが国が置かれている現状とを十分に考え合わせ、非常の手だてをもってこの事態を収めようと思い、わたくしの忠良な国民に告げる。

　わたくしは、わが政府をもってアメリカ、イギリス、中国、ソ連の四か国に対し四国共同宣言、ポツダム宣言を受諾するむねを通告させた。

　そもそも、わが国民がすこやかに、安らかに生活出来るよう心がけ、世界各国が共に平和に繁栄していくようにはかるのは、歴代天皇が手本として残して来た方針であり、わたくしの念頭を去らなかったところでもある。したがって、先に米英二国に戦いを宣した（昭和16年12月8日）理由もまた実に、わが国の自存とアジアの安定を心から願ったためであって、いやしくも他国の主権を押しのけたり、その領土を侵略するようなことはもちろん、わたくしの志とは全く異なる。この戦争がはじまってからすでに四年を経過した。その間、陸海将兵は各所で勇戦奮闘し、役人たちもそれぞれの職務にはげみ、一億国民も各職域に奉公して来た。このようにおのおのが最善を尽くしたにもかかわらず、戦局は必ずしもわが方に有利に展開したとはいえず、世界の情勢もまたわれに不利である。そればかりでなく敵は新たに残虐な爆弾を広島、長崎に投下し、多くの罪なき人々を殺傷し、その惨害はどこまで広がるかはかり知れないものがある。このような状況下にあってもなお戦争を続けるなら、ついにはわが日本民族の滅亡をきたすようなことにもなり、ひいては人類が築きあげた文明をもうちこわすことになるであろう。それでは、わたくしはどうしてわが子どもにひとしい国民大衆を保護し、歴代天皇のみたまにおわび出来ようか。これこそわたくしがポツダム宣言を受諾するようにした理由である。

　ポツダム宣言の受諾にあたってわたくしは、わが国とともに終始アジアの解放に協力した友邦諸国に遺憾の意を表明しないわけにはいかない。また、わが国民のうち戦死したり、職場に殉ずるなど不幸な運命になくなった人々や、その遺族に思いをはせると、まことに悲しみにたえない。かつ戦傷を負い、空襲などの災害を受けて家業をなくした人々の厚生を考えると、わたくしの胸は痛む。思えば、今後わが国が受けるであろう苦難は、筆舌に尽くし難いものであろう。わたくしは国民の心中もよくわかるが、時世の移り変わりはやむを得ないことで、ただただ堪え難いこともあえて堪え、忍び難いことも忍んで、人類永遠の真理である平和の実現をはかろうと思う。

　わたくしはいまここに、国体を護持し得たとともに、国民のまことの心に信頼しながら、いつも国民といっしょにいる。もし感情の激するままに、みだりに問題を起こしたり、同胞がおたがいに相手をけなし、おとしいれたりして時局を混乱させ、そのために人間の行なうべき大道をあやまって、世界から信義を失うようなことがあってはならない。このような心がけを、全国民があたかも一つの家族のように仲良く分かちあい、長く子孫に伝え、わが国の不滅であることを信じ、国民の持てる力のすべてをそのためにそそぎ込もう。そうした心構えをいよいよ正しく、専一にし、志を強固にして誓って世界にたぐいないわが国の美点を発揮して、世界の進歩に遅れないよう努力しなければならない。国民よ、わたくしの意のあるところを十分くみ取って身につけてほしい。

（読売新聞社編『昭和史の天皇』第4巻）

降伏文書 （抜粋） **（1945年9月2日）**

下名ハ茲ニ日本帝国大本営並ニ何レノ位置ニ在ルヲ問ハズ一切ノ日本国軍隊及日本国ノ支配下ニ在ルー切ノ軍隊ノ連合国ニ対スル無条件降伏ヲ布告ス

（外務省編纂『日本外交文書 太平洋戦争』第3冊）

「一億総懺悔」 （抜粋） **（1945年8月17日）**

　ことここに至つたのはもちろん政府の政策がよくなかつたからでもあるが、また国民の道義のすたれたのもこの原因の一つである、この際私は軍官民、国民全体が徹底的に懺悔ししなければならぬと思ふ、全国民総懺悔をすることがわが国再建の第一歩であり、わが

国内団結の第一歩と信ずる

（『朝日新聞』1945年8月30日）

第88回帝国議会開院式における勅語 （抜粋）（1945年9月4日）

朕ハ終戦ニ伴フ幾多ノ艱苦ヲ克服シ国体ノ精華ヲ発揮シテ信義ヲ世界ニ布キ平和国家ノ確立シテ人類ノ文化ニ寄与セムコトヲ冀ヒ日夜軫念惜カス此ノ大業ヲ成就セシメト欲セハ冷静沈着隠忍自重外ハ盟約ヲ守リ和親ヲ敦クシ内ハ力ヲ各般ノ建設ニ傾ケ挙国一心自彊息マス以テ国本ヲ培養セサルヘカラス軍人遺族ノ扶助傷病者ノ保護及新ニ軍籍ヲ離レタル者ノ厚生戦災ニ蒙レル者ノ救済ニ至リテハ固ヨリ万全ヲ期スヘシ

（国立国会図書館　帝国議会会議録検索システム）

降伏後ニ於ケル米国ノ初期ノ対日方針 （「初期対日方針」）（抜粋）（1945年9月6日）

日本国ニ関スル米国ノ究極ノ目的ニシテ初期ニ於ケル政策ガ従フベキモノ左ノ如シ

(イ)日本国ガ再ビ米国ノ脅威トナリ又ハ世界ノ平和及安全ノ脅威トナラザルコトヲ確実ニスルコト

(ロ)他国家ノ権利ヲ尊重シ国際連合憲章ノ理想ト原則ニ示サレタル米国ノ目的ヲ支持スベキ平和的且責任アル政府ヲ究極ニ於テ樹立スルコト、米国ハ斯ル政府ガ出来得ル限リ民主主義的ノ自治ノ原則ニ合致スルコトヲ希望スルモ自由ニ表示セラレタル国民ノ意思ヲ支持セラレザル如何ナル政治形態ヲモ日本国ニ強要スルコトハ連合国ノ責任ニ非ズ此等ノ目的ハ左ノ主要手段ニ依リ達成セラルベシ

(ハ)日本国ハ完全ニ武装解除セラレ且非軍事化セラルベシ軍国主義者ノ権力ト軍国主義ノ影響力ハ日本国ノ政治生活、経済生活及社会生活ヨリ一掃セラルベシ軍国主義及侵略ノ精神ヲ表示スル制度ハ強力ニ抑圧セラルベシ　（外務省特別資料部編『日本占領及び管理重要文書集』第1巻）

政治的、公民的及び宗教的自由に対する制限の除去（撤廃）に関する覚書（自由の指令）（抜粋）（1945年10月4日）

一、日本帝国政府ハ政治的、民事的及宗教的自由ニ対スル制限並ニ人種国籍、信仰又ハ政見ヲ理由トスル差別待遇ヲ撤廃スルタメ

(イ)左記ノ事項ニ関スルー切ノ法律、勅令、省令、命令及規則ヲ排シ其ノ効力ヲ直チニ停止セシムルモノトス

(1)天皇、皇室及帝国政府ニ関スル自由ナル討議ヲ含ム思想、宗教集会及言論ノ自由ニ対スル制限ヲ設定又ハ維持スルモノ

(2)情報ノ蒐集及頒布ニ対スル制限ヲ設定又ハ之ヲ維持スルモノ

(3)法令ノ条文又ハ其ノ適用ニョリ人種、国籍、信仰又ハ政見ヲ理由トシテ特定ノ者ニ対シ不当ナル恩恵又ハ不利ヲ与フルモノ

(ロ)上記ノ(イ)項ニ該当スル法規ハ左ノモノヲ含ム。但シ左ノモノニ限ラルルコトナシ

(1)治安維持法

(2)思想犯保護観察法

(4)保護観察所官制

(5)予防拘禁手続令

(7)国防保安法

(15)宗教団体法

(ハ)左記ノ理由ニョリ拘留、投獄、保護観察或ハ他ノ方法ニ依リ自由ヲ束縛サルルー切ノ者ヲ即時釈放スルモノトス

（『日本管理法令研究』第1巻3号）

幣原首相ニ対シ表明セル「マクアーサー」意見（五大改革指令）（抜粋）（1945年10月11日）

日本国民ハ其ノ心理ヲ事実上奴隷化スル日常生活ニ関シテノ有ラユル形式ニ於ケル政府ノ秘密審問ヨリ解放セラレ思想、言論及信教ノ自由ヲ抑圧スル有ラユル形式ノ統制ヨリ解放セラレサルヘカラス能率化ノ名ヲ籍リ又ハ其ノ必要ヲ理由トシテ為サルル国民ノ組織化ハ政府ノ如何ナル名ニ於テ為サルルモノモ一切廃止セラルルヲ要ス

斯ル諸要求ノ履行及諸目的ノ実現ノ為日本ノ社会制度ニ対スル下記ノ諸改革ヲ日本社会ニ同化シ得ル限リ出来得ル限リ速ニ実行スルコトヲ期待ス

一、参政権ノ賦与ニ依リ日本ノ婦人ヲ解放スルコト――婦人モ国家ノ一員トシテ各家庭ノ福祉ニ役立ツヘキ新シキ政治ノ概念ヲ齎スヘシ

二、労働組合ノ組織奨励—以テ労働ニ威厳ヲ
　賦与シ労働者階級カ搾取ト濫用ヨリ己レヲ
　擁護シ生活程度ヲ向上セシムル為大ナル発
　言権ヲ与ヘラルヘシ、之ト共ニ現存スル幼
　年労働ノ悪弊ヲ是正スル為必要ナル措置ヲ
　採ルコト

三、学校ヲヨリ自由主義的ナル教育ノ為開校
　スルコト—以テ国民カ事実ニ基礎付ケラレ
　タル知識ニ依リ自身ノ将来ノ発展ヲ形成ス
　ルコトヲ得政府カ国民ノ主人ニアラスシテ
　使用人タルノ制度ヲ理解スルコトニ依リ解
　答スルヲ得ヘシ

四、国民ヲ秘密ノ審問ノ濫用ニ依リ絶エス恐
　怖ヲ与フル組織ヲ撤廃スルコト—故ニ専制
　的恣意的且不正ナル手段ヨリ国民ヲ守ル正
　義ノ制度ヲ以テ之ニ代フ

五、日本ノ経済制度ヲ民主主義化シ以テ所得
　並ニ生産及商業手段ノ所有権ヲ広ク分配ス
　ルコトヲ保障スル方法ヲ発達セシムルコト
　ニ依リ独占ノ産業支配ヲ是正スルコト
　　刻下ノ行政部面ニ就テハ国民ノ住宅、食
　糧、衣料ノ問題ニ関シ政府カ力強ク且迅速
　ナル行動ニ出テ疫病、疾病、飢餓其他重大
　ナル社会的政局ヲ防止スルコトヲ希望ス、
　今冬ハ危機タルヘク来ルヘキ困難克服ノ道
　ハ総テノ人々ヲ有効ナル仕事ニ就業セシム
　ルノ他ナシ　　　　　　　（国立国会図書館HP）

日本占領及び管理のための連合国最高司令官に対する降伏後における初期の基本的指令

（抜粋）（**1945年11月3日**）

第2部　経済

第13項　貴官は、日本の経済的復興または
日本経済の強化について何らの責任をも負わ
ない。貴官は、次のことを日本国民に明らか
にする。

a. 貴官がいずれの特定の生活水準を維持し
　又は維持させる何らの義務をも負わないこ
　と。

b. 生活水準は、日本がどれだけ徹底的に全
　ての軍国主義的野望をみずから捨て、その
　人的及び天然資源の利用を全く且つ専ら平
　和的生活の目的に転換し、適当な経済的及
　び財政的統制を実施し、且つ占領軍及びそ
　の代表する諸政府と協力するかにかかって

いること。日本がその努力及び資源によっ
て第11節に特記されている目的に合致す
る日本における生活状態を終局的に実現す
るのを妨げるのは、米国の政策ではない。

（『日本占領重要文書』第1巻　基本編）

新日本建設に関する詔書（人間宣言）（抜粋）（**1946年1月1日**）

惟フニ長キニ亘レル戦争ノ敗北ニ終リタル結
果、我国民ハ動モスレバ焦躁ニ流レ、失意ノ
淵ニ沈淪セントスルノ傾キアリ。詭激ノ風漸
ク長ジテ、道義ノ念頗ル衰ヘ、為ニ思想混乱
ノ兆アルハ洵ニ深憂ニ堪ヘズ。
然レドモ朕ハ爾等国民ト共ニ在リ、常ニ利害
ヲ同ジウシ休戚ヲ分タント欲ス。朕ト爾等国
民トノ間ノ紐帯ハ、終始相互ノ信頼ト敬愛ト
ニ依リテ結バレ、単ナル神話ト伝説トニ依リ
テ生ゼルモノニ非ズ。天皇ヲ以テ現御神（ア
キツミカミ）トシ、且日本国民ヲ以テ他ノ民
族ニ優越セル民族ニシテ、延テ世界ヲ支配ス
ベキ運命ヲ有ストノ架空ナル観念ニ基クモノ
ニモ非ズ。　　　　　（『官報』号外　1946年1月1日）

若干の外かく地域を政治上行政上日本政府から分離することに関する覚書（SCAPIN-677）（抜粋）（**1946年1月29日**）

1. 日本国外の総ての地域に対し、又その地
域にある政府役員、雇用員その他総ての者に
対して、政治上又は行政上の権力を行使する
こと、及び、行使しようと企てることは総て
停止するよう日本帝国政府に指令する。

3. この指令の目的から日本と言う場合は次
の定義による。
日本の範囲に含まれる地域として
　日本の4主要島嶼（北海道、本州、四国、九
州）と、対馬諸島、北緯30度以北の琉球（南
西）諸島（口之島を除く）を含む約1千の隣
接小島嶼
日本の範囲から除かれる地域として
　（a）鬱陵島、竹島、済州島。（b）北緯30
度以南の琉球（南西）列島（口之島を含む）
（略）。（c）千島列島、歯舞群島（略）、色丹
島。

（外務省HP）

3 諸政党の結成

　敗戦後あい次いで成立した東久邇稔彦内閣と幣原喜重郎内閣はいずれも議会を基盤としない挙国一致内閣だった。戦前期に壊滅した政党政治は 1945 年 10 月頃から再生し始め、新たに結成された諸政党は戦時体制との断絶を強調することで、新党の政治的正統性を獲得しようとした。

　そうした中で、11 月 2 日に日本社会党が結成され、片山哲が初代書記長に選出された。これは西尾末広、水谷長三郎、平野力三が中心となり、日本無産党系の加藤勘十、鈴木茂三郎と提携し、第二次大戦前の非共産党系社会民主主義勢力が大同団結したことで実現した。しかし単一の社会主義政党を目指したことから党内には右派の旧社会民衆党系、中間派の旧日本労農党系、左派の旧労働農民党系が混在し、路線や政策を巡る対立が起きることとなる。また、日労系には戦前に天皇を中心とする社会主義を目指して、積極的に軍部に協力した者もいた。

　11 月 9 日、日本自由党が結成された。同党は旧政友党系の非翼賛議員（同交会）を中心として結成された。結成に中心的な役割を果たした鳩山一郎が総裁になり、幹事長に河野一郎が、総務会長には三木武吉がそれぞれ就任した。

　日本進歩党は大日本政治会所属議員を母体として 11 月 16 日に結党大会を開いた。9 月 16 日に大日本政治会が解散され、議会内の多数勢力を維持するという目的で所属議員が一致していたものの、若手議員を中心とした新日本建設調査会、大麻唯男を中心とする時局協議会、旧民政党の町田派、旧政友会の中島派などの派閥が乱立しており、これを長老組が取りなして成立した。当初は総裁を置かなかったが、12 月 18 日に町田忠治が、幹事長に鶴見祐輔がそれぞれ就任した。

　1933 から 5 年にかけて幹部が大量検挙され、機能を停止していた日本共産党は、10 月 4 日、自由の指令によって政治犯が釈放され始めると機能を回復し、党活動を本格化させた。10 月 20 日には機関紙「アカハタ」が 11 年ぶりに再刊され、11 月 8 日には全国協議会を、12 月 1 日には第 4 回党大会を開催して党再建がなされた。徳田球一が書記長に選ばれた。

　協同主義を標榜する日本協同党は、キリスト教社会運動家である賀川豊彦の提唱により、護国同志会の出身者を中心にして 12 月 18 日に結成された。委員長には山本実彦、書記長に井川忠雄が就任した。

日本社会党綱領（抜粋）（1945年11月2日）

一、わが党は勤労各層の結合体として国民の政治的自由を確保しもって民主主義体制の確立を期す。

一、わが党は資本主義を排し社会主義を断行し、もって国民生活の安定と向上を期す。

一、わが党はいっさいの軍国主義思想および行動に反対し世界各国民の協力による恒久平和の実現を期す。

（日本社会党50年史編纂委員会編『日本社会党史』）

日本自由党綱領（1945年11月9日）

一、自主的にポツダム宣言を実践し、軍国主義的要素を根絶し、世界の通義に則りて新日本の建設を期す。

二、国体を護持し、民主的責任政治体制を確立し、学問、芸術、教育、信教を自由にして、思想、言論、行動の暢達を期す。

三、財政を強固にし、自由なる経済活動を促進し、農工商各産業を再建して国民経済の充実を期す。

四、政治道徳、社会道義を昂揚し、国民生活の明朗を期す。

五、人権を尊重し、婦人の地位を向上し、盛に社会政策を行ひ、生活の安定幸福を期す。

（自由民主党編『自由民主党党史 資料編』）

日本進歩党綱領（1945年11月16日）

一、国体を擁護し、民主々義に徹底し、議会中心の責任政治を確立す。

一、個人の自由を尊重し、協同自治を基調として、人格を完成し、世界平和の建設と人類福祉の向上に精進す。

一、自主皆働に徹し産業均整の下、生産の旺盛と分配の公平とを図り、新なる経済体制を建設して、全国民の生存を確保す。

（同上）

日本共産党行動綱領（抜粋）（1945年12月3日）

一、天皇制の打倒。人民共和国政府の樹立。

二、ポツダム宣言の厳正実施。民主々義諸国の平和政策支持。朝鮮の完全なる独立。労働組合の国際的提携。

四、天降り憲法の廃止と人民による民主々義憲法の制定。枢密院、貴族院、衆議院の廃止と民主的一院制議会の設定。華族その他一切の半封建的特権制度の撤廃。

七、言論、集会、出版、信仰、結社、ストライキ、街頭示威行進の完全なる自由。宗教の国家からの分離。

（日本共産党中央委員会編『日本共産党綱領集』）

日本協同党綱領（1945年12月18日）

一、我等は皇統を護持し民意の反映たる議会を中心とする民主主義的政治体制の確立を期す。

二、我等は勤労自主相愛を基調とする協同主義によつて産業経済文化を再建し民主的平和日本の建設を期す。

三、我等は農業立国の国策に基き食糧自給の体制を確立し民生の安定を期する。

（前掲『自由民主党党史 資料編』）

結党時の党主要役員

日本自由党	総裁・鳩山一郎　幹事長・河野一郎　総務会長・三木武吉
日本進歩党	総裁・町田忠治（1945年12月18日〜）　幹事長・鶴見祐輔
日本社会党	書記長・片山哲（のち委員長）
日本共産党	書記長・徳田球一
日本協同党	委員長・山本実彦　書記長・井川忠雄

日本自由党宣言（抜粋）（1945年11月9日）

明治維新の五箇条の御誓文は、我国、民主政治の指導原理として、長く日本国家に永遠の生命を与へて居る。然るに近時国内の綱紀全く廃れ、一部の武人権力を専らにし、官僚之に便乗して独善を壇にし、憲政の大道索れて輔弼其の道を失ふ。之が為に永遠の国是は誤られ、遂に列強の軽侮を招くに至つた。今や新生日本の発程に当り、基本的にして且つ普遍的なるべき信条は、虚偽を去つて真実に就き、恣意を退けて公論を尚び、潔く旧来の陋習を打破して、正義と自由との生活を拡充することである。

（前掲『自由民主党党史 資料編』）

4 公職追放

1946年1月4日、GHQは「好ましくない人物の公職よりの除去に関する覚書」を発し、該当する人物を公職から罷免および政府役職からの排除を指令した。これがいわゆる公職追放である。これは、日本が受諾したポツダム宣言第6項にある、連合国は「日本国民を欺瞞し之をして世界征服の挙に出づるの過誤を犯さしめたる者の権力及び勢力は永久に除去」する旨の具体化であり、GHQの初期占領政策における非軍国主義化、民主化を達成するための政策であった。

追放は次の7分野に該当する者であった。すなわち、A項：戦争犯罪人、B項：職業軍人、C項：極端な国家主義団体などの有力分子、D項：大政翼賛会・翼賛政治会・大日本政治会などの有力分子、E項：日本の膨張政策に関係した金融機関や開発機関の役員、F項・占領地の行政長官、G項・その他の軍国主義者及び極端な国家主義者である。戦争犯罪人や軍人に限らず、経済人、政治家をも対象とするものであり、追放該当者は官職や議員、候補者に就任することが禁止された。

帝国議会、特に衆院では、共産党を除く各政党が深刻な打撃を受けた。戦前の翼賛議員を多く抱えた進歩党は、所属議員273人中260人が指定を受け、壊滅状態となった。他党では、自由党46人中30人、社会党は戦争に協力的な日労系を含んでいたため10人、協同党も21人がそれぞれ追放された。公職追放の実施には、その後行われる戦後初の総選挙において新たな指導者層が選出されやすい環境を作り出す目的も含まれていた。

公職追放を実施する幣原内閣も、大きな影響を受けた。次田大三郎内閣書記官長、松村謙三農林相など5人が指定され総辞職するかと思われたが、内閣改造で乗り切った。また、戦前に翼賛政治に与しなかった鳩山一郎もG項に該当するとされたために追放された。G項自体に客観的基準が定まっていなかったため、本来の趣旨を逸脱する例も見られた。45年10月30日の「教職追放」により教育民主化に不適格な教育者が追放され、さらに47年1月4日には第2次公職追放令が施行され、経済界・言論界とともに都道府県、市町村に至る関係者も追放の対象となった。一連の公職追放により、約21万人が追放された。

好ましくない人物の公職よりの除去に関する覚書（抜粋）（1946年1月4日）

二、ポツダム宣言のこの条項を実施する為め日本帝国政府に対し次に列挙する総ての者を、公職より罷免し、且つ官職より排除することを命ずる。

(a) 軍国主義的国家主義と侵略の活発な主唱者。

(b) 一切の極端な国家主義的団体、暴力主義的団体、又は秘密愛国団体及びそれらの機関又は協力団体の有力分子。

(c) 大政翼賛会、翼賛政治会、大日本政治会の活動に於ける有力分子。（略）

七、ポツダム宣言に述べられている平和と安全と正義の新秩序を打ち立てるには、単にこの指令に述べてあるような官公吏を公職より罷免し、且つ官職より排除することだけで十分とは言えない。日本が真に平和的な傾向を持った責任ある政府を打ち立てようとするなら、官吏を新たに任命する場合に、日本人民の民主主義的傾向の復活と強化とを促進させ、基本的な人権と、言論、宗教、思想の自由を尊重するような人物を選ぶように、最大の注意を払わなければならない。（略）

（『日本管理法令研究』第3巻7号）

公職追放における罷免及び排除される者の範囲（G項のみ）

G　その他の軍国主義者及び極端な国家主義者、即ち

一、軍国主義政権の反対者を攻撃したり、その逮捕に努力した一切の者。

二、軍国主義政権の反対者に暴力行為を加えるよう教唆したり、又は実際に加えた者。

三、日本の侵略計画に参加し、政府当局者として活発且つ重要な役割を果した者、又は講演とか著作とか実際行動によって、自分が好戦的な国家主義と侵略の活発的な主唱者であることを表明した者。（同上）

内閣発表―推薦議員の追放決定（抜粋）（1946年2月9日）

政府は連合国司令部の意図に則し厳正清新なる総選挙を執行せんが為に、昭和17年執行せられたる総選挙に於て所謂推薦議員として立候補した者の如きはGに該当する惧れ相当濃厚であるので此等の者は今次の総選挙に於て立候補を遠慮せられ度いのである。なほG項該当者の範囲が相当広汎なるべきことは上述の如くであるから、前回の総選挙における非推薦の者と雖も、顧みて十分自戒せられんことを期待する。

（自治大学校編『戦後自治史4　衆議院議員選挙法の改正』）

吉田茂の回想

追放令の最初の拡大が実行に移されるに至ったのは、たしか昭和21年9月の中頃だったと記憶する。総司令部民政局からわが連絡事務局（終戦連絡中央事務局のこと―引用者）に対して非公式メモが手交された。それによると、総司令部では追放令を財界、言論界および地方のレベルに拡大する方針である（略）当時の実情は、政界では第一次の追放の実施によって、また財界では財閥解体や独占排除などによって、さらに言論界では急進的労働組合の強い圧力によって、既に相当深刻な不安と混乱とを惹き起していた。（略）かくの如き大拡大には、日本政府として承服し兼ねる所以のものについて、連絡事務当局をして強く陳情させたが、どうしても民政当局が承知しない。私からもマッカーサー元帥に対して手紙で訴えたりした。

（吉田茂『回想十年』上巻）

教員及教育関係官の調査、除外、認可に関する件（教職追放）（抜粋）（1945年10月30日）

一、日本の教育機構中より日本民族の敗北、戦争犯罪、苦痛、窮乏、現在の悲惨なる状態を招来せしむるに至りたる軍国主義的、極端なる国家主義的影響を払拭する為に、而してまた軍事的経験あるいは軍と密接なる関係ある教員並に教育関係者を雇用することに依て右思想の影響継続の可能性を防止する為に茲に左記の指令を発す

（文部省大臣官房文書課編『終戦教育事務処理提要』第1輯）

5　農地改革と労働組合の結成

　戦前より日本政府は農村問題の解決のため、地主制度の廃止を含め検討したものの、地主層の反発が激しく実現しなかった。戦後の農地改革は食糧問題の解決とともに農民運動への対応、つまり社会秩序の維持も目的として、GHQ の覚書に基づき 2 度にわたって実施された。1945 年 11 月 22 日、松村謙三農相によって農地の保有限度を 5 ヘクタールに制限する「農地制度改革ニ関スル件」が幣原内閣の閣議に提出された。実際の立案作業は農林省農政局の和田博雄が担当した。12 月 4 日、議会に提出された農地調整法改正法案は、自作農創設、現物小作料の金納化、市町村農地委員会の刷新などを内容としたものであり、同 19 日に成立した。これが第 1 次農地改革である。

　GHQ は日本の軍国主義的行動の要因を、主に封建的抑圧体制、その帰結としての国内市場の狭さに求め、農村ではこの傾向が顕著であると認識してさらなる改革を日本政府に求めた。12 月 9 日に GHQ は「農地改革に関する覚書」を発し、徹底的な農地改革案を作成するよう要求したが、日本政府は第 1 次農地改革案の微修正をするにとどめたため、46 年 6 月、GHQ は自ら第 2 次農地改革の「勧告」を発した。この勧告では、不在地主の小作地のすべて、在村地主の小作地のうち 1 ヘクタール（北海道は 4 ヘクタール）を超える農地が、政府によって強制的に買い上げられることとなった。これらを含む法律は 10 月に成立した。一連の農地改革により自作農となった農業者は保守政党の支持基盤となっていく。

　労働組合結成奨励の方針は、民主化政策の要であった。戦前、労働組合はすべて解体され、大日本産業報国会に組織されていた。労働者は、総力戦体制に貢献するものとして捉えられたにすぎなかったのである。戦後、初期占領方針により労働組合結成が奨励され、また戦前からの労働運動指導者も運動再建を始めた。東久邇内閣では早くも労務法制審議委員会を設置し、また幣原内閣においても芦田均厚相が中心となって法案の取りまとめを行った。45 年 12 月に労働組合法案が衆議院に提出され成立、同月 22 日には公布された。同法では労働者の団結権、団体交渉権、争議権が認められ、また不当労働行為制度、労働委員会制度も導入された。組合加入者は 12 月時点で 38 万人だったのが 3 カ月で 300 万人に急増した。46 年 8 月には日本労働組合総同盟（総同盟）、全日本産業別労働組合会議（産別）が結成され、革新政党の支持母体となっていく。

日本政府の農地制度改革に関する件（抜粋）
　　　　　　　　　　　　　　　（1945年11月22日）
健全なる農家の育成に依り農業生産力の発展を図るは食糧生産確保の要諦たるのみならず日本再建の基盤なるに鑑み自作農創設の強化、小作料金等の措置に依り農業停滞の要因たりし農地制度を根本的に改革せんとす
一、自作農創設の強化
　　今後5カ年以内に急速且全面的に健全なる自作農を創設するものとす
二、小作料の金納化
　　自作農の創設と共に小作料は金納化するものとす但し米の現物小作料に付ては昭和20年産米より之を適用するものとす
三、市町村農地委員会の刷新
　　自作農創設の促進、小作料の適正化等農地制度の改革は地主並に耕作者の協力に依ることを要するを以て市町村農地委員会を改組し委員は両者の立場を正当に代表する如き選挙方法を以て選出すると共に之に広汎なる権能を与え自作農創設の促進、小作料の適正化等農地問題の自主的解決に当らしめんとす

（内閣制度百年史編纂委員会編『内閣制度百年史』下巻）

GHQの農地改革に関する覚書（SCAPIN-411）（抜粋）（1945年12月9日）

1. 民主主義的傾向の復活と強化に対する経済的障害を除去し、人間の尊厳に対する尊重を確立し、かつ数世紀にわたり封建的圧迫により日本農民を奴隷化してきた経済的束縛を打破するため、日本の農民をして労働の成果を享受する上で一層均等な機会を得させるべき措置を講じることを日本帝国政府に指令する。
2. この指令の目的は、全人口の約半数が農業に従事しているこの国において、長い間農業構造を蝕んできたはなはだしい害悪を根絶しようとするものである。これらの害悪の顕著なものは、次のごときである。
   a. 農地に対する過度の人口集中。
   b. 小作人に対し著しく不利な条件の小作制度の広範な存在。
   c. 農業金融の高率利息と結びついた農家負債により生ずる過度な負担。

d. 商工業に厚く農業を軽視する政府の財政政策。

（『GHQ日本占領史33　農地改革』）

労働組合法（抜粋）（1945年12月21日公布）

第1条　本法は団結権の保障及団体交渉権の保護助成に依り労働者の地位の向上を図り経済の興隆に寄与することを以て目的とす
第2条　本法に於て労働組合とは労働者が主体と為りて自主的に労働条件の維持改善其の他経済的地位の向上を図ることを主たる目的として組織する団体又は其の連合団体を謂う　　　　　　　　　　（国立公文書館HP）

日本労働組合総同盟綱領（1946年1月21日）

一、我等は健全強固なる自主的組織を確立し以て労働生活諸条件の向上と共同福利の増進を期す
一、我等は技術の練磨、品性の陶冶、識見の啓発に努め以て人格の向上と完成を期す
一、我等は労働の社会的意義を顕揚し産業民主化の徹底を図り以て新日本を建設し進んで世界平和に貢献せんことを期す

（法政大学大原社会問題研究所編『日本労働年鑑　第22巻』）

全日本産業別労働組合会議綱領（抜粋）
　　　　　　　　　　　　　　　（1946年8月21日）

一、われわれは労働者と労働組合の基本的権利をまもるために闘う
二、われわれは封建的・植民地的労働条件を一掃するために闘う
三、われわれは1週40時間労働制獲得のために闘う
四、われわれは婦人・少年労働者の完全なる保護のために闘う
五、われわれは資本家全額負担の失業保険をふくむ社会保険獲得のために闘う
七、われわれはファシズム・軍国主義の残存勢力を撲滅するために闘う
八、われわれは労働戦線の完全なる統一のために闘う
十、われわれは世界労働階級と提携し、永久の平和のために闘う　　　　　　　　（同上）

6 財閥解体

　労働改革、農地改革と同様、現代日本に大きな影響を及ぼしたのが財閥解体である。アメリカは占領初期の方針として、「日本の商業及び生産上の大部分を支配し来りたる産業上及び金融上の大コンビネーションの解体を促進」すること、つまり日本の産業・金融に大きな影響力を及ぼしていた財閥の解体を目指した。アメリカは、1937年の時点で日本全国の株式のうち4分の1近くを保有していた四大財閥（三井、三菱、住友、安田）を頂点とする財閥を、日本社会における封建制の象徴であり解体されるべきものと認識していた。そこで1945年9月下旬には日本政府に対して持株会社に関する資料を提出するよう要求、GHQ経済科学局のクレイマー局長が四大財閥の代表に対して財閥解体の方針を伝えており、当初は自発的に解散することを期待していた。

　10月15日には安田財閥が解体に応じ、安田同族の退陣に加え、安田保善社（安田財閥の統括会社）の解散、持株処分などを内容とする計画案を政府に提出した。住友もこれに続いたが、三井と三菱はあくまで抵抗した。10月19日、吉田茂外相は「戦争に協力して巨大な戦時利得を獲得したのは寧ろ新興財閥である」と発言しており、日本政府が財閥を解体させるという発想を持っておらず消極的な立場を取っていたことを示した。しかし、大蔵省と商工省は22日に共同声明を発し、「財閥の改組に関する連合国の根本方針に対しては、政府はこれに反対する意思を有せしことなく、また今後もかかる意思を有するものにあらず、従ってその自発的改組にあたっては、連合国の方針を体し、適当の措置を講ずる所存なり」と、財閥解体の方針に依拠することを明らかにした。

　日本側の自発的方針は、アメリカ政府の容れるところとはならず、GHQを通じて日本政府に「持株会社の解体に関する覚書」を提出させた上、それを承認する形でSCAPIN-244を指令した。この結果、46年4月には持株会社整理委員会令が公布され、8月より活動を始める。47年9月までに83企業が持株会社に指定され、四大財閥の他にも中島、野村、浅野、大倉、古河、鮎川など中小財閥の本社が解散させられ、また56名に及ぶ財閥家族の会社役員辞任、所有する持株処分などがなされたのである。47年4月には「私的独占の禁止及び公正取引の確保に関する法律」（独占禁止法）が、続く12月には過度経済力集中排除法が公布された。後者については対日政策の変化（逆コース）により不十分なままで終わった。

日本政府提案の持株会社の解体に関する覚書
（抜粋）**（1945年10月20日）**

　三井本社、安田保善社、住友本社、株式会社三菱本社—以下持株会社と称す—は、連合軍最高司令官の希望に応じ自発的解体の意向を以て大蔵大臣と会談を重ねてきた。

　以上の商社及び自発的解体を申出ずる同性格の他商社の解体を統括すべく次の如き計画を提案し承認を求む。

一　A. 持株会社はその所有する一切の証券及びあらゆる商社、法人、その他企業に対し有する一切の所有権、管理、利権の証憑を持株会社整理委員会に移管すべし。

B. 持株会社は、その証券を所有し、所有権または管理の証憑を保有する一切の金融的、工業的、商業的、非商業的企業に対し、直接たると間接たるを問わず指令権又は管理権の行使を停止すべし。

（略）

D. 三井、安田、住友、岩崎一族の一切の成員は金融的、商業的、非商業的又は興行的企業に占むる一切の地位より直ちに辞職し、且つ解体さるべき企業の管理又は政策に直接たると間接たるとを問わず影響を及ぼすことなかるべし。（略）

（持株会社整理委員会編『日本財閥とその解体』第1巻）

GHQの持株会社の解体に関する覚書
（SCAPIN-244）（抜粋）**（1945年11月6日）**

1. 三井本社、安田保善社、住友本社、および株式会社三菱本社の解体計画案を受領することを通知する。

2. ここに提案の計画は全般的に是認せられたるを以て、日本帝国政府は、即時これが実施に進むべし。持株会社整理委員会に移管せられたる財産の処分は、連合軍最高司令官の事前承認なくしては一切為すべからず。日本政府は、持株整理委員会の設立に関する法制を最高司令官に提出しその承認を受くべし。提案を随時遂行または修正しかつその実施を監督および検閲する行動の完全なる自由が連合軍最高司令官に留保せられあることを明確に理解せらるるを要す。

3. 日本帝国政府は、即時適切有効なる必要措置を取り三井本社、安田保善社、住友本社、および株式会社三菱本社ならびに三井、岩崎、安田および住友一家の華族もしくは一切のかれらの代行者による一切の動産もしくは不動産（上記の証券ならびにその他の所有権、負債または支配権の証拠物件を含む）の売却、贈与、譲受または移転を禁止すべし。

5. 日本における私的の工業、商業、金融および農業の合同を解体し、かつ好ましからざる連鎖的経営陣ならびに法人相互間証券所有を除去することは、連合軍最高司令官の意図なり、その目的とするところ以下の如し。

a. 所得ならびに生産および商業の手段の所有権の一層広汎なる分配を許すこと

b. 日本国内における平和的民主主義勢力の伸張に資するごとき経済力方途および制度の発達を促進すること。本覚書第1項に言及せる日本帝国政府の提案は、以上の目的に対する単なる予備手段と認めらるべし。

（『GHQ日本占領史28　財閥解体』）

過度経済力集中排除法（抜粋）**（1947年12月）**

第1条　この法律は、平和的且つ民主的な国家を再建するための方策の一環として、できるだけ速やかに過度の経済力の集中を排除し、国民生活を合理的に再編成することによつて、民主的で健全な国民経済再建の基礎を作ることを目的とする。

第2条　この法律で企業とは、企業連合、企業結合、企業合同、会社、組合、個人企業その他形態の何であるかを問わず、事業上、金融上その他経済上の一切の方法又は事業体を含むものとする。

（国立公文書館HP）

7 第22回衆議院議員総選挙

　敗戦後すみやかに選挙を行い国会議員を一新することは政府の方針であった。自由の指令によって東久邇内閣が総辞職すると、後継の幣原内閣において内務省が中心となり立法作業を行った。1945年11月22日には早くも衆議院議員選挙法改正案が閣議決定され、27日には帝国議会提出、貴衆両院での審議を経て12月15日には成立した（公布は17日）。労働組合法とともに選挙法改正は、日本政府がGHQに先駆けて行ったものである。法改正により選挙制度は大きく変更された。女性への参政権付与、選挙権・被選挙権の年齢低下、選挙運動の自由化などが実現した。また、この選挙では一県を一選挙区として複数名を記入する大選挙区制限連記制が採用された。

　政府は当初、戦後初となる第22回総選挙を46年1月24日に予定していたが1月4日に公職追放により総選挙は延期せざるを得なくなった。GHQは軍国主義者や超国家主義者などを追放し、また選挙の候補者になることも禁止したからである。この公職追放によって主に保守政党の現職議員が多数追放された。GHQは46年1月12日、3月15日以降の総選挙実施を認めた。総選挙には約2800人が立候補し（総選挙史上最多）、また立候補者を擁立した政党は363に達する。これらの政党は「一人一党」や地域政党が大部分を占めており、自由・進歩の両保守政党に対して社会党がどの程度躍進するのかが注目された。また、初の女性参政に対し女性の棄権防止のためGHQの支援で講演会なども多く催された。

　総選挙は4月10日に執行され、自由党141議席、進歩党94議席、社会党94議席、協同党14議席をそれぞれ獲得した（女性議員も39人誕生した）。また、共産党は初めて合法的に活動し、5議席を獲得した。自由党が圧勝した一方で社会党は伸び悩んだ。追放該当者を多数出した進歩党も地盤の強さを印象づけた。比例代表の性格を強く持つ選挙制度であったこともあり、単独で過半数を得る政党は現れなかった。第一党の自由党が組閣すべきであったが、幣原内閣の楢橋渡書記官長は総辞職を否定し、進歩党を与党として続投しようと試みる。これに対して自由・社会・協同・共産の各党は「幣原内閣打倒共同委員会」をつくり、激しい倒閣運動を展開し、結局幣原内閣は総辞職した。4月30日、幣原は後継首相に鳩山一郎を奏請した。自由党は社会党の閣外協力を得ての組閣を試みたが5月4日、GHQによって鳩山は公職追放され、吉田茂が政権を担当することになる。

選挙に関する覚書 （抜粋）

（1946年1月12日）

一、日本帝国政府に衆議院議員総選挙の施行を認可する。選挙日は 1946 年 3 月 15 日以降とすること。

二、この選挙に於ては、国民の意思が自由に何等の束縛を受けることなく表明されることを期して、あらゆる手段を講ずることが最も大切である。この目的を達成する為め日本帝国政府は、罰則については遺憾のないやう一般に知悉させ、その峻厳な実施を確保し、且つ、随時最高司令部から通達されるその他の保護を促進するために必要な手段を講じなければならない。

（『日本管理法令研究』第 1 巻 7 号）

幣原総理大臣による衆議院議員選挙法改正案の提案理由 （1945年12月1日）

　惟うに我が国民の間に於ける健全なる民主主義的傾向の復活強化を図ることは、議会をして真に国民の総意を正しく反映する機能を発揮せしめ立憲政治の健全なる運営を期せなければなりませぬ、然るに現行の選挙法に依りましては、現下の新事態に即応した自由闊達なる選挙を行い、普く国民をして遺憾なく其の意思を暢達せしめて、清新なる議会の形成を期待するのには完全十分ならざる憾みがあるように存ぜられるのであります、仍て此の際急速に事態の進展に即応した選挙制度の根本的改正を図り、此の新選挙法に依って明朗闊達にして自由公正なる選挙を行い、真に国民の総意を反映せる審議会を一日も速やかに形成し、憲政の清新にして強力なる運営を図ることを最も緊要なりと考へました（略）

　其の中最も重要なるものは、婦人参政権の賦与並びに選挙権及び被選挙権の年齢低下のことでございます、即ち近時婦人及び成年男子の社会的、政治的地位の向上の跡著しきものあるに鑑みまして、新たに男子と同一の条件を以ちまして、婦人に参政権を認めますと共に、国民参政の年齢を低下し、選挙権及び被選挙権の大拡張を行ったのであります、斯くの如き選挙権の拡張は其の意義に於いて、又其の効果に於いて普通選挙制度の趣旨を愈々拡充徹底したものでありまして、洵に画

期的改正と称し得るものと存じます。

（国立国会図書館　帝国議会会議録検索システム）

総選挙の結果 （1946年4月）

　愈々 4 月 10 日、各官庁、会社、銀行等は投票奨励のためこの日を休日として、全国一斉に投票が行はれた。（略）開票の結果は、婦人候補者の予想外の進出が大番狂はせを演じた。結局婦人当選者は各派に跨つて 39 名の多数に達した。殊に東京第二区の加藤シヅエ女史を初め、8 選挙区に於ては、婦人が最高点を占め、世人を瞠若せしめた。之は連記制の採用と婦人の投票が同性に集つたことが大きな原因となつている。（略）その他の諸会派では、日向民主党 4、宮城地方党 3、北海道政治同盟 3、協同民主党 2、日本農本党 2、農本党 2 の当選者を得ている。

（朝日新聞社編『民主選挙大観』）

大選挙区制限連記制への評価

（1946年4月19日）

　今次総選挙の最も本質的な特徴は大選挙区制限連記制、婦人参政、年齢低下など敗戦によって急激に齎された新選挙法によって執行された（略）大選挙区についていえば既成地盤の威力を削減し新人が自由に馳駆し得る関係上全県的に新興勢力や新人が予想以上の成功を収め、旧地盤崩壊の端緒となり、また選挙民の視野を広め連記制と相俟って情実にとらわれぬ候補者選択の良識を培ったことは旧来の選挙観を一変せしめる革命的な意義があった、

（『埼玉新聞』）

第 22 回衆議院議員総選挙結果

	候補者	解散時	当選者	うち女性	うち新人	得票率
自由党	485	46	141	5	102	24.4
進歩党	376	274	94	6	70	18.7
社会党	331	17	93	8	70	17.8
協同党	92	0	14	0	13	3.2
共産党	143	0	5	1	5	3.9
諸派	550	72	38	10	37	11.7
無所属	773		81	9	75	20.3
合計	2750	409	466	39	372	100.0

（『衆議院議員総選挙一覧 第 22 回』）

8　極東国際軍事裁判（東京裁判）

　ポツダム宣言第 10 条には「吾等の俘虜を虐待せる者を含む一切の戦争犯罪人に対しては、厳重なる処罰を加へらるべし」と規定され、また極東委員会声明（1945 年 8 月 29 日）では「極悪非道な犯罪と残虐行為をもたらす計画を立て、政策を考えた責任のある日本人」が「国際軍事法廷で裁判」にかけることを要求しており、戦争の「犯罪人」を裁くことが既定路線とされた。GHQ にとって東京裁判とは、旧来の支配層を除去して占領政策を執行させる新たな勢力を登場させる意味を持っており、占領政策の受け皿となる勢力のふるいわけという政治的機能を有していたのである。

　「戦争の責任」を考える上で天皇の処遇は大きな問題だった。9 月 27 日に昭和天皇と会談したマッカーサーは、天皇の権威を利用して円滑に占領統治を行う方針に至ったことで、天皇は実質的に免責された。しかし連合国内には天皇の責任を問う声も大きく、マッカーサーは天皇なき日本を統治するために莫大な金銭的・人的資源が必要になる旨の勧告をアメリカに送り、これを断念させた。

　翌 46 年 1 月 19 日に定められた極東軍事裁判所憲章により、裁判所の構成や管轄権などが決められた。4 月 29 日には A 級戦犯容疑者として東条英機以下 28 名の起訴状を発表し、5 月 3 日に開廷した裁判所での審理が始まった。東京裁判は、主に日本人関係者への尋問、証言に依拠して進められ、また日本側も GHQ 関係者や判検事側との「親善」を通じて、裁判の方向に影響を及ぼそうとした。48 年 11 月の判決では、25 人が有罪とされ、そのうち陸軍軍人が 15 人を占めた。また死刑判決を受けた 7 人中、6 人が陸軍関係者であったことから、陸軍の責任がより重く問われた形となった。

　ドイツにおいても、戦争犯罪を裁くため 1945 年から 46 年にかけてニュルンベルク裁判が開かれた。主要戦犯とされた 24 人が審理され（うち 2 人は審理中に死亡）、46 年 10 月 1 日、12 人の元ナチス高官に対して死刑が宣告された。被告人からは上、つまりヒトラーや上官の命令に従っただけで責任がないとの主張が出された。

　東京裁判にはアメリカの政治的意向が大きく影響していたことや、連合国側の戦争行為（シベリア抑留、原爆投下）が不問に付されるなどの問題点もあり、また東京裁判そのものを懐疑的、批判的に見る向きもある（東京裁判史観）。

極東国際軍事裁判所憲章（抜粋）
（1946年1月19日）

第1条（裁判所の設置）極東に於ける重大戦争犯罪人の公正迅速なる審理及処罰の為め、茲に極東国際軍事裁判所を設置す。裁判所の常設地は東京とす。

第5条（人並に犯罪に関する管轄）本裁判所は、平和に対する罪を包含せる犯罪に付個人として又は団体構成員として訴追せられたる極東戦争犯罪人を審理し、処罰するの権限を有す。左に掲ぐる一又は数個の行為は、個人責任あるものとし、本裁判所の管轄に属する犯罪とす。

（イ）平和に対する罪　即ち、宣戦を布告せる又は布告せざる侵略戦争、若は国際法、条約、協定又は保証に違反せる戦争の計画、準備、開始、又は実行、若は右諸行為の何れかを達成する為の管轄に属する犯罪とす。

（ロ）通例の戦争犯罪　即ち、戦争法規又は戦争慣例の違反。

（ハ）人道に対する罪　即ち、戦前又は戦時中為されたる殺戮、殲滅、奴隷的虐使、追放其の他の非人道的行為、若は政治的又は人種の理由に基く迫害行為であつて犯行地の国内法違反たると否とを問はず本裁判所の管轄に属する犯罪の遂行として又は之に関連して為されたるもの。

上記犯罪の何れかを犯さんとする共通の計画又は共同謀議の立案又は実行に参加せる指導者、組織者、教唆者及び共犯者は、斯かる計画の遂行上為されたる一切の行為に付、其の何人に依りて為されたるとを問はず責任を有す。

（岩沢雄司編『国際条約集 2019年版』）

東条英機等に対する起訴状
（1946年4月29日）

以下本起訴状の言及せる期間に於て日本の対内対外政策は犯罪的軍閥に依り支配せられ且指導せられたるの斯る政策は重大なる世界的紛争及び侵略戦争の原因たると共に平和愛好諸国民の利益並に日本国民自身の利益の大なる毀損の原因をなせり

日本国民の精神は亜細亜否世界の他の諸民族に対する日本の民族的優位性を主張する有害な思想に依り組織的に□毒せられたり日本に存したる議会制度は広汎なる侵略の道具として使用せられ且当時独逸に於て「ヒットラー」及び「ナチ」党に依り伊太利に於て「ファシスト」党に依り確立せられたると同様の組織が導入せられたる日本の経済的及び財政的資源は大部分戦争目的に動員せられ、為めに日本国民の福祉は阻害せらるるに至れり

被告間に於ける共同謀議は他の侵略国（略）の参加を得て約定せられたり

（アジア歴史資料センター HP「A級極東国際軍事裁判記録（和文）（No.1）」）

東条英機に対する判決（1948年11月4日）

1940年7月に、かれは陸軍大臣になった。それ以後におけるかれの経歴の大部分は、日本の近隣諸国に対する侵略戦争を計画し、遂行するために、共同謀議者が相次いでとった手段の歴史である。というのは、これらの計画を立てたり、これらの戦争を行ったりするにあたって、かれは首謀者の一人だったからである。かれは巧みに、断固として、ねばり強く、共同謀議の目的を唱道し、促進した。

戦争犯罪

東条は、戦争地域内における捕虜及び一般人抑留者の保護と、かれらに対する宿舎、食物、医薬品及び医療設備の提供とを担当していた陸軍省の最高首脳者であった。また、日本国内における一般人抑留者に対して、同じような義務を担当していた内務省の最高首脳者であった。さらに何よりも、捕虜及び一般人抑留者の保護に対して、継続的責任を負っていた政府の最高首脳者であった。

（同上、No.164）

パル判事の意見書（抜粋）

『時が、熱狂と、偏見をやわらげた暁には、また理性が、虚偽からその仮面を剥ぎとった暁には、そのときこそ、正義の女神はその天秤を平衡に保ちながら過去の賞罰の多くに、その所を変えることを要求するであろう。』

（同上、No.170）

9　復員と引揚

　1945年8月の敗戦時、海外には650万人以上の日本人が取り残されていた。軍人軍属が約353万人（陸軍約308万人、海軍45万人）と民間人が約300万人である。日本政府にとっての課題は、軍隊の武装解除と復員と外地に居住する住民の引揚をいかにして速やかに行うかであった。

　「終戦の詔書」の渙発に伴って日本軍の作戦中止と戦闘行動停止の命令がそれぞれ発せられ、武力停止と並行して海外地域から日本国内への復員について「帝国陸軍復員要綱」などの各種規定により人員の帰還方法が示された。陸軍の国内部隊については8月25日より復員業務が開始され、10月15日にはほぼ完了した結果、約210万人の人員が帰還した。また海軍の国内部隊は、連合国に対する安全保障のため必要な人員を残しておく必要があったことから、復員はいくつかの段階を経て行われた。一方で外地（朝鮮、台湾、沖縄以西の南西諸島、中国大陸）に展開していた陸軍部隊の復員については概ね48年までに終了した。45年12月1日より、陸軍省は第一復員省へ、海軍省は第二復員省へそれぞれ改組され、復員業務を担当することとなった。なお、ソ連が管轄する地域については各部隊がシベリアに移送された上、強制労働に従事させられていたことから難航し、56年に至ってようやく帰還が完了したのである。彼らに対しては新聞などを通じて日常的な「政治教育」が施されており、さらに帰還が始まる46年12月以降は徹底した思想教育に対する積極的参加が日本へ帰還するための「切符」となっていた。

　外地に居住する民間人の取り扱いについては、日本が保有する全船舶の運航停止と出航停止の命令が出されていたことで引揚が不可能だったことから8月31日終戦処理連絡会議「戦争終結ニ伴フ在外邦人ニ関スル善後措置ニ関スル件」により、一旦現地への定着方針がとられた。なお、8月28日より釜山と博多間での引揚船運航が開始された。引揚については従来複数の官庁が引揚業務を行っていたがGHQによる指摘もあって10月12日より厚生省が引揚業務についての責任官庁となった。中国大陸に残留した者の帰国は1960年代に至りようやく完了し（中国残留日本人・残留孤児問題などが現在でも残されている）、また朝鮮半島北部、南樺太、千島列島に展開・居住していた人々は、当該地域を管轄するソ連軍司令部がGHQの指揮を拒否したことで帰還まで苦労を強いられた。

ポツダム宣言第9項 （1946年7月26日）

日本国軍隊は完全に武装を解除せられたる後各自の家庭に復帰し平和的且生産的の生活を営むの機会を得しめらるべし

（岩沢雄司編『国際条約集 2019 年版』）

帝国陸軍復員要領 （抜粋） （1945年8月18日）

第1条　本要領は帝国陸軍部隊の復員（略）に関する事項を定む

第2条　復員すべき部隊は帝国前陸軍部隊とす

第3条　復員実施の細部に関しては陸軍大臣、参謀総長協議決定するものとす

（国立公文書館HP）

一般命令第一号 （抜粋） （1945年9月2日）

1. 帝国大本営は茲に依り且勅命に基く一切の日本国軍隊の連合国最高司令官に対する降伏の結果として日本国内及国外に在る一切の指揮官に対し其の指揮下に在る日本国軍隊及日本国の支配下に在る軍隊をして敵対行為を直に終止し其の武器を措き現位置に留り且左に指示せられ又は連合国最高司令官に依り追て指示せらるることあるべき合衆国、中華民国、連合王国及「ソヴィエト」社会主義共和国連邦の名に於て行動する各指揮官に対し無条件降伏を為さしむべきことを命ず

（外務省HP）

復員業務を行う行政機構の変遷

1945 年 12 月 1 日　陸・海軍省廃止
同日　第一復員省、第二復員省設置
1946 年 6 月 14 日　復員庁に統合
1947 年 10 月 15 日　復員庁廃止
　　第一復員局は厚生省へ移管
　　第二復員局は総理府（総理大臣直属）
1948 年 1 月 1 日　厚生省復員局に集約
1948 年 5 月 31 日　引揚援護庁発足
　（引揚援護院と復員局の統合）
2001 年省庁再編で厚生労働省社会・援護局

外地（樺太を含む）及外国在留邦人引揚者応急援護措置要綱 （抜粋） （1945年8月30日）

大東亜戦争の終結に伴い外地（樺太を含む）及在留邦人にして本土に引揚を余儀なくせら

るるもの相当数ある現況に鑑み政府に於ては左の如く措置し之が対策の万全を期するものとす

一、引揚者上陸地の地方長官は現地に県職員を派遣し之が援護並連絡、指導等に万遺憾なきを期すること

三、引揚者にして縁故先あるものは縁故先に定着せしめ無縁故者に対しては宿泊施設を供与し食糧及生活必需物資の斡旋に付ては特に関係諸団体と緊密なる連絡の上万全を期すること

（国立公文書館HP）

「主張　シベリア抑留」 （抜粋） （2019年8月23日）

戦前の日本が侵略・支配していた「満州」（現在の中国東北部）などにいた日本軍人や民間人のうち約 60 万人が第 2 次世界大戦後、旧ソ連によりシベリアやモンゴルの各地に連行・抑留され、強制労働をさせられました。（略）「ダモイ・トウキョウ（東京に返す）」と日本兵らはだまされて、シベリアなどに移送されました。捕虜のすみやかな送還を明記した国際法規に反する重大な人権じゅうりんです。氷点下 40 度を下回る極寒の中での苛酷な労働、食料や衣類、薬などの圧倒的な不足により、餓えや栄養失調、病気、けがで多数の人が亡くなりました。

政府は死者の数を約 5 万 5 千人としていますが、正確な人数は不明です。遺骨が収集できたのは約 2 万 2 千人で、半分以上が残されたままです。

（『しんぶん赤旗』）

法律による引揚者の定義 （1957年）

第2条　この法律において「引揚者」とは、次に掲げる者をいう。

一、昭和 20 年 8 月 15 日まで引き続き 6 ヶ月以上本邦以外の地域（以下「外地」という。）に生活の本拠を有していた者（略）及びその者の子であって（略）終戦に伴って発生した事態に基づく外国官憲の命令、生活手段の喪失等のやむをえない理由により（略）本邦に引き揚げたもの

（日本法令索引・引揚者給付金等支給法）

10　第1次吉田茂内閣

　第22回総選挙（1946年4月10日実施）で自由党が第一党となったことから、同党総裁の鳩山一郎に大命降下がなされると予想された。しかし過半数を制した政党がなかったことから、幣原内閣は憲法改正草案を作成するなどして居座りを図った。そこで自由、社会、協同、共産党が倒閣大会を計画したところ、幣原内閣は総辞職するに至ったものの、その後およそ1カ月間にわたって内閣不在の状況が続いた。鳩山が自ら首相適格性をGHQに対して事前に問い合わせた同じ日、5月4日に鳩山が公職追放者とされたため別の候補を立てる必要が生じた。多数の総理候補者名が挙げられたが決まらず、最終的に吉田茂に落ちついた。

　自由党と進歩党の実質的な連立政権として成立した吉田内閣にとって、食糧問題が喫緊の課題であった。前年45年秋の農産物が歴史的な不作であったため、食糧の貯蔵量は日ごとに減少していった。加えて、復員や引揚による需要が加わったにもかかわらず、供出・配給に対する政府の強制力は低下していた。46年5月になると食糧不足が進み欠配は全国に及んだ。国民にとっては死活問題で、吉田内閣成立直前の5月19日には大規模な食糧メーデーが行われた。これに対しマッカーサーからデモを認めない旨の声明が出されるとともに、吉田首相からの要請に基づいてGHQの小麦の放出指令が出された。これにより同年秋の収穫までに多くの食糧輸入がなされ、食糧危機を乗り越えることができた。苦難の中で成立した第1次吉田内閣は、新憲法制定や極東国際軍事裁判（東京裁判）などの政治的側面や、農地改革や財閥解体などの経済的側面など、多方面にわたる改革を実施した。それらの多くが今日にまで継続しているか、影響を与えている。

　これらの改革と並んで吉田内閣は労働問題にも対処しなければならなかった。GHQによって労働組合結成が奨励されたことで組合員が増えたことに加え、食糧放出や46年秋の豊作予想により、組合員や国民の関心が食糧問題から賃金など労働条件に移っていた。折からの急激なインフレ状況も加わり、生活レベルは低迷していた。そうしたなか、社会との関係が深い日本労働組合総同盟（総同盟）や、共産党との関係が深い全日本産業別労働組合会議（産別）などのナショナルセンターが全国的に組織され、労働運動はより組織的に展開されるようになった。総同盟と産別は時に対立し、時に協力して、「10月闘争」や2・1ゼネストに積極的に関与したことから、吉田内閣はそれらにも対応した。

鳩山公職適格性に関するホイットニー書簡
（1946年5月4日　吉田首相宛）

　マッカーサー元帥は本官にたいし、鳩山氏の公職適格性を問い合わせる貴下の書信を受領したこと、ならびに元帥はこの書信を受領する前に日本帝国政府にたいし本問題に関する指令をすでに発していることを、貴下に伝えるよう本官に指示した。この指令は、仮にまだ貴官の手許に達していないとしても、間もなく届くであろうことは間違いない。同司令は貴下が提起した問題に完全に答えるものである。

（袖井林二郎編訳『吉田茂＝マッカーサー往復書簡集』）

自らの首相適格性を尋ねる吉田書簡とそれへの返書（抜粋）
（1946年5月15日　マッカーサー宛）

　親愛なる閣下
　幣原男爵が内閣総理大臣の後任として小官を陛下に奏請する所存であることをお伝えしたいと存じます。本件に関する貴官の御意見をお聞かせ下さらば幸いです。

　　　　　　　　　　　　　　　　吉田茂
　総司令官としては異存はない。幸運を祈る。

　　　　　　　　　　　　　マック（署名）
　　　　　　　　　　　　　　　　（同上）

鳩山が主張する吉田首相誕生時の4条件

　党内のむずかしい話などをして「君、是非引受けてくれ」と頼んだが、吉田君はその時はいい返事はしなかった。（略）吉田君が引受けると返事したのは、私が追放になってから1週間もたった5月13日のことだった。（略）
　吉田君が総裁を引受けることになった時、4ヵ条かの書いたものを向うから持って来た。この書いたものはその後何うなったか、紛失してしまったが、あの時二人でこんな話をした。自分は政党のことは全く関係がなくて分らんから、政党の人事については一切君の方でやってくれなきゃ困る。政党は一切君の方で押えてくれ。但し内閣の人事については干渉してくれるな――とこう吉田君が私に話した。又吉田君は自分は金はないし、金作

りも出来ない。金の心配は君の方でやってくれなきゃ困る。僕は辞めたくなったら何時でも辞めるんだ。君のパージが解けたら直ぐ君にやって貰う、とこういって吉田君はこれを4ヵ条に書いて私のところに持って来た。

（鳩山一郎『鳩山一郎回顧録』）

吉田が主張する首相受諾時の3条件

　私はとうとう自由党総裁を受諾せざるを得ないのではないかと思うようになった。そこで鳩山君を麻布市兵衛町の外務大臣官邸に呼んで、最後の話し合いをした。私はそのとき、三つの条件を出した。金はないし、金作りもしないこと、閣僚の選定には君は口出しをしないこと、それから嫌になったら何時でも投げ出すことの三点であった。鳩山君はそれで結構という。そこでとうとう引受けることとなった。鳩山君にして見れば、暫く私に自由党を預けて置いて、やがて立ち帰る機会を待とうという気持であっただろうし、私にしても長くやろうという気はなかった。結局四囲の情勢に押されて引受けざるを得なかったというのが当時の私の気持であった。

（吉田茂『回想十年』第1巻）

GHQによる小麦の緊急輸入に感謝する吉田首相の書簡（抜粋）
（1946年5月29日　マッカーサー宛）

　5月18日付の日本政府の要請に速やかに応えられて、貴司令部が7589トンと250万ポンドの小麦粉の放出を命令されたことに対し、小官の心からなる感謝を申し述べ書簡を差し上げるのが、今日まで政情その他に追われてできずにおりました。ご配慮の小麦粉は京浜地区をはじめ各地に即座に配給されました。暴力事件を引き起こしかねなかった危険な情勢を、これによって緩和することができたことは、まことに嬉しいことです。
　これで日本政府が食糧問題解決の努力をひかえるなどということはないことを貴官にお約束申し上げるとともに、総司令部のかわらざるご援助とご協力を重ねてお願いする次第です。
　誠にありがとうございました。

（前掲『吉田茂＝マッカーサー往復書簡集』）

11 2・1ゼネスト

　終戦をきっかけに労働環境改善を求める動きが急速に活発化した。1945年10月にGHQは五大改革指令で労働組合結成を奨励し、46年3月には労働組合法が施行された。この間、45年10月の全国海員組合を皮切りに、全国的な労働組合が多数結成された。急増する労組は、46年6月に結成された2つのナショナルセンターのどちらかに大きく包含されていった。日本労働組合総同盟（総同盟）か全日本産業別労働組合会議（産別）である。前者は社会党と連携し、後者は共産党の影響を大きく受けた。当初の労働組合運動の多くは、第1次読売争議で成功した「生産管理闘争」を採ったが、その方式では闘争が社内にとどまって広がりを持たない上に、46年6月には政府がその手法を禁止した。以後の闘争手段は、馘首反対、最低賃金制の確立などを求めるストライキになっていった。

　大量解雇に対する闘いで勝利を収めた労働運動は、46年に「10月闘争」と呼ばれる産別会議主導の運動を展開した。民間労組が主体となり、産別系だけでも55万人以上が参加し、賃金増額などを勝ち取った。このことは、賃金が民間の半分以下に置かれていた官公庁労組を刺激した。10月の生活権擁護全国教員組合大会をはじめ、11月になると様々な団体が最低賃金の引き上げを求め始めた。そうした盛り上がりを背景に、11月26日には全官公庁共同闘争委員会（共闘）が国鉄総連合の井伊弥四郎を議長として結成され、その刺激を受けた他方の総同盟の活動も政治運動化した。ついに産別系と総同盟系が一体となって、12月17日には吉田内閣打倒国民大会が50万人を集めて開催された。同日の国会では、社会・協同・国民三党共同の解散決議案が提出された（否決）。運動の盛り上がりに油を注いだのが、47年1月1日の吉田首相の「不逞の輩」発言だった。9日には共闘主催によるスト体制確立大会が5万人を集めて開催され、18日にはゼネスト突入宣言が出された。そこで、吉田首相は社会党との連立画策と賃金の増額を打診するようになる。連立工作は失敗に終わったものの、社会党中執はゼネスト回避方針を決定した。また労組側は1800円への増額要求を最終的に1200円に減額したが、結果的に交渉は決裂した。そしてGHQの命令により、31日午後9時21分に井伊弥四郎はラジオ放送で国民にゼネスト中止を伝えた。

　この出来事をきっかけに総選挙が実施されることになり、合わせて公務員の争議権を制限する政令201号（のち改正国家公務員法）がつくられることになった。

吉田首相の47年年頭の辞の要旨 (抜粋)

　わが国現下の経済事情はまことに憂慮すべき事情にあるのであります。（略）これが解決は生産の増強以外にないのであります。（略）しかるにこの時期にあたって、労働争議、ストライキを頻発せしめ、いわゆる労働攻勢等と称して、市中に日々デモを行い、人心を刺激し、社会不安を激成せしめて敢えて顧みざるものあるは、私のまことに意外とし、また心外に堪えぬところであります。（略）この悲しむべき経済状態を利用し、政争の目的のため徒に経済危機を絶叫し、たゞに社会不安を増進せしめ、生産を阻害せんとするのみならず、経済再建のための挙国一致を破らんとするがごときものあるにおいては、私はわが国民の愛国心に訴えて、彼らの行動を排撃せざるを得ないのであります。（略）私はかゝる不逞の輩がわが国民中に多数あるものとは信じませぬ。

（吉田茂『回想十年』第1巻）

マッカーサーのゼネスト中止命令 (抜粋)
(1947年1月31日)

　連合軍総司令官として余に附与された権限に基き、余はゼネラルストライキを行ふ目的のもとに連合した組合の指導者に対し次のように通告した。即ち余は現下の困窮かつ衰弱せる日本の状態においてかくの如き致命的な社会的武器を行使することを許容しない。従ってかような行為を助長することを断念するよう彼らに指令した。

　余は現在、懸案の問題でこのような程度まで干渉せざるを得なかったことを最も遺憾とするものである。余がこのような措置をとったのはすでに著しい脅威を受けている公共の福祉に対する致命的衝撃を与えることを未然に防止するためにほかならない。日本人社会は今日財政と連合国占領の制限下に運営されている。（略）

　日本における事実上の飢餓をさけるため、米国民は今なお、その少い食糧資源の中から多量の食糧を日本人に放出しているのである。目前に迫ったゼネストに関係している人々は日本国民のごく少部分にしかすぎない。しかもこの少数の人々はついこの間日本

を戦争の破壊に導いた、少数派のもたらしたものと同様の災禍の中へ大多数の人々を投げこむかも知れない。（略）かかる状態の下において余は連合国民にこの余分の重荷を引受けることを強調することは出来ないのである。

　余はさし迫った正当な目的の一つとして今回の措置をとったが、これ以外のことで労働者が正当な目的を達成するため今日迄与へられて来た行動の自由をあえて制限するつもりは毛頭ない。またそれと関係ある基本的社会問題をそらせたり、それに影響を与へたりする意思も全くない。これらの事柄は自然に進化して行くべき問題である。

（法政大学大原社会問題研究所編『日本労働運動資料集成』第2巻）

井伊弥四郎全官公庁共闘議長のゼネスト中止ラジオ放送 (要旨抜粋) (1947年1月31日)

　私は全官公庁共同闘争委員会の議長井伊弥四郎であります。（中略）マッカーサー連合軍最高司令官は2月1日のゼネラルストライキを禁止されました。（略）マッカーサー連合国最高司令官の絶対命令とあれば遺憾乍ら中止せざるを得ません。敗戦後の日本が連合国より多数の物的援助を受けている事は日本の労働者として感謝し敬服致しています。（略）私達はゼネストを中止され、日本政府でもこれ以上われわれの切実な要求が容れられなかったとせばどうなることでせうか、私はそれが気になります。而も官吏教員だけの問題でなく凡ての国民的な要求であります。私はとくに6、7百万人に及ぶ失業者、それから復員者、戦災者達の事を思うと日本の政治経済が根本的に変えられるべきだと信じます。（略）私は今マッカーサー連合軍最高司令官の命によりラジオを以って親愛なる全国の官公吏教員の皆様に明日のゼネスト中止をお伝へ致しますが実に実に断腸の思ひで組合員諸君に語ることを御諒解願ひます。私は今一歩退却二歩前進と云ふ言葉を思ひ出します。私は声を大にして日本の働く労働者、農民のためバンザイを唱えて放送を終わることにします。労働者、農民バンザイ　吾々は団結せねばならない。

（同上）

12　新憲法制定

　大日本帝国憲法の改正は、日本の伝統的社会秩序の是正を求めるマッカーサーが、東久邇宮内閣の近衛文麿副総理に憲法改正を主導することを勧めたことに端を発している。その直後、幣原首相は自身が改正に消極的ながらも、憲法改正は政府の任務だとして憲法問題調査委員会（松本烝治委員長）を設置した。民間でも多くの個人・団体による検討が始まった。その後に近衛を戦犯容疑者と見る声が上がると GHQ が近衛の正当性に疑問を投げかけ始め、結果的に政府側の改正主体は松本委員会だけになった。だが発表された松本 4 原則の改正方針は現状維持型であり、1946 年 2 月 1 日にスクープされた憲法改正草案は、保守的なものと受け取られた。マッカーサーも同様の反応で、3 日には民政局長ホイットニーにマッカーサー・ノートを手交し草案作成を命じた。その翌日から民政局は民間の憲法草案などをも参考にしながら作成作業にとりかかり、13 日には日本側に GHQ 案を手交した。その後日本側と GHQ の間で数回の修正が行われ、3 月 6 日に憲法改正草案要綱（案）が完成、第 90 回帝国議会で審議・修正されて 10 月 7 日に成立。さらに 11 月 3 日の公布を経て、翌 47 年 5 月 3 日に施行された。

　新憲法は主権在民、象徴天皇制、戦争放棄、基本的人権の保障、国権の最高機関としての国会、議院内閣制、思想・信教・表現の自由などを認め、さらには地方自治の明文化など、旧憲法と大きく異なるものとなった。戦争放棄は、反戦を唱える世界の人々から今も高い評価を得ている条項である。それらの制定過程では、衆議院では特別委員会、小委員会（ともに芦田均委員長）が設けられ、法案に対し多数の検討・修正が加えられた。それらの修正は「芦田修正」と呼ばれるが、なかでも第 9 条第 2 項に「前項の目的を達するために」が加えられたことで、後に自衛のための戦力が認められる契機となったことはよく知られている。こうした修正を含めて憲法草案は国会並びに枢密院で審議がなされたが、国会での審議に先立ち、極東委員会は憲法採択に際し採るべき 3 原則（討議・検討のための十分の時間と機会の確保、旧憲法との法的な継続性、日本国民の自由な意思の表明）を決定しており、吉田内閣発足に合わせてマッカーサーから再度表明された。憲法はこうした一連のプロセスを経て成立したが、マッカーサーと GHQ による「押しつけ」だとの批判が生まれた。自民党は結党時の「党の政綱」に「現行憲法の自主的改正」を掲げており、以降、今日においても改憲の動きが続いている。

松本4原則（1945年12月8日）

1　天皇が統治権を総攬せられるという基本原則には、なんらの変更を加えないこと。このことは、おそらくわが国の指揮者のほとんど全部が一致しているところであろう。
2　議会の議決を要する事項の範囲を拡充すること。その結果として、大権事項をある程度削減すること。
3　国務大臣の責任を国務の全般にわたるものたらしめ憲法上天皇輔弼の責任を持たないものの介在する余地なからしめること。同時に国務大臣は議会に対して責任を負うものたらしめること。
4　人民の自由および権利の保護を拡大すること。すなわち、議会と無関係な立法によって自由と権利を侵害しえないようにすること。またこの自由と権利の侵害に対する救済方法を完全なものにすること。

（憲法調査会『憲法制定の経過に関する小委員会報告書』）

マッカーサー3原則（マッカーサー・ノート）
（1947年2月3日　ホイットニー民政局長宛）

1　天皇は、国家の元首の地位にある。
　　皇位の継承は、世襲である。
　　天皇の義務および権能は、憲法に基づき行使され、憲法の定めるところにより、人民の基本的意思に対し責任を負う。
2　国家の主権的権利としての戦争を廃棄する。日本は、紛争解決のための手段としての戦争、および自己の安全を保持するための手段としてのそれをも放棄する。日本はその防衛と保護を、いまや世界を動かしつつある崇高な理想にゆだねる。
　　いかなる日本陸海空軍も決して許されないし、いかなる交戦者の権利も日本軍には決して与えられない。
3　日本の封建制度は、廃止される。
　　皇族を除き華族の権利は、現在生存する者一代以上に及ばない。
　　華族の授与は、爾後どのような国民的または公民的な政治権力を含むものではない。予算の型は、英国制度にならうこと。

（同上）

新憲法採択の諸原則（抜粋）
（1946年5月13日　極東委員会）

a．新憲法の条項を十分に討論し審議するため、適切な時間と機会とが与えられねばならぬこと。
b．明治憲法と新憲法とは完全な法的継続性を保つべきこと。
c．新憲法の採択は、日本国民の自由意思を確定的に表明する明らかな方法をとること

（同上）

憲法改正権限を認めるマッカーサー書簡
（1947年1月3日　吉田首相宛）

　昨年1年間の日本における政治的発展を考慮に入れ、新憲法の現実の運用から得た経験に照らして、日本人民がそれに再検討を加え、審査し、必要と考えるならば改正する、全面的にしてかつ永続的な自由を保障するために、施行後の初年度と第2年度の間で、憲法は日本の人民ならびに国会の正式な審査に再度付されるべきであることを、連合国は決定した。（略）憲法にたいする審査の権利はもちろん本来的に与えられているものであるが、私はやはり貴下がそのことを熟知されるよう、連合国のとった立場をお知らせするものである。

（袖井林二郎編訳『吉田茂＝マッカーサー往復書簡』）

「押しつけ憲法」に対する吉田の反論

　この憲法については、それが占領軍の強権によって日本国民に押しつけられたものだとする批評が近頃強く世の中に行われている。（略）しかし私はその制定当時の責任者としての経験から、押しつけられたという点に、必ずしも全幅的に同意し難いものを覚えるのである。成るほど、最初の原案策定の際に当っては、終戦直後の特殊な事情もあって、可成り積極的に、せき立ててきたこと、また内容に関する注文のあったことなどは、前述のとおりであるが（略）、その後の交渉経過中、徹頭徹尾"強圧的"もしくは"強制的"というのではなかった。わが方の専門家、担当官の意見に十分耳を傾け、わが方の言分、主張に聴従した場合も少なくなかった。

（吉田茂『回想十年』第2巻）

13　第1回参議院議員通常選挙

　新憲法の規定に伴って新たに誕生する参議院のための議員を選ぶ第1回参議院議員通常選挙が1947年4月20日に行われた。46年3月末日の解散により消滅した貴族院では議員定数が定まっておらず、選出のされ方が爵位等によって異なっていたが、参議院の議員数は計250名で、全国区100名、地方区150名とされ、任期は6年とされた。また全国区選出議員は、地方区選出議員とは異なり、選挙区利益に左右されずに活動することが想定された。各選挙区で2名から8名の偶数の当選者を選出し、第1回選挙に限り選挙区ごとに、上位半数の任期は6年、残りの下位半数の任期は3年とされた（全国区も同様）。

　GHQが作成した憲法草案では一院制が想定されていたが、日本側は二院制になれば、一院の専断を抑え、慎重審議することで安定性や継続性がはかられると主張した。なお憲法草案作成過程では、松本委員会は勅任議員の設置も想定した。最終的に、全議員を選挙で選ぶことを条件にGHQから二院制が認められた。

　選挙結果は、日本社会党が全国区で1位となり、地方区でも自由党と同数の30議席で第一党となった上に、得票数は100万票以上も上回った。このように社会党が得票できた理由には、自由・民主の保守両党が同月25日に行われる第23回衆院選に注力し、候補者数自体が少なく勢力を結集できなかったこと、他方の社会党は、地方での闘争経歴を持たない者の立候補を簡単には推薦しなかったので、逆に地方に基盤を持つ立候補者が多かったこと、さらには労働組合の盛り上がりが全国区での候補者に有利に働いたことがある。こうした政治状況に加えて、参院選で第1位となったこと自体が衆院選にも大きな影響を与えたと考えられる。選挙結果からわかるように、無所属議員が多かったことも指摘できる。保守派と見なせる人がほとんどだったが、個人的な名声で当選した無所属議員たちは5月に院内会派「緑風会」を結成し、参院が職能的団体の性格を強めることを訴えた。特定の政党との関係がなかったため、政治テーマごとに是々非々の立場で取り組むことができた。造船疑獄事件での指揮権発動に対する警告決議や自衛隊の海外出動禁止決議など、特定の利害関係に拘泥されない活動により、のちに「参議院は良識の府」と捉えられるようになった。しかし次第に政党に所属しなければ当選や積極的な政治活動が困難になったことで無所属議員が減り、逆に政党所属者が多くなった結果、1965年に緑風会は解散するに至った。

二院制採用理由と第二院の特性（金森徳次郎憲法担当国務大臣、1946年9月20日貴族院帝国憲法改正案特別委員会）

　此の憲法は、徹底的なとも謂ふべき程度に民主政治を実現せむとするのであります。民主政治を実現すると云ふことは、要するに国家の政治の基本的的動向が国民の意思に依つて著しく影響せらるると云ふことでなければならぬと思ふのであります。（略）併しながら数に依る政治と云ふことは何の数に依る政治であるか、（略）単純なる一つの院の多数決に依つて方針を決めますると云ふことは、幾つかの欠点を持つものと考ふるのであります。（略）一面に於て専横に陥る危険があり、一面に於て議事が周到に合理的に判断せらるる点に於きまして、幾分不十分なる点があることであらうと思ひます。（略）各方面に於て議論せられて居る間に、国民の与論も能く熟成し、それが相承けて国の政治の中に、此の国会の政治を中心としつつうまく採り入れられて行くと云ふことがあらうと思ひます。（略）若しも二院が平等の力を持つて居ると致しまするならば、国政は容易に一つの道に帰着することが出来ないのであります。（略）此の新らしく作られまする筈の二院制度は、二院不平等でなければならぬ。一方がより力強き権能を持ちまして、さうして此二院制度を維持して行くのが宜いのではないか、此の力強き制度と云ふことは、要するに二院の意見の一致するには手間が掛る。手間は掛るけれども、終局に於て一致するであらうと云ふことを前提とする譯であります。（適宜、読点を句点に改めた）

（国立国会図書館　帝国議会会議録検索システム）

第 1 回参議院議員通常選挙結果

党派	当選者合計		全国区		地方区	
	数	割合	当選者数	割合	当選者数	割合
社会	47	18.8	17	17.0	30	20.0
自由	38	15.2	8	8.0	30	20.0
民主	28	11.2	6	6.0	24	16.0
共産	4	1.6	3	3.0	1	0.7
国協	9	3.6	3	3.0	6	4.0
諸派	13	5.2	5	6.0	6	4.0
無所属	111	44.4	58	57.0	53	35.3
計	250	100	100	100	150	100

（『朝日年鑑』昭和 23 年版）

参議院議員選挙法（抜粋）
（1947年2月22日施行）

第 1 条　参議院議員の定数は、250 人とし、そのうち、150 人を地方選出議員、100 人を全国選出議員とする。
　　　地方選出議員は、各選挙区において、これを選挙する。その選挙区及び各選挙区において選挙すべき議員の数は、別表でこれを定める。
　　　全国選出議員は、全都道府県の区域を通じて、これを選挙する。

第 2 条　選挙区及び開票区は、衆議院議員の選挙の投票区及び開票区による。

第 4 条　日本国民で年齢 30 年以上の者は、衆議院議員の被選挙権を有する。

第 6 条　全国選出議員選挙管理委員、都議会議員選挙管理委員、道府県会議員選挙管理委員及び市町村会議員選挙管理委員、全国選出議員選挙管理委員会、都議会議員選挙管理委員会、道府県会議員選挙管理委員会及び市町村会議員選挙管理委員会の書記、投票管理者、開票管理者、選挙分会長及び選挙長並びに選挙事務に関係のある管理及び吏員は、その関係区域内においては、被選挙権を有しない。

第 7 条　在職の裁判官、検察官、会計検査官、収税官吏及び警察官吏は、被選挙権を有しない。

第 8 条　衆議院議員と兼ねることのできない職にある者は、参議院議員とも兼ねることができない。

第 65 条　地方選出議員の議員候補者となった者は、全国選出議員の議員候補者の届出をなし、又はその推薦届出を受諾することができない。

（自治省選挙部編『選挙法百年史』）

地方区の当選者別選挙区数

当選者数	2 人区	4 人区	6 人区	8 人区
選挙区数	25	15	4	2

4 人区：福島、神奈川、埼玉、千葉、茨城、栃木、群馬、新潟、静岡、長野、京都、岡山、広島、熊本、鹿児島.
6 人区：愛知、大阪、兵庫、福岡. 8 人区：北海道、東京

14　第23回総選挙と片山哲内閣

　第23回衆議院議員選挙が第1回参院選から5日後の1947年4月25日に実施された。前年用いた大選挙区制限連記制に問題があると制度検討がなされていたが、この衆院選直前に中選挙区制が再び導入され、その後96年まで採用された。

　2・1ゼネストを中止したマッカーサーは「日本の社会が現在直面している根本的諸問題」に国民の意思を表明させるため、また「新憲法の実施に伴う新立法が施行」されるようにするため総選挙の実施を求めた。当時の国民生活は、物価上昇にもかかわらず、実質賃金は戦前の3分の1程度であった。そのことが労働組合の結成や加入を促進させ、2・1ゼネスト闘争の推進力となっていた。そこで政府は、共産党が勢力を一層拡大させることを恐れて中選挙区制に戻し、その勢力拡大に歯止めをかけようとした。他方、保守陣営はこの総選挙に力を注いだ。冷戦が激化するなか保守体制を維持、強化することが志向された。結果的に共産党の議席は伸びなかったが、前回の総選挙で「社会主義か資本主義か」の抽象的な訴えをしていた社会党は、農業問題や食糧問題などの具体的政策を掲げ第一党となった。とはいえ、得票数では自由党よりも少なく、議席数では保守勢力が過半数を占めることになった。だが憲法施行後に初めて誕生する内閣であることは間違いなく、第一党の社会党を中心とした政権となることが当然視された。

　社会党は自由、民主、国協党を加えた四党による挙国一致内閣を構想し交渉を続けた結果、四党政策合意が成立した。しかし自由党は社会党に党内左派の排除を求め、最終的に協定を離脱した。そこで四党協定を存続させたまま、社会党の片山哲を首班として民主、国協党が加わった保革連立内閣が成立した。高い支持を得て発足した片山内閣だったが、政策協定に拘束されていた上に、経済状況は好転せず、47年7月に出した『第1次経済実相報告書』の副題は「財政も企業も家計も赤字」とせざるを得ないほどだった。そこで新物価体系を導入して物価の安定をはかり、傾斜生産方式を徹底して生産性向上をはかろうとした。社会党は当時の他国における社会主義政党と同様、炭鉱の国家管理を目指したが、民主、自由党だけでなく、社会党内からも反対があり、結果的に骨抜きにされた。この炭鉱国家管理問題をきっかけに民主党幣原派が同党を離脱した。加えて平野農相の罷免問題で社会党平野派が脱党し、平野後任問題で社会党左派が党内野党宣言をしたため補正予算が組めなくなり、48年2月10日に内閣は総辞職した。

総選挙の実施を吉田首相に指示するマッカーサー書簡 (抜粋) (1947年2月6日)

余の信ずるところによれば総選挙の時期に到ったと思う。日本の内部機構、経済状況、および形実ともに日本人の生活は今から1年前の総選挙以来非常な変化をとげた。したがって日本の社会が現在直面している根本的諸問題について、近い将来に改めて国民の自由なる意思を問うことが必要である。この方法によって日本をいま指導しつつある民主主義の過程をわれわれはさらに前進せしめることになる。この選挙の時期と細目は日本政府の配慮に待つべきであると思うが、新憲法の実施に伴う新立法が施行されるようにするため、現在の議会閉会後なるべく速やかに総選挙は行われるべきである。

(袖井林二郎編訳『吉田茂＝マッカーサー往復書簡集』)

4党政策協定 (1947年5月16日)

1　経済危機突破のため現在の経済組織を対象とする総合的な計画に基き必要なる国家統制を行う。
2　生産強化のために超重点産業政策をとり、重要基礎産業は必要に応じて国家管理を行なう。ただし国家管理は官僚統制方式を廃して民主化されたものとすること。
3　産業復興は企業と労働者の自主的にして積極的協力のもとに行なわれることを必要とする。
4　インフレ克服のため健全財政主義を堅持し、かつ必要なる金融統制を行なう。
5　インフレ克服にあたってはインフレおよびヤミ利得者の負担を重視する。ただし新円封鎖および国債利払の停止などは行なわず。
6　賃金および価格を堅固たる統制下におき、不足する必需品については厳格なる配給割当計画を実施して国民生活の安定を期す。
7　食糧問題解決のため肥料、漁具その他農、漁業用必要物資を確保して食糧増産をはかるとともに供出制度をすみやかに改善し完全供出を図る。
8　産業再興と民生安定のためにヤミ取引ぼく減に万全の措置を講ずる。
9　危機克服は国民各自の救国的自覚と責任

によることを痛感し、とくに道義の高揚と文教の刷新をはかる。

(『日本社会党政策資料集成』)

民主党申し入れの連立3条件 (1947年5月30日)

1　極右・極左主義に反対の立場をとること
2　重要機密の漏洩をなさざること
3　社会不安をひきおこすおそれのあるいっさいの行動をなさざること
右は各党において厳守責任を負うものとし、万一党員中これに違反するものあるときは各党責任者をもって適当な処置を行うこと。

(同上)

片山首相「国民に訴う」(抜粋) (1947年6月2日　NHKラジオ)

私がここで特に国民諸君におねがいしたいことは、危機突破のために、それぞれの分に応じて犠牲を甘受して頂きたいということである。(略) 政府は奢侈的消費の抑制を眼目として万全の施策を進めていく方針であるが、勤労大衆諸君もまた当面の危機を突破するまでの間、その要求をある程度犠牲に供する覚悟を以て政府に協力されたい。過去30年、勤労大衆の生活よう護のために努力してきた私が、組閣の第一声においてかくいわねばならぬのはまことに断腸の思いである。(略) 私は、諸君の多くがこれ以上切りつめることのできない最低限度の生活をしていることをよく知っているにも拘らず、なお犠牲と耐乏をねがう所以のものは、敗戦のどん底から立ち上ろうとするわれわれ日本国民にとって、生易しい苦労と努力では、とうてい当面の危機突破も、祖国再建もありえないからである。(略) 直接にせよ、間接にせよ、頭脳労働を以てするにせよ、危機突破と祖国再建のために最も重要な勤労にてい身するものは、物心両面において最も優遇されるような体制を実現せんとするものである。財あるものは財を、力あるものは力を、知えあるものは知えを出して、全国民が協力することにより始めて危機は克服され、祖国を再建できると信ずる。

(『資料 日本社会党50年』)

15　芦田均内閣と昭電事件

　片山内閣の総辞職後、自由党は野党第一党の自党が政権担当すべきであると「憲政常道論」を唱えた。他方の与党側は、社会党内の内紛が総辞職の原因だと主張し、マッカーサーに対して片山内閣の政策継続を訴えた。1948年2月21日の国会での首班指名選挙では、芦田は吉田茂と両院で競い合い、衆院で216対180で勝ったものの、参院では102対104で負けた。両院協議会では決着がつかず、衆院優越の憲法規定により3月10日に芦田内閣が成立した。GHQの支持を得てはいたものの、「政権のたらい回し」に対する国民の批判は厳しかった。

　芦田内閣は世論の支持が弱いだけでなく、与党内部でも民主党は第三党であり、社会党は左右の対立を抱えていたため、内閣の権力基盤はきわめて弱かった。低迷する経済状況に対応するため外資導入を訴えたが、その実現のためにも、労働運動の抑制と社会秩序の保全が課題であった。当時は「3月攻勢」と呼ばれる労働運動が激化している時期で、結果的に回避されたが、3月末にゼネストへ突入することも計画されていた。盛り上がる労働運動に対して、政府は7月22日のマッカーサー指令に従い、政府職員の団体交渉権や罷業権を否認するなどの国家公務員法改正（政令201号）を行った。また政府は、西尾献金問題にも対応する必要が生じた。副総理西尾が、社会党書記長時代に土建業者から50万円を受けとったにもかかわらず報告していなかったことが政令違反とされた。その追及過程で昭和電工事件が発覚した。復興金融金庫（復金）が47年1月に、重点産業に融資する機関として設立されていた。肥料などを生産していた昭電側は、贈賄によって復金から一層の融資を得ようとした。日野原節三昭電社長の他、収賄側として栗栖赳夫経済安定本部長官、大野伴睦民自党顧問、福田赳夫大蔵省主計局長らの大物に続いて、西尾前副総理も逮捕された。そのため、芦田内閣は48年10月7日に総辞職するに至り、後に芦田も逮捕された。最終的に64名が逮捕され、内37名が起訴された。有罪となったのは22名で、大物は日野原と栗栖だけであった。ケーディス民政局次長の収賄容疑も取りざたされた。

　この事件により中道左派政治が終焉を迎え、その後は冷戦構造が崩壊するまで社会党が政権をとることはなかった。またGHQ内の主導権がそれまでのGS（民政局）からG2（参謀第2部）に移り、冷戦構造が明確化する中で占領政策の「逆コース」が一層顕著になり、日本の西側陣営の一員としての立場が確立した。

片山首相の総辞職に際しての声明 （抜粋）
（1948年2月10日）

　私は現下諸般の情勢に鑑みて、本日総辞職することを決めた。これは一に連立内閣の場合、ややもすれば陥り易い党内事情の悩みが大きく現れたのであって、わが国の現状では避け難い歴史的な一つの段階であると思う。全くこれ等は私及び政党にとっての大きな試練であった。これを階梯として我が国の民主主義政治が健全に発達することが出来れば国家のために非常に幸いである。（略）私はこのために日本の民主改革は極右極左を排した中道を歩む方途が実現されなければならぬものと信じている。即ち絶対多数党の出現までは、今後なお連立が必要であり、これが中道政治の一つの形態と思われる。過去8ヶ月余私は常にこの線に沿いつつ進んだのあって、これによってこそ経済も復興され、国際信用も高まるものと確信している。

（『資料 日本社会党50年』）

芦田首相が前内閣の政策を継承するとマッカーサーに伝える書簡 （抜粋）
（1948年3月 （日付なし））

　新内閣の政策大綱は、連立が基盤におく与党の構成にほとんど変化がありませんので、片山内閣の政策大綱と大幅に異なることがないのは明らかです。しかしながら、前内閣の施政にむけられた数多くの批判を十分に認識すべきであります。したがってある程度の政策変更と再検討が必要であるとは思いますが、片山内閣の政策は原則的に継承されましょう。

（袖井林二郎編訳『吉田茂＝マッカーサー往復書簡集』）

芦田首相の施政方針演説 （抜粋）
（1948年3月20日　衆議院本会議）

　連合国の好意的援助を得るためには、まずもって輸入の支払のため輸出の増進を必要といたします。これと同時に、われわれの態度がその好意に値するものでなくてはなりません。日本国民が諸外国の信頼に背かない明らかな証拠として、ポツダム宣言を厳格に実行することはもちろん、国内の民主化を促進し、文化国家の建設に全力を傾けたいと思い

ます。

　なお外国資本の導入を容易にするためには、今日までその隘路となつておつた幾多の障害を除いて、外国の資本家をして安んじてわが国の産業に投資するごとき受入態勢を整えなければなりません。政府は漸を逐うてこれを実現する考えであります。

　終戦以来、国内の治安は敗戦国としては予想以上によく維持されてきました。しかしながら、戦争の結果として文化道徳を頽廃させ、今なお犯罪の減少を見ないことは遺憾にたえないところであります。日本民族の血液から凶暴性を刈りとることは、一は国民生活安定の問題であり、さらにまた道義の高揚をはかる教育の問題であります。政府は最大の関心をもつてこれに善処する決心であります。

（『資料 日本社会党四十年史』）

昭電事件と芦田首相 （抜粋）

　五月早々、長崎英造が（略）変な情報を知らせてくれた。——自由党の某々が、警視庁と組んで、昭和電工の日野原節三社長の身元を洗い、芦田献金との結びつきを引っ張り出して、倒閣のキッカケにする策謀がある。芦田との関係はまだ出ないが日野原の横領や官僚に対する贈賄は、ほぼメドがついたらしい。この際、退陣を条件にもみ消すよりほか手があるまい。（略）日野原には、（略）バッタリ会ったのでその旨よく注意したが、日の出の勢いなので一笑に付していた。（略）5月25日、日野原もまさか家宅捜査をされようとは夢にも思っていなかったらしい。それほど進駐軍に取り入っていたが、反対派もあるのをおろそかにしたんだろう。（略）芦田が日野原と直接関係ないのは千百承知であり、第一、日野原の性質上、そんなムダ金は一銭たりとも使う男でなく、芦田ももちろん私に何一つ隠し立てなんかしない。ただ、ついつい甘く見ていたのは、確かに不覚だった。また芦田としては、手飼いの栗栖がハシタ金をもらったり、西尾がモミ消しかなにかは知らんが献金を受けていようとは、よもや思わなかったからである。

（菅原通済『無手勝流』風雪篇）

16　第24回総選挙と吉田時代の開幕

　第24回総選挙が1949年1月24日に第2次吉田内閣の下で実施された。与党の民自党、社会党をはじめとする前与党、共産党にそれぞれ際立った選挙結果が見られた。民自党は、152議席から264議席（その後の入党者を含め269議席）に躍進するとともに、前年7月から吉田首相が入党させていた元高級官僚の佐藤栄作（官房長官）、吉竹恵市（労働次官）、池田勇人（大蔵次官）、岡崎勝男（外務次官）、有田喜一（官房次長）らが初当選を果たした。他方で、前与党の中でも社会党に対する評価は厳しく、111議席から49議席へ激減させた。しかも党委員長で元総理の片山哲をはじめ、西尾末広元副総理、加藤勘十前労働大臣など、10名の閣僚経験者が落選した。同様に、民主党は90議席から69議席へ、国協党は29議席を14議席に減らしている。これと対照的に大躍進したのが共産党で、4議席から35議席に飛躍させた。しかも東京の7選挙区すべてで、また大阪では5選挙区中4区で議席を獲得し、東京と大阪では3選挙区でトップ当選だった。前与党に対する批判票を集めると同時に、共産党支持者の急増、さらに選挙公営が有利に作用した。なお、この選挙で地盤を固めた民自党は、民主党に協力を呼び掛けたこともあり、衆院では452票中350票で、参院では219票中106票を得て、第3次吉田内閣を発足させた。GHQの承認が必要な事項もあったが、この権力基盤の強さはワンマン体制と評される政治運営を可能にした。

　この選挙に際し、与党議員が少ない第2次吉田内閣はすぐに解散、総選挙をしようとしたが、選挙で負けると考えた野党は施政方針演説などを求め、選挙の引き延ばしをはかった。そこで吉田は、憲法第7条に規定されている天皇の国事行為のひとつである国会の解散は「内閣の助言と承認により」可能であると、7条解散をしようとした。これに対し片山社会党委員長は、第7条の規定は儀礼的行為であり、第69条に規定されているように、不信任決議案が可決されるか、信任決議案が否決された場合のみ解散が可能だと解散阻止をはかった。GHQが斡旋に乗り出し、①野党は今会期中に公務員法改正案を承認する、②政府が国会提出する新給与予算案を野党は提出後2週間の期限付きで議了し、③その期限終了後の最終日に野党が内閣不信任案を提出し、国会解散を行うとした（「なれ合い解散」）。なお52年6月に両院法規委員会が7条解散を認め、54年に東京高裁がこれを追認して以降、7条解散が首相の「伝家の宝刀」として用いられている。

第24回総選挙結果（主要政党およびグループの
みのため合計欄の数字は、集計とは異なる）

政 党 名	当選者数	得 票 数	得票率	前回議席数
民主自由党	264	13,381,610	43.8	152
民主党	69	4,885,504	15.8	90
日本社会党	48	4,127,727	13.5	111
日本共産党	35	2,984,780	9.6	4
国民協同党	14	1,042,123	3.4	29
諸派	4	759,308	2.6	17
無所属	12	2,007,328	6.6	12
合 計	466	30,590,179	100.00	466

（毎日新聞『選挙総覧　昭和24年』より作成）

均衡予算への承認を求める吉田首相書簡
（1949年1月27日　マッカーサー宛）

当面、均衡予算は政府にとって最大の関心
事となりましょう。均衡予算には政府職員の
大幅な削減を必要とします。われわれは政府
諸機関の規模よりむしろ数を縮小して、これ
を実現するつもりです。できるだけ多くの省
庁の部局課とその他政府の事業所が、即座に
廃止されることになり、その中には貴司令部
の示唆で創られた部局のいくつかが含まれる
かもしれません。

こうした措置の結果生じる失業問題の対策
としては、大規模な公共建設計画の発足が企
図されております。この計画は生産業に仕事
が見つからない人々を吸収することになりま
しょう。このようにして予算の均衡がとれさ
えすれば、外国資本の導入とわが国経済の健
全な発展と前進への道が開かれることになり
ましょう。

私は政府のこの政策と計画とが貴官の承認
と支持を得られるものと希望し信じます。

総理大臣
（袖井林二郎編訳『吉田茂＝マッカーサー往復書簡集』）

吉田首相の所信表明演説（抜粋）
（1949年4月4日　衆議院本会議）

思うに、国民は今回の総選挙におきまし
て、終戦以来の苦しき経験にかんがみ、安定
せる政局のもとに、わが国の再建を健全なる
保守政党に託さんとして、われわれ保守政党
を圧倒的に支持したものと考えるのでありま
す。（略）

昨年12月29日、マッカーサー元帥の私に
あてた九原則を含む書簡及び最近における
ドッジ氏声明は、すべて右の趣意に出でたも
のであります。私も、この線によるにあらず
んば、わが国の再建はできがたしと衷心より
信ずるものであります。

今回提出せんとする予算は、この九原則及
びドッジ氏の声明を了承いたしまして、政府
の責任において（略）これを具体化したもの
であります。政府は、幾多の困難なる事情あ
るにかかわらず、まずもつて均衡予算を作成
し、真の自立再建をはかる決心であります。
（略）政府は、根本的に行政財政等の改革を
断行し、均衡予算案実施の途上においても税
制及び徴税方法の改善をはかり、他面、歳出
の面におきましても、さらに現実に節約を期
し、でき得る限り国有財産を処分し、その実
績を得るに従つて臨時国会を召集し、予算の
補正、国民の負担軽減をはからんとするもの
であります。（略）

また国内事情において、極右、極左という
ような言葉がよく使われるのでありまするが、これはためにするもの言うところであ
つて、現在国民の大多数は、安定せる政局の
もとに経済再建を強力に衷心よりこいねがつ
て、その道に万進協力して行こうと決心して
おる国民であることは、私は信じて疑わない
のであります。しかしながら、またあらゆる
手段を弄して祖国の再建を妨害するものがあ
ることは、これまた遺憾ながら明らかなる事
実であります。少数でありましても、とにか
くそれの存在することは事実であることを認
めなければならぬのであります。これを要す
るに、このたび提出の予算案は、戦後のわが
政府が当然実行しなければならなかつたこと
でありますのを、今日までゆるがせにしてお
つたものであります。政府は、ポツダム宣言
及び九原則を含むその他の管理政策を熱意を
もつて誠実に遵守履行し、国民はこぞつて経
済的愛国心により自主経済並びに民主政治を
確立し、世界列国が一日も早く栄誉ある国際
社会の一員としてわが国を迎え入れるに至ら
んことを、私は切に国民諸君とともに希望す
るものであります。（ミスプリント修正）

（国立国会図書館　国会会議録検索システム）

17 冷戦体制顕在化と日本経済自立化

　第二次世界大戦中にすでに見られた東西両陣営の対立は、その中心となる米ソ両国がともに戦勝国となったことから、戦後になると顕在化し始めた。そうした状況を端的に表したのが、1946年3月にトルーマン米国大統領に招かれたチャーチル前英国首相が行った「鉄のカーテン」演説である。翌47年3月にはトルーマンが対ソ強硬策を唱えるトルーマン・ドクトリンを、6月にはその考えを具体化する政策として、マーシャル米国務長官が欧州復興援助計画（マーシャル・プラン）を発表した。米国の対ソ政策の基本となる「封じ込め政策」を外交官ジョージ・ケナンが匿名で雑誌に発表したのも47年のことだった。こうした西側の動きに対抗して、東側は同年10月にコミンフォルムを結成した。

　米国の対日占領は単独占領であったため、東西対立が顕在化するに連れて「逆コース」政策が始まった。2・1ゼネスト中止命令もその一環と捉えることができる。48年1月にはロイヤル米陸軍長官が、日本を共産主義の防壁にするために経済的に自立した国家にすべきと訴えた。日本を「アジアの工場」とすべく来日したドレーパー使節団が5月に出した報告書は、日本の賠償問題に影響をあたえ始めた。当時の東アジア情勢は流動的で、8月に大韓民国、9月には朝鮮民主主義人民共和国が誕生した。中国では人民解放軍が勝利を収めつつあった。

　アメリカの国務、陸軍両省は12月に日本経済復興のための原則をマッカーサーを介して吉田首相に命じた。経済安定9原則と呼ばれるもので、経済的な自立体制確立を実現するための、予算均衡、税収強化、融資厳格化、賃金安定、物価統制、貿易管理と外国為替管理、配給改善、生産拡大、食糧供出に関する方針であった。49年2月にはGHQ財政顧問のジョセフ・ドッジ（デトロイト銀行頭取）が来日し、9原則を実施するために財政的整備を行うべく、翌月には超均衡予算の作成、通貨安定、輸出増進等の施策を指示した（ドッジ・ライン）。品物によってバラバラであった為替レートは単一のものに定められ、米ドルの場合は1ドル＝360円に固定された。これらによってインフレ状況はデフレに変わり、恒常的恐慌状態となった。5月にはシャウプ税制使節団が来日し、直接税の重視、地方財政の確立などについて、今日まで存続する税制度の基礎となる仕組みを勧告した。米国による一連の政策は、冷戦体制の激化に合わせて、日本を経済的に自立させるとともに反共の砦とし、さらには占領費の削減も目的としていた。

ウィンストン・チャーチルによる「鉄のカーテン演説」(抜粋)(1946.3.5 米ミズーリー州ウエストミンスター大学にて)

バルト海のシュテッティンからアドリア海のトリエステまで、鉄のカーテンがヨーロッパ大陸を横切って降りている。中部及び東ヨーロッパの歴史ある国々の首都は、すべてそのカーテンの向こう側にある。ワルシャワ、ベルリン、プラハ、ウィーン、ブダペスト、ベルグラード、ブカレスト、ソフィアの市とその周辺に住む人たちは皆、ソ連圏とでも呼ばざるを得ない中に包摂せられ、何らかのやり方で支配されている。すなわちソ連の直接的影響力か、その影響力をますます強めているソ連の支配である。

(http://www.churchill-speeches.com/ 小西訳)

米国の対日方針に関するロイヤル陸軍長官演説(抜粋)
(1948.1.6 サン・フランシスコにて)

多くの米国民にとって、私もその一人だが、ドイツと日本に勝利したことに伴う最も驚くべき事態と、最も残念なことの一つは、占領に際して我々に負わされた責任とコストに関してである。ほぼ誰もこの負担を予想できなかった。(略)

日本の敗戦直後、米国が目的としたのは、第一に「日本が再び世界の平和と安全の脅威とならないようにする」ことであり、第二に「国際的責任を果たし、他国の権利を尊重し、国際連合が掲げる目的に賛同する民主的で平和志向の政府をできるだけ早期に樹立する」ことであった。(略)

財閥解体自体は深刻な経済問題をもたらさないが、工業の極端な集中排除は場合によれば、戦争遂行能力を破砕するには役立つが、同時に日本の製造効率を悪化させ、日本が経済的自立を遅らせる。

非軍事化と経済復興の間に、ジレンマとなるもう一つの判断基準がヒトの面で存在している。軍事面でも、産業面でも、日本の戦争体制を構築・運営する際に最も精力的だった人物はしばしば、最も有能で、最も成功したビジネスリーダーであった。彼らは日本の経済的復興に貢献するであろう。(略)

米国の諸決定は、日本が攻撃的で残忍な戦争に再び突入する可能性を排除することを確実にするとともに、固い意志をもって行われることを保証する。自立した民主主義を日本で樹立するという確固たる目的も持っている。それは、日本国内だけでなく、極東において将来起こるかもしれない全体主義的脅威に対しても抑止力となりうる、十分に強くて安定したものである。

(細谷千博他編『日米関係資料集1945-97』小西訳)

経済安定9原則(抜粋)(1948年12月19日指令)
1. 極力経費の節減をはかり、また必要であり、かつ適当なりと考えられる手段を最大限度に講じて真に総予算の均衡をはかること。
3. 信用の拡張は日本の経済復興に寄与するための計画に対するほかは厳重制限されていることを保障すること。
6. 外国貿易統制事務を改善し、また現在の外国為替統制を強化し、これらの機能を日本側機関に引継いで差支えなきにいたるように意を用いること。
7. とくに出来るだけ輸出を増加する見地より現在の資財割当配給制度を一そう効果的に行うこと。

以上の計画は単一為替レートの設定に実現させる途を開くためにはぜひとも実施されねばならぬものである。

(有沢広巳他編『資料戦後二十年史』2・経済)

マッカーサーによる「反共の防壁」声明

日本においては国民の大部分は共産主義運動の始まらんとする脅威を十分に理解しているがために共産主義宣伝に動揺をしていない、これらの国民は共産主義の東進を食止め、南進を阻止する有力な防壁であり、また防壁として残るのである、個人生活の改善および真に価値ある集団平和の手段としてこゝに与えられている米国民主主義のこれらの不変の概念は日本国民が人類の仲間に加わつてより高度にしてより客観的運命に向かつて前進するにつれて愛育され保護され、かつ前進されることを米国民は確信してよろしいのである。

(『朝日新聞』1949年7月5日)

18　共産党分裂とレッドパージ

　1949年1月実施の第24回総選挙で共産党の議席は4から35へと急伸した。当時はシベリアからの帰還者を含め、共産党への入党者が急増していたこともあり労働組合への加入者が増えていた。そうした中で、日本共産党の指導者のひとりである野坂参三が2月の党中央委員会で革命が近づいていると発言し、メーデーでは徳田球一が「9月までに吉田内閣をぶっ潰す」と発言したことで「9月革命説」が広く流布しはじめた。そうした状況に対し政府は4月には「団体等規制令」を出して共産党と党員の動向を把握するとともに、行政機関職員定員法を手掛かりに共産党員の追放をはかり、6月にはレッドパージを本格化させるに至った。その後の1年6カ月の間に、総計2万2000人に及ぶ共産党員とその同調者が、政府、地方自治体、民間報道機関、産業界から追放されたといわれる。

　50年1月6日にコミンフォルム（共産党労働者党情報局）の機関紙『恒久平和と人民民主主義のために』が「オブザーバー」名で載せた記事「日本の情勢について」の中で、野坂を繰り返し批判した。野坂が述べた、連合国軍の日本占領が日本を非武装化するとともに人民を全体主義的政策から解放し、日本を民主化する、また占領軍は植民地化の意図を持たず、占領下でも社会主義革命が可能であるとの内容を問題視し、その「理論」はマルクス・レーニン主義とは無関係だと断じた。当初これが外電で伝えられたため、共産党中央委員会政治局は9日に「党かく乱のデマをうち砕け」とのコメントを『アカハタ』に掲載した。しかしそれがコミンフォルムから出された本物であることが明らかになった13日、政治局は『アカハタ』に「日本の情勢について」の翻訳文と、「『日本の情勢について』に関する所感」と題する反論を載せた。その上で、野坂の主張の不十分な点は「すでに実践において同志野坂らと共に克服されている」、また問題が生じたときは、「その時々において克服して」いると記し、野坂は「もっとも勇敢な人民の愛国者として大衆の信頼をえている」と締めくくった。だが17日に中国『人民日報』が共産党に批判の受け入れを勧めたことで、「所感」は撤回された。この対応過程で共産党は徳田・野坂らの「所感派」と志賀義雄・宮本顕治ら「国際派」に分かれ、所感派が日本を脱して中国に逃れて党を指導した。またソ連の指示の下、朝鮮戦争での膠着状態を打破するための後方攪乱戦術として、日本共産党は51年10月の第5回全国協議会を経て武装闘争路線に突入していった。

共産党中央委員の公職追放を指令するマッカーサー書簡（抜粋）

（1949年6月6日　吉田首相宛）

　最近にいたり日本の政治には右に劣らず不吉な勢力が生まれた。（略）彼らは一致して憲法にもとづく権威を無視し、法と秩序による行動を軽視し、虚偽や扇動その他の手段によって社会混乱を引起し、ついには日本の立憲政治を力によって転覆する階段をもち来たらすような社会不安を生ぜしめようとしている。（略）彼らの法律を無視する扇動をこのまゝ放置するということは（略）連合国の政策目的と意図を直接否定し、これによって遂には日本の民主的諸制度を抑圧する危険があり、日本の政治的独立に対する好機を失わしめ、日本民族の破滅を招く危険があるのである。従って私は日本政府が次にのべる日本共産党中央委員全員を公職から追放し、（略）必要な行政措置をとることを指令す。

（袖井林二郎編訳『吉田茂＝マッカーサー往復書簡集』）

コミンフォルムからの批判「日本の情勢について」（抜粋）　（共産党労働党情報局機関紙『恒久平和と民主主義のために』1950年第1号）

　1949年7月、野坂は、日本共産党中央委員会総会における報告において、人民民主主義政府を作ることは無論可能であると、きっぱりと確信した。（略）かくの如く、野坂は、アメリカ占領軍が存在する場合でも、平和な方法によって、日本が直接社会主義に移行することが可能であるというようなブルジョア的な俗物的言をはいている。（略）日本におけるアメリカ占領軍が、あたかも進歩的役割を演じ、日本を社会主義への発展にみちびく「平和革命」に寄与しているかのごとき野坂の見解は、日本人民をこん乱におちいらし、外国帝国主義者が日本を外国帝国主義の植民地的付加物に、東洋における新戦争の根源地にかえるのを助けるものである。（略）野坂の「理論」は、日本の帝国主義占領者美化の理論であり、アメリカ帝国主義称さんの理論であり、したがって、これは、日本の人民大衆を偽まんする理論である。野坂の「理論」が、マルクス・レーニン主義とは縁もゆかりもないことは明かである。（略）反民主

的な反社会主義的な理論である。それは、日本の帝国主義的占領者と日本独立の敵にとってのみ有利である。したがって、野坂の「理論」は、また、同時に、反愛国的な理論であり、反日本的な理論である。

（『アカハタ』1950年1月13日）

「日本の情勢について」に関する所感（抜粋）

　同志野坂の諸論文は、不十分であり、克服されなければならない諸欠点を有することは明らかである。それらの諸点については、すでに実践において同志野坂らと共に克服されている。（略）党は（略）、その時々において克服して正しく発展しているのであって、この論文の評価のように4ヵ年にわたって誤謬が累積しているように認めているのとは、きわめて異なった印象を大衆はもっている。

（同上）

戦後の労働組合員数・労働組合組織率の推移（1947年〜2018年）（各年6月30日現在）

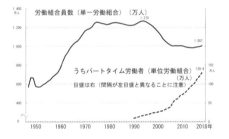

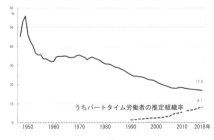

（労働政策研究・研修機構 HP より作成）

19　下山・三鷹・松川事件

　1949年2月に発足した第3次吉田内閣は、財政堅持、行政整理、綱紀粛正、破壊活動の排除を掲げた。当時は警察署を襲撃・占拠する事件も発生しており、1月の総選挙で共産党が大躍進していた。そうした中で緊縮財政を展開するため、政府が特に積極的に取り組んだのは行政機構刷新と共産党員を主なターゲットとした人員整理であった。後者は、非現業の定員3割減、現業2割減を目的とした。5月11日に国会へ提出された行政機関職員定員法案は30日に成立し、28万5124人を整理対象とした。これに労組側が反発し、国鉄労働組合（国労）は遵法闘争を展開するが、団体交渉が決裂する際はGHQが禁止しているストを含む実力行使を行うとの闘争方針を6月26日に発表した。政府は国鉄職員9万5000人の7月中の整理を決定し、7月4日に第1次整理を3万700人へ通告した。

　その過程で、7月1日に国鉄総裁となったばかりの下山定則が5日都内で行方不明となり翌6日に轢死体で発見された。捜査や司法解剖段階で自殺説と他殺説が唱えられ、様々な憶測も飛ぶなか、7月12日に政府は予定をくりあげて第2次整理を約6万3000人に通告した。その直後、15日には東京・三鷹駅で車庫から無人電車が暴走し駅前の民家に突進する事件が起こった。6人の死者と多数の負傷者が出た事件だった。どちらも共産党と国労の仕業とされ、三鷹事件では解雇通知を受けていた国鉄職員ら計12人が起訴された。多くは共産党員だった。続いて8月17日に、東芝松川工場で、人員整理問題に反対してストが計画されているなか、東北本線松川駅と金谷川駅との間で旅客列車が脱線転覆し、3名が死亡する事件が発生した。ボルトやナットが緩められ、レールを枕木にとめる犬釘が抜かれていたり、レールが外されていたりしていた。真相不明のなか、事件の翌日に増田甲子七官房長官は、三鷹事件と「思想根底において同じものである」と発言した。結果的に国鉄と東芝の組合員を中心に20名が逮捕、起訴された。下級審では死刑を含む全員有罪判決だったが、最高裁で差戻し判決があり、最終的に被告全員が無罪となった。なおこの裁判に広津和郎、松本清張、吉川英治ら多くの作家や文化人が支援者として加わったことで、国民の関心を引いた。

　こうした事件の発生により、政府が目的とした人員整理が円滑に進むとともに、団体等規正令や人事院規則が制定され、労働運動規制が強化された。どの事件も今日もなお真相も真犯人も不明であり、裁判が続いているものもある。

吉田首相が政府職員の削減予定を伝える書簡

(抜粋)**(1949年1月27日　マッカーサー宛)**

　当面、均衡予算は政府にとって最大の関心事となりましょう。均衡予算には政府職員の大幅な削減を必要とします。われわれは政府諸機関の規模よりむしろ数を縮小して、これを実現するつもりです。

(袖井林二郎編訳『吉田茂＝マッカーサー往復書簡集』)

行政整理とともに行われたレッド・パージ

　いわゆる赤色追放そのものとは一応別個のものではあるが、官庁関係従業員の中から、特に意図して破壊分子を排除した経緯について記して置こう。それは赤色追放に先立つ一年前に行われた大規模な行政整理の一端として、合計16万5千名に上る人員が解雇された際に、その被雇用者の中に含めて赤色分子を整理したことである。(略)

　解雇に当っては、(略)自発的退職希望者をも募るという方法によったけれど、その際同時に、総司令部筋の示唆に従って、官庁業務の正常な運営を害する虞れのあるものとして、赤色分子を併せて解雇する方針を立てた。(略)地方の都道府県に対しても、政府の方式に倣って同様な措置を講ずるよう勧奨した。

(吉田茂『回想十年』第2巻)

治安維持に関する首相との1問1答 (抜粋)

問　治安維持、警察制度の改革について

答　(略)法規を破り治安を乱すものに対しては法規に照らして適当な処置をとる

問　広川幹事長は、共産党の活動を法務府で調べ、団体等規制令で取締るといっているが首相の見解はどうか

答　政府としては破壊的な運動が行われた場合、その事実を確かめるために努力し、正確なニュースを持つべきであると思う、広川君のいう共産党の活動を調査取締るということは広川君にきかねばわからない

問　ソ連からの新引揚者は相当徹底した赤い教育をうけているとの見方があるが何らかの対策を考えているか

答　今日の閣議でその点に関し林厚生大臣から報告をうけた、厚相はこれらの引揚者が

バラバラになって郷里に帰った場合、それぞれ温情をもって郷党に抱かれれば、やがてはかたくなの共産色も、もみほぐされることになるだろう…といっていた、私も同感である

(『朝日新聞』1949年7月2日)

吉田首相の「声明」 (抜粋)

　政府職員の今回の大掛かりな整理がもたらした社会不安を検討するに職を失う個々の人々の間にある種の危惧や動揺のあることは極めて自然でありまぬかれ難いところであり私はこれらの人々に対して深い同情に耐えないのである。然し同時に社会不安が一部労組の険悪な気配や無節制なちょう戦的態度によってちょう発されていることは見逃しえないところであり、これは主として共産主義者の扇動によるものである、共産主義者の意図するところがどこにあるかはとりたてゝ追及するにも及ばぬが、あらゆる機会をとらえて人心の不満と憎悪をあおり大衆をかりたてゝ、暴力行為に出でしめんとするのが、彼らの常用手段である、彼らは盛に流言を飛ばし、直接行動だの人民革命などとふれまわって、民衆をおどかしている。(ミスプリント修正)

(『朝日新聞』1949年7月17日)

増田官房長官談話

"三鷹以上の凶悪犯"　増田官房長官語る

　増田官房長官は18日正午の記者団会見で福島県下の列車転覆事件は行政整理実施以来起った諸事件と同一の思想的背景によってなされたものであるとしてつぎの如く語った。

　「今回の列車転覆事件は集団組織をもってした計画的妨害行為と推定される、その意図するところは旅客列車の転覆によって被害の多いことを期待したものでこの点無人電車を暴走させた三鷹事件より更に凶悪な犯罪である、17日に共産党代議士の林吉郎氏がきてこの事件は共産党の仕業と断定しないでくれといっていたが私は話の趣旨は了承しておいた、しかし今回の事件の思想的傾向は窮極において行政整理実施以来惹起した幾多の事件と同一傾向のものだ」

(『読売新聞』1949年8月19日)

20　朝鮮戦争

　1950年6月25日未明、北朝鮮軍が38度線を越えて韓国へ侵攻した。金日成は前年に南朝鮮攻撃をスターリンに提案したが賛成は得られなかった。ソ連はその後核開発に成功したことで態度を変え、建国を果たしたばかりの中華人民共和国も北朝鮮の行動を支持した。この戦争は、①冷戦を「熱戦」に変え、②朝鮮半島での南北対立を固定化し、③占領下の日本に多大な影響を与えることになった。

　朝鮮半島での南北対立は、日本の敗戦後に北緯38度線を分割線として、両地域で米国とソ連の影響下、別個の政治が展開されたことに始まる。48年5月に南朝鮮だけで選挙が実施され（北朝鮮は選挙実施を拒否）、8月に李承晩を大統領とする大韓民国（韓国）が成立した。北朝鮮も同月に選挙を実施し、9月には金日成を首相とする朝鮮民主主義人民共和国が成立し、分割線は国境線になった。

　当時は東太平洋地域で米軍兵力の大幅削減がなされ、50年1月にアチソン国務長官が米国の防衛線に韓国や台湾が含まれないと取れる発言をしていた。韓国の政治経済は混乱状況にあり、5月の総選挙での与党獲得議席は3割以下だった。ダレス米国務省顧問は同年6月中旬に韓国を訪問し、「共産主義と戦う韓国に、必要なあらゆる精神的、物質的援助を与える」と国会で演説した。その直後に北朝鮮の侵攻が始まり、南下する北朝鮮軍は9月には朝鮮半島全体を制圧する形勢となった。国連安保理は、侵攻当日の6月25日に北朝鮮の行動を侵略と認定し、7月には国連軍（最高司令官マッカーサー）投入を決めた。9月15日の国連軍の仁川上陸（クロマイト作戦）で戦況は一転し、10月になると国連軍は38度線を越えて北上した。しかし同月、中国人民志願軍の参戦で形勢が逆転し、北朝鮮軍・人民志願軍は翌年1月に38度線を再び超えて南下し、5月に国連軍が押し返す。戦闘は38度線付近を挟んで膠着状態になり53年7月の国連軍、北朝鮮軍・中国軍間の休戦協定まで続いた。現在も休戦状態にあり朝鮮戦争は終戦していない。

　この戦争は「朝鮮特需」を生み、日本経済が立ち直る契機を与えた。また「逆コース」と呼ばれる占領政策の変更をもたらし、警察予備隊創設や公職追放解除、講和の早期化、本国政府との協議なしに中国本土への攻撃発言をしたマッカーサー解任、日本共産党による北朝鮮支援の武力闘争、およびそれらへの取り締まりなども生んだ。なおこの戦争には、海上保安庁が掃海隊を派遣した他、米軍を介した荷役業務などへの日本人の関与があり、戦闘に参加した者もいた。

警察力増強を求めるマッカーサー書簡 (抜粋)
(1950年7月8日　吉田首相宛)

　他の民主国に比して日本の警察力は人口の割にしては数も少なく、また戦後どの国にでも貧困その他の不幸な状態が見られるにもかかわらず、日本が平静と沈着を守り、近隣諸国のように暴力や混乱や無秩序に陥らないでいるのは、よく編成された警察の能力とよく法律を守る日本人の国民性のおかげであろう。

　この良好な状態を持続し、法の違反や平和と公安をみだすことを常習とする不法な少数者によって乗じられるすきを与えないような対策を確保するために、日本の警察組織は民主主義社会で公安維持に必要とされる限度において、警察力を増大強化すべき段階に達したものと私は確信する。

　日本の沿岸や港湾保安に関する限り、海上保安庁は大いにその機能を発揮して来たが、不法入国や密猟を取締るため、日本の長い沿岸線の保安を確保するには現有の海上保安力では弱体であることが明らかにされた。

　従って私は日本政府に対し7万5000名から成る国家警察予備隊を設置するとともに、海上保安庁の現有海上保安力に8000名を増員するよう必要な措置を講じることを許可する。

（袖井林二郎編訳『吉田茂＝マッカーサー往復書簡集』）

『朝鮮の動乱のわれらの立場』(抜粋)

　われわれとしては出来るだけこのような争いの中にまき込まれないで、安穏に暮らしたいと思うのは当然の願いである。しかし民主主義と共産主義という相容れない「二つの勢力」が全世界に互つて対立している現状では、いかにわれわれが「不介入」や「中立」を唱えてみても、それはとうてい出来ない相談である。どうしてかというと、共産主義はいやしくもそれとそれに対立する民主主義を奉ずる限り、そのような国は全部滅ぼしてしまうことを最後の目的としているからである。（略）国際連合軍が大きな犠牲を払つて平和を回復しようとしているにも拘らず、国際連合軍の後ろから、その働きをまひさせるような工作が全世界にわたつて行われている。特に国際連合軍の重要な拠点であるわが国においては、共産主義者による破壊工作は

現に行われているばかりでなく、今後もますます激しくなる傾向がある。こういう破壊工作を打ち砕くためには警察ばかりに任せておけない。われわれの一人一人がこれを阻止して国の安全を守る義務がある。われわれがもし真の自由と平和を守ろうとするなら、国際連合が何故あのような行動に出たかということを正しく理解して、その上で国際連合に協力する必要があるのである。そういつた態度をわれわれがとることによつてのみ、この不幸な朝鮮の動乱を速かに終らせることが出来るのである。

（1950年9月7日　外務省情報部）

停戦協定調印者

（南日大将は人民志願軍代表を兼務）

国連軍：M.W.クラーク国連軍司令部総司令官
　　　　W.ハリソン Jr.米陸軍中将
北朝鮮：金日成朝鮮人民軍最高司令官
・人民
志願軍　澎徳中国人民志願軍司令官
　　　　南日朝鮮人民軍大将

朝鮮戦争直後の日本経済

　朝鮮作戦の前線基地となったわが国は、国外からくる緊急追加需要の増大に加えて、大量の「特需」が現れることになって、停滞的な人気は一掃され、思いがけない好況を呈するに至ったのである（略）景気波動を吸収する力の弱い日本経済は、急激な需要の膨張にたちまち反発して、一種の「ブーム」を現出した。（略）物価は当初かなりのピッチで上昇した。とくに、特需および輸出の対象となっている物資や、原料の海外依存度の高い一部物資において、その値上がりは顕著だった。こうして朝鮮動乱後の、わが国の卸売物価指数は、昭和26年初めごろまでに、55％ほど上昇し、米国の13％、英国の30％に対して、はるかに高い上昇率を示すに至った。もっとも、このような上昇率の差は、朝鮮動乱前のわが国の物価が、米英両国に比べて低い水準にあったこと、米英の物価がいわゆる「グレー・マーケット」における自由価格を含んでいないこと、その他いろいろの点で、相当割引して考える必要がある。

（池田勇人『均衡財政』）

21 サンフランシスコ講和条約と旧安保条約

　日本との戦争状態を終了させるサンフランシスコ講和会議が1951年9月に開催され、8日に講和条約調印がなされた。同会議への参加国は日本を含めて52カ国で、インド・ビルマ・ユーゴスラヴィアは不参加だった。内戦状態にある中華民国政府と共産党政府はどちらが代表権を持つ政府かを決められないために招待されず、参加を希望した韓国は最終的に参加資格がないとされた。また調印国は49カ国で、ソ連・ポーランド・チェコスロバキアは中国共産党政府が参加しないことを理由に調印を拒否した。条約が52年4月28日に発効したことで日本は占領を終えて独立を果たしたが、同条約と同じ日に調印された日米安全保障条約により、軍事面、政治経済面ともに米国への依存を強めることになった。

　マッカーサーは47年3月に早期講和を提唱したが、その直前に出されたトルーマン・ドクトリンの方針と合致せず、立ち消えになった。講和問題が具体化してくるのは、東西対立がより顕著になってからで、政治ルートに乗ったのは、米国が対ソ戦略上、日本の重要性を認識する50年からである。他方、日本国内では49年秋以降、全面講和か、締結可能な国とだけ条約を結ぶ単独（多数）講和かを巡って激しい論戦が繰り返された。50年元旦のマッカーサーの年頭の辞は講和が近いと感じさせるものだった。米国は、4月にダレスを国務省顧問に任じ、対日講和を進めさせることにした。6月に朝鮮戦争が始まると、日本を西側の明確な一員とすべく交渉が加速された。9月に検討が始まった対日講和原則は、①条約締結国の資格、②国連加盟問題、③領土問題の処置、④独立後の安全保障、⑤政治上・通商上の取り決め、⑥賠償請求の放棄、⑦紛争に関して、「対日講和7原則」として11月に発表された。なお51年1月に再来日したダレス大統領特別代表と、講和条約・日米安保条約をセットとすることで了解した。

　講和会議への招請状が、51年7月に米国から届けられた。吉田首相は各政党へ全権団への参加を呼びかけたが、全面講和を唱える左派が主導権を握っていた社会党は不参加であった。結果的に吉田が首席全権で、池田勇人蔵相、星島二郎（自由党）、苫米地義三（国民民主党）、徳川宗敬（参議院緑風会）、一万田尚登日銀総裁が全権委員となり、他に5人の全権代理を加えて全権団を結成した。9月8日の講和条約調印後、場所を移動し、日本側は吉田首相が単独で安保条約に調印したが、同条約は「バーデンバーグ決議」により日米が対等なものではなかった。

対日講和7原則（1950年11月24日発表）

(1) 当事国―日本国との交戦国の全部または一部であって、提案されて合意される基礎において講和を成立させる意思を有するもの。

(2) 国際連合―日本の加盟は考慮される。

(3) 領域―日本は（イ）朝鮮の独立を承認し（ロ）米国を施政権者とする琉球諸島および小笠原諸島の国際連合信託統治に同意し、且つ、（ハ）台湾、澎湖諸島、南樺太および千島列島の地位に関しては英国、ソ連、中国および米国の将来の決定を受諾する。（略）

(4) 安全保障―条約は、国際連合が実効的責任を負担するというような満足すべき別途の安全保障取極めが成立するまで、日本区域における国際平和と安全維持のために、日本の施設と米国の、およびおそらくはその他の軍隊との間に継続的協力的責任が存在することを考慮する。

(5) 政治的および通商的取極―日本は麻薬および漁業に関する多国間条約に加入することに同意する。戦前の二国間条約は、相互の合意によって復活することができる。新しい通商条約の締結まで、日本は通常の例外に従うことを条件として、最恵国待遇を与える。

(6) 請求権―すべての当事国は、1945年9月2日前の戦争行為から生ずる請求権を放棄する。但し、（イ）一般に連合諸国がその地域内にある日本人財産を保有する場合（ロ）日本が連合国人財産を返還し、または原状で回復できないとき、喪失価格の協定された割合を補償するために円を提供する場合を除く。

(7) 紛争―請求権に関する紛争は、国際司法裁判所長が設ける特別中立裁判所で解決する。他の紛争は、外交的解決または国際司法裁判所に付託する。

（大嶽秀夫編『戦後日本防衛問題資料集』第2巻）

日本国との平和条約（抜粋）
（1952年4月28日発効）

第1条　(a)日本国と各連合国との間の戦争状態は、第23条の定めるところによりこの条約が日本国と当該連合国の間に効力を生ずる日に終了する。

第2条　(a)日本国は、朝鮮の独立を承認して、済州島、巨文島及び鬱陵島を含む朝鮮に対するすべての権利、権原及び請求権を放棄する。

(b)日本国は、台湾及び澎湖諸島に対するすべての権利、権原及び請求権を放棄する。

(c)日本国は、千島列島並びに日本国が1905年9月5日のポーツマス条約の結果として主権を獲得した樺太の一部及びこれに近接する諸島に対するすべての権利、権原及び請求権を放棄する。（略）

第6条　(a)連合国のすべての占領軍は、この条約の効力発生の後なるべくすみやかに、且つ、いかなる場合にもその後90日以内に、日本国から撤退しなければならない。但し、この規定は、一又は二以上の連合国を一方とし、日本国を他方として双方の間に締結された若しくは多数国間の協定に基く、又はその結果としての外国軍隊の日本国の領域における駐とん又は駐留を妨げるものではない。

（外務省編『主要条約集』）

日本とアメリカ合衆国との間の安全保障条約
（旧安保条約）（抜粋）

第1条　平和条約及びこの条約の効力発生と同時に、アメリカ合衆国の陸軍、空軍及び海軍を日本国内及びその附近に配置する権利を、日本国は、許与し、アメリカ合衆国は、これを受諾する。この軍隊は、極東における国際の平和と安全の維持に寄与し、並びに、一又は二以上の外部の国による教唆又は干渉によって引き起こされた日本国における大規模の内乱及び騒じょうを鎮圧するため日本政府の明示の要請に応じて与えられる援助を含めて、外部からの武力攻撃に対する日本国の安全に寄与するために使用することができる。

第3条　アメリカ合衆国軍隊の日本国内及びその附近における配備を規律する条件は、両政府間の行政協定で決定する。

（同上）

22　日本社会党の分裂

　1951年10月、サンフランシスコ講和条約と日米安全保障条約が国会で批准された。その際、結党時から多様な思想的背景と活動経歴を持つ人々と集団が集まっていた社会党では、両条約に対する賛否を巡って、以前から存在した左右の党内対立が決定的となった。国会採決を翌日に控えた10月24日の臨時党大会では前日の乱闘を経て左右両派は別々に大会を開いて分裂し、55年10月に統一するまで共に社会党を名乗る、左派と右派の社会党として存在することになった。

　社会党の対立が明確化したのは、49年1月の総選挙で片山元首相、西尾元副首相、加藤勘十元労相などの大物に加え、北海道から鹿児島の15道県で議席を失った惨敗がきっかけだった。政権たらいまわしへの批判が一番の敗北理由だが、ベルリン封鎖やアメリカの対日政策変化など国際情勢を的確に捉えられていなかったことも一因である。だがこの惨敗をきっかけに民同派と呼ばれる反共産党系の労働者が多数社会党に入党し始めた。また同年4月開催の第4回党大会をきっかけに党再建が意識され、左派の稲村順三、右派の森戸辰男を代表として党内論争が始まった。民同派が稲村を支持したことで一応の決着はついたものの、多様な集合体であることに変わりがなく、明確な決着はつかないままであった。50年1月には最高役員人事問題をきっかけに分裂したが、4月3日から統一大会を開き、分裂の責任をとった片山委員長の後任を決めず、中執委員を左派と中間派・右派で半分ずつに分け合った。だが書記長に右派の浅沼稲次郎が就いたことが示す通り右派が優勢であった。そうした状況下で、同年12月までに「全面講和・中立堅持・軍事基地提供反対」の講和3原則が提起された。51年1月の第7回党大会で力を持った左派が提出した「再軍備反対」の議決案とともに、講和4原則として位置づけられた。また同大会では、委員長に就任した左派の鈴木茂三郎が「青年よ再び銃をとるな」として知られる就任挨拶を行った。

　51年10月の臨時党大会は、右派・中間派が講和条約賛成・安保条約反対、左派が両条約に反対の立場をとるなか、両院議員と全国の代議員約300名で開催された。大会運営委員長などの主要ポストを左派に独占されて不利な状況下の右派は流会させようとしたが、左派は両条約に反対しない者を除名するとの方針を出し、右派は新しい役員体制をつくることで、両派は完全に分裂に至った。52年1月には両派社会党は個々に党大会を開き、後にはともに綱領を定めるに至った。

日本社会党第4回党大会で承認された「運動方針」(抜粋)

一、基本的立場＝党を労働者階級を中核とする庶民中小企業者ならびに知識層などの広範な勤労大衆の民主的組織体として再編成する

一、革命の方式＝社会主義革命の遂行は暴力革命によらず国会を通じて行う、社会革命は政治革命に集約され社会党はこの達成を目標とする

一、党の性格＝社会主義は近代労働階級によって実現されるものであるが、社会党はこの階級のみの政党を目指す意味においての階級政党ではない、この点で社会党はまた労働者の前衛隊を自任する共産党とも異る、また社会党は全国民を包含する意味での国民政党ではなくブルジョア政党の考えるような国粋的国民政党ではない、行動の党として重視すべきは日常闘争により地方組織を強化し、労農組合との密接な関係を持つことである

(『日本経済新聞』 1949年4月17日)

社会党の講和条約に対する基本方針 (抜粋)
(1950年4月3日)

国際の情勢はうよ曲折を示しつつも、結局分離講和ないし多数派講和(一般にいう単独講和)に落ちつく可能性が強い。われわれはこの際、ソ連の手先になる恐れある共産主義的国際主義を厳戒すると共に、当然抬頭するであろう民族主義的、排外主義的なファシズム傾向に対しても断乎闘争し、真に独立と平和を確保すべき民主日本の建設に邁進しなければならない。(略)

二、全面講和

日本は憲法において非武装、平和を宣言したのであって、その趣旨はみずから戦争を放棄するはもとより国際紛争に対しても、当然中立的立場を意味する。

現在、不幸にして世界は二つの陣営に分かれているが、この際日本は一方の陣営とのいわゆる単独講和が、他の陣営とわが国との関係を機微ならしめることを憂慮し強く全面講和を要望するものである。ことに単独講和の場合、実際問題として日本の安全保障の形式

内容が、講和を結ばない他方の陣営に対して日本の中立的立場に疑念を抱かしめるおそれがあるから、一層われわれをして全面講和を要望せしめる所以であり、いかなる状況においても日本から進んで単独講和可なりとの立場をとるべきではない。

(『日本社会党政策資料集成』)

右派社会党「左派との訣別声明」(抜粋)
(1951年10月24日)

われわれは立党以来あらゆる困難を排し、党統一と発展のために闘ってきた。社会党は大胆に独立の機会をつかみ、祖国建設に直進すべく、さきに中央執行委員会で、講和条約賛成、講和条約反対の方針を決定、さらにさる22日中央委員会で満場一致これを可決した。しかるに鈴木委員長以下左派執行委員は、みずから進んでその責をとろうとせず、常に党統一に非協力の態度を示した。(略)ここにおいてわれわれは、彼ら一部全体主義者と訣別し、国民大衆の要望に答えるべく、中央執行委員会の決定にもとづき、断固党を統一せんことを期する。

(『日本社会党の三十年』(1))

日本社会党綱領(「左社綱領」)(抜粋)
(1954年1月23日)

日本社会党の目的は社会主義社会の実現にある。敗戦と共に白日の下にさらされた日本資本主義の矛盾は、すでにわれわれが、この歴史的使命を果たしうる時期に向って、具体的に近づきつつあることを示している。(略)

民主主義の土台の上に社会主義社会を実現しようという日本社会党の決意が達成されるかどうかは、単にわれわれが正しい理論を持つのみでなく、すでに資本主義社会において、いかによく勤労大衆の日常の利害を代表することができるかにかかっている。

日本社会党は、資本主義社会の下でも、国民生活の安定と向上を資本家階級の強い反対をついて、達成することを目的としている。しかし、日本社会党は、平和と独立のために戦うことなくして、国民生活の安定と向上のないことを知っている。

(『資料 日本社会党四十年史』)

23 造船疑獄

　第二次大戦終了まで世界有数の製造能力を有していた日本の航空業界と造船業界は、敗戦とともに苦境に陥った。航空業界では飛行機の製造や研究が、造船業界では大型商船の製造が禁じられた。また造船業界と密接な関係にある海運業界は、戦中に徴用された船舶の多くが撃沈され、老朽化した船を抱えているだけであった。戦後は、それまで支給されていた喪失船舶に対する戦時補償が打ち切られた上に、新たに大型船を造ることが許されず、苦境にあえいでいた。

　そうした事態を変えるきっかけになったのが1947年に始まった計画造船である。政府が復興金融金庫と新たに設立した船舶公団を介して、長期低金利で海運会社に資金提供し、それによって造船を発注させる仕組みであった。50年になると、大型船の建造が認められるようになり、造船業界・海運業界は息を吹き返すことになった。それに拍車をかけたのが朝鮮戦争特需であった。しかし戦況がこう着してくると、運賃の暴落が起こり、造船需要もなくなった。そこで考え出されたのが「外航船舶建造融資利子補給法」で、53年1月に可決された。これを海運業者にとってさらに有利なものにしようと、自由・改進・鳩山自由の三党が修正した。外航船舶を海運業者が発注する場合、その費用の75％を国が、残り25％を市中銀行が低利で融資し、しかも融資金の利息の一部も政府が補塡する内容であった。なお、この有利な融資を受けるには運輸省の指定を受ける必要があった。その一連の過程で、造船疑獄と呼ばれる贈収賄事件が発生した。その中身は、海運業者が自分たちに有利な「外航船舶建造融資利子補給法」を成立させるためのものと、運輸省からの割り当てを受けるためのものの2つの内容を含んでいた。71名が逮捕され、内34名起訴、16名が有罪となった。

　このような事態を受けて自由党は、緒方竹虎副総理の手になる「爛頭の急務」声明を出し、保守合同を推進しようとした。しかしこの声明の翌日から、自由党幹事長佐藤栄作の取り調べが始まり、ついには逮捕請求がなされる事態にまでに至る。これに対して吉田内閣は、防衛庁設置法と自衛隊法の重要法案審議中であることを理由に犬養健法相から佐藤藤佐検事総長に対して指揮権を発動させ、「重要法案通過の見込みがつくまで」逮捕を延期させた。この措置によって佐藤幹事長は逮捕を免れるとともに、犬養法相はその後辞任するに至った。この事件は、吉田内閣の崩壊を早めると同時に、保守合同を加速化させることになった。

自由党「爛頭の急務」声明（抜粋）
（1954年4月13日）

　時局を案ずるに、政局の安定は、目下爛頭の急務であって、内外庶政の刷新も、自立経済の達成も、国民生活の充実も、これなくしては到底考えられない。それ故にわが自由党は昨年、比較多数をもって内閣を組織するや態度を謙虚にして専ら同憂諸勢力の糾合に努め、幸いに分自党の共鳴復帰を得たことは世間周知の通りである。

　しかしながら、なおもって政局を安定するに足りない。その結果国会の議事は難航し、ひとり政府の施策がその意図通りに行われないばかりでなく、いわゆるキャスチング・ボートによる諸修正は多数決政治の信条をあいまいにし、ややもすれば国会の運営を不明朗ならしむるところ、ゆくゆく議院民主制に対する国民的信頼を薄うせんことを恐るるのである。（略）多数党の故をもっていながらにわが党の主張に同調を求めんとするのは決して大方諸同志の共鳴を得る所以の道でない。

　ここにおいてわが党は広く天下に宣言し同憂の諸勢力一時に解党して、ここに清新の地に新党を結成せんことを提唱するものである。すなわち、自改両党の同時解党と新党首の民主的公選とは新党結成の二大骨子をなすものであり、一切の旧套を脱して保守勢力の新生を期するものである。

（『自由民主党党史』資料編）

佐藤藤佐検事総長の国会証言（抜粋）
（1954年9月6日　衆議院決算委員会）

　収賄容疑のもとに逮捕請求の稟請をいたし、またその稟請が重要法案の通過にかんがみて、しばらく逮捕を差しとめよ、逮捕するなという指示、いわゆる指揮権発動を見たことは、皆様御承知の通りと存じます。（略）本件につきましては国会の開会中でもあり、また被疑者が政界における有力者でもありますので普通の事件よりもむしろ念を入れて慎重に、この時期において逮捕請求をしなければ予期しておった証拠も集めることができないし、また事案の真相をきわめるということもとうてい困難だという結論に達しまして、

具体的な疏明資料を整え、そうして法務大臣に逮捕請求の稟請をいたしたのであります。（略）加藤法務大臣から国会が閉会になつたから、逮捕さしとめ前の指示は解除されたものと了解してくれという書簡を受け取つたのでありますが、（略）適当な時期を失してしまつたので、今さら逮捕しても所期の目的を達することが困難であるからという（略）理由をあの当時説明した（略）贈賄者が釈放される前に、同時に収賄容疑者を逮捕して、そうしてお互いに交通、談合、連絡等のできない状態において、いわゆる純粋な立場において、贈賄容疑者及び収賄容疑者を同時に調べないと、事案の真相を究明するということはむずかしいのでありまして、あの時期をおいて逮捕勾留するということは意味がなくなつたのであります。

（国立国会図書館　国会会議録検索システム）

警察行政と国政調査権に関する「内閣声明」
（1954年12月3日）

　衆議院決算委員会からさきに法務大臣の疎明した検事総長佐藤藤佐及び東京地方検察庁検事正馬場義続の証言及び書類の提出の承認を拒否した理由につき、これを受諾することができないとして内閣声明の要求があつた。

　よつて内閣は、右要求につき慎重に検討審議した結果、法務大臣がその承認を拒否した証言および書類の提出を現段階において行うことは、機密の保持を本旨とする検察運営に重大な障害をきたすのみならず、いわゆる造船疑獄事件として起訴せられ近く公判において事実審理の開始せられんとする商法違反（特別背任）被告事件、政治資金規正法違反被告事件、贈収賄被告事件の公訴の維持に著しい支障を生ぜしめ、他面裁判所に予断を与え裁判の公平を阻害する恐れなしとせず、かくては犯罪を防あつして国家の治安、社会の秩序を維持し公共の福祉を擁護せんとする検察の目的を達成することが困難となるのみならず、他面、裁判の公平を確保して司法権の公正なる運営を期することができなくなる虞があるのであるから、右証言等の承認をすることは、国家の重大な利益に悪影響を及ぼすものと認める。

（『官報』号外第96号）

24　自衛隊の結成

　1950年6月に朝鮮戦争が勃発した翌7月、韓国軍と国連軍が劣勢に立たされているなか、マッカーサーは吉田首相に対し書簡で、7万5000人からなる警察予備隊創設と海上保安庁職員の8000人増員を指令した。在日米軍が朝鮮半島に出動することで生じる「空白」を埋める措置、つまり日本国内の治安維持が任務であった。米軍派遣までの時間的余裕がないとの理由から、国会で審議を受けないポツダム勅令によって警察予備隊は8月10日に創設された。51年になって元政治家や元軍人の追放解除が本格化してくると、日本は独立国として軍隊を持つべきだとの主張が強まるとともに、一部の元軍人たちは警察予備隊に入隊した。52年4月にはサンフランシスコ講和条約と日米安全保障条約が発効したが日本に十分な軍備がないため、安保条約は片務的な内容にとどまっていた。そこで、米国と相互防衛体制を構築するために、防衛・軍備力の増強がはかられ始める。同年には保安庁が設置され、10月に警察予備隊は人員11万人からなる保安隊に改組された。それに先立ち、海上保安庁所管の海上防衛任務は保安庁の任務とされ、8月に海上保安隊が発足した。保安庁長官事務取扱として初登庁した吉田首相は、「保安庁新設の目的は新国軍の設立である」と訓示している。

　54年6月には防衛庁設置法と自衛隊法（防衛2法）が公布され、7月には陸海空の各自衛隊が発足した。発足当時の防衛庁の人員は16万4000人余だった。なお防衛2法は、米国の軍事的世界戦略の一環として同年3月に調印され、5月に発効したMSA協定（Mutual Security Act 相互防衛援助協定）と密接に結びついていた。同協定は、日本が防衛のために戦力を保持・拡大につとめ、その見返りとして米国から武器と余剰農産物の援助を受けることを取り決めたものであった。つまり自衛隊の創設は日米安保条約、MSA協定の延長線上に位置づけられ、日本が米国の世界戦略の中に組み込まれることを意味すると同時に、防衛力を持つことで相互防衛体制構築への一歩とし、日米関係を対等なものにしたいと望む日本側の対応でもあった。自衛隊法で初めて、自国の防衛が明確に規定されたことからもそれがわかる。自衛隊の規模は徐々に拡大されていくが、それに合わせて憲法違反だと批判する声も大きくなった。自衛隊は災害救助出動など国民との接点を増やし、91年の湾岸戦争をきっかけとしたPKO活動などで海外派遣されるようになり、国民の高い認知度を背景に、2007年に防衛省に移行した。

警察予備隊令（部分）（**1950年8月10日公布**）

第1条　この政令は、わが国の平和と秩序を維持し、公共の福祉を保障するのに必要な限度内で、国家地方警察及び自治体警察の警察力を補うため警察予備隊を設け、その組織等に関し規定することを目的とする。

第2条　総理府の機関として警察予備隊を置く。

第3条　警察予備隊は、治安維持のため特別の必要がある場合において、内閣総理大臣の命を受けて行動するものとする。

2　警察予備隊の活動は、警察の任務の範囲に限られるべきであって、いやしくも日本国憲法の保障する個人の自由及び権利の干渉にわたる等その権能を濫用することとなってはならない。

第4条　警察予備隊の職員の定員は、7万5100人とし、うち7万5000人を警察予備隊の警察官とする。

第8条　警察予備隊の職は、特別職とする。

（大嶽秀夫編『戦後日本防衛問題資料集』第1巻）

保安庁法（**1952年7月31日公布**）

第2条　総理府の外局として、保安庁を置く。

第3条　保安庁の長は、保安庁長官とし、国務大臣をもって充てる。

2　保安庁長官（以下「長官という」。）は、内閣総理大臣の指揮監督を受け、庁務を統括し、所部の職員を任免し、且つ、その服務についてこれを監督する。但し、第一幕僚長又は第二幕僚長の監督を受ける部隊その他の機関（以下「部隊等」という。）に対する長官の指揮監督は、それぞれ当該幕僚長を通じて行うものとする。

第4条　保安庁は、わが国の平和と秩序を維持し、人命及び財産を保護するため、特別の必要がある場合において行動する部隊を管理し、運営し、及びこれに関する事務を行い、あわせて海上における警備救難の事務を行うことを任務とする。

第7条　保安庁の職員（海上公安局に勤務する職員を除く。以下同じ。）の定員（二月以内の期間を定めて雇用される者、休職者及び非常勤の者を除く。）は、11万9947人とし、うち11万人を保安官、7590人を警備官とする。

（衆議院HP）

吉田首相の保安庁長官としての訓示要旨

政府としては再軍備はしない方針である。これは国力が許さぬからである。軍艦一隻も造れぬ薄弱な国力で軍隊が創れるわけがない。だが独立国として国を守ることは当然である。このために日米安全保障条約を結び自衛についての方途を講じたのであるが、しかし独立国として国を守る抱負を持つことは当然であり、もし国力が許すならば直ちにでも軍隊を持ちたいと思う。（中略）戦争の責任も軍人のみではなく国として負うべきで、これらの総てが満足される時期の来るまでは軍備もできない。もし新軍備を持つならば、それは近代的な、新しい精神によって建設されなければならない。日本の国と国民を守る私心のない軍隊が必要である。この新軍備へのための旧来の軍人と違った幹部の養成が必要である。兵隊を造り幹部を教育するので時間の上でも間に合わぬので警察予備隊から保安庁になった理由がある。この保安庁こそ新軍備の基礎であり、新国軍建設の土台である。米国を初め世界各国は極東の平和、世界の平和のために日本を信頼している。この尊敬と信頼を裏切らぬよう努力してもらいたい。

（『毎日新聞』1952年8月5日）

自衛隊法（**1954年6月9日公布**）

第3条　1　自衛隊は、わが国の平和と独立を守り、国の安全を保つため、直接侵略及び間接侵略に対しわが国を防衛することを主たる任務とし、必要に応じ、公共の秩序の維持に当たるものとする。

第7条　内閣総理大臣は、内閣を代表して自衛隊の最高の指揮監督権を有する。

第8条　長官は、内閣総理大臣の指揮監督を受け、自衛隊の隊務を統括する。ただし、陸上幕僚長、海上幕僚長又は航空幕僚長の監督を受ける部隊及び機関（以下「部隊等」という。）に対する長官の指揮監督は、それぞれ当該幕僚長を通じて行うものとする。

（衆議院HP）

25　鳩山一郎内閣と 55 年体制

　第 4 次吉田内閣の頃から内閣支持率は低下し始めた。吉田長期政権に対する国民の「飽き」に加えて、バカヤロー解散（53 年）とその半年後の総選挙、多くの被害者がいた詐欺事件である保全経済会事件（53 年）で資金の一部が政治工作に使われたこと、造船疑獄事件に多数の大物自由党議員が関係した上に、指揮権発動までなされたことへの怒りがあった。そうしたなか、1954 年 11 月に、日本民主党（鳩山一郎総裁）が鳩山自由党、改進党、日本自由党により結成された。吉田内閣が翌 12 月に総辞職したため、55 年 3 月までに総選挙を実施するとの合意が民主党及び左右両社会党との間で成立し、鳩山内閣が 120 議席の少数与党で選挙管理内閣として成立した。両派社会党は、早期の総選挙であれば票が取れると見込んでいた。なお鳩山政権の誕生は、鳩山の経歴に対する同情も加わり「鳩山ブーム」を生んだ。55 年 2 月の総選挙では第一党の民主党が 185 議席、自由党 112 議席、左社は 17 人増の 89 議席、右社は 1 人増の 67 議席の順であった。

　両派社会党は造船疑獄事件後の対応や、防衛庁設置法・自衛隊法などでは共同歩調を取り始めており、統一に向けた基盤ができつつあった。そうした状況で、改憲を唱える鳩山首相が登場してきたため、改憲阻止を目的に、選挙公約では左右統一を掲げ、統一交渉が始められた。しかし、党の性格やソ連・中国への評価、それらに基づく国際関係・安全保障政策などでは対立が埋まらず、改憲を阻止するために総選挙で 3 分の 1 以上の議席確保を図ることで意見を一致させた。選挙後、統一に向けた動きが再開され、右社綱領制定の後につくられた統一綱領では新党を「階級的大衆政党」と規定した上で、10 月 13・14 日に統一大会を開催した。他方の保守系政党は、造船疑獄事件を契機にした保守合同交渉は進展しなかったが、社会党の統一に刺激され、11 月 15 日に自由民主党を結成させた。当初は総裁を決められず、代行委員制がとられた。55 年に自社二大政党が誕生したことを指して「55 年体制」と呼ばれるが、①二大政党制の出現とその体制下における政治状況を指す場合と、②実質的に 1 と 2 分の 1 政党制であったものが、後に自民党単独政権になり、それが政官業癒着構造であったと捉える、大きく分けて 2 つの見方が存在した。議員数の多寡はともあれ、「熱戦」が冷戦状態に戻ったあと、世界的な東西対立構造をそのまま日本に持ち込んだものが 55 年体制であった。なお冷戦構造崩壊後の今日では①の意味で使われる場合が多い。

鳩山に政権を返さなかった吉田の主張

鳩山君の依頼を受けて、自由党総裁となったが、総裁を受ける時にも鳩山君に対し自分は総裁がいやになれば、何時でもほうり出すと、はっきりいって置いた。無論その場合には鳩山君を総裁に推すつもりであったが、それは自分だけのつもりで、鳩山君とそんな話合いをした訳でもなく、又契約書を取り交わしたこともない。また鳩山君より総裁を返せというような要求を受けたこともない。政党の総裁は公器で、私有物ではないから、これを両人の間において、授受の約をすべきでない。(略) 鳩山君の追放解除に関する総司令部の承認は八月に至って、やっと得ることが出来た。然るにその以前の六月に鳩山君が突然病気で倒れたことを聞いて甚だおどろいた。九月サンフランシスコ条約が出来て日本の独立回復の目途がついたが、鳩山君の病躯よく独立再建の国務に堪え得るや、重責に堪ゆるの明かならず限り、私として党総裁および総理大臣の重任に鳩山君を推挙するのは、情誼はともかく、総理大臣として無責任であると感じ、これを躊躇せざるを得なかった。

(吉田茂『回想十年』第1巻)

統一社会党綱領草案 (右社綱領) (抜粋)
(1955年5月6日)

一、日本社会党は、日本における民主的な社会主義の建設を目指す政党であって、民主的な社会主義に目覚めたすべての人々に開放される。

二、日本社会党は、労働者階級を中核都市、農漁民、中小企業者、知識層の広範な国民勤労層からなる結合体である。党は党の綱領、規約を認め、党の政策遂行のために努力する党員によって構成される。すべての党員は、その階級の如何を問わず、党内において平等の権利と義務を有する。

(『資料 日本社会党四十年史』)

日本社会党綱領 (抜粋) (1955年10月13日)

わが党の任務の規定は、わが党の性格と構成をあきらかにする。日本社会党は民主的、平和的に社会主義革命を遂行する立場から必然に階級的社会政党である。言いかえれば、わが党は、労働者階級を中核とし、農民・漁民・中小商工業者・知識層・その他国民の大多数を組織する労働者階層の結合体である。

わが党が労働者階級を中核とすることは、社会主義が本来、労働者階級の歴史的使命である当然の結果であるが、同時に、広く農民・漁民・中小商工業者・知識層・その他国民の大多数も、資本主義によって共通に苦しめられている仲間として、すべてわが党に実際に参加し得るし、またわれわれは、その参加を得て、党の十分な発展を期さねばならない。ここにわが党の階級的大衆政党たる特質がある。

しかも民主主義を尊重するわが党では、党に参加するすべての党員は、その出身階級のいかんを問わず、党内において、平等の義務とをもっている。数の大衆の自発的な参加を期待して、党の目的に共鳴するすべての人々に広く門戸を開いている。

(『日本社会党政策資料集成』)

自由民主党「党の政綱」 (抜粋)
(1955年11月15日)

一、国民道義の確立と教育の改革

正しい民主主義と祖国愛を高揚する国民道義を確立するため、現行教育制度を改革するとともに教育の政治的中立を徹底し、また育英制度を拡充し、青年教育を強化する。(略)

四、福祉社会の建設

医療制度、年金制度、救貧制度、母子福祉制度を刷新して社会保障施策を総合整備するとともに、家族計画の助長、家庭生活の近代化、住宅問題の解決等生活環境を改善向上し、もって社会正義に立脚した福祉社会を建設する。

六、独立体制の整備

平和主義、民主主義及び基本的人権尊重の原則を堅持しつつ、現行憲法の自主的改正をはかり、また占領諸法制を再検討し、国情に即してこれが改廃を行う。

世界の平和と国家の独立及び国民の自由を保護するため、集団安全保障体制の下、国力と国情に相応した自衛軍備を整え、駐留外国軍隊の撤退に備える。

(『自由民主党党史』資料編)

26　日ソ共同宣言と国連加盟

　鳩山内閣の事績のひとつにソ連との国交回復がある。ソ連はサンフランシスコ講和条約に調印しなかったため、日ソ間には法的に戦争状態が続いていた。それゆえ、漁業交渉や抑留者の送還問題など多くの課題が存在しており、日本の国際連合（国連）加盟にもソ連の反対が予想された。他方、講和条約後に国内で台頭したナショナリズムを背景に、鳩山は自主独立を唱え、改憲・再軍備を指向した。それは向米一辺倒の吉田政治に対抗すると同時に、吉田の業績のひとつである憲法を自らの手で変えるものだった。鳩山のそうした思いは憲法調査会・国防会議設置、新教育委員会法制定、小選挙区制導入の試みなどに見ることができる。

　ソ連にとっては、スターリンの死後の53年に朝鮮戦争が休戦になり熱戦が終わった中で、54年に親米路線の吉田に代わって鳩山政権が誕生したことは、対日交渉開始の好機と映った。ソ連からの働きかけに吉田が応えてこなかったため、鳩山内閣成立直後からアプローチが始まり、55年1月には元ソ連代表部主席ドムニツキーが鳩山に国交回復に関する「ドムニツキー書簡」を手交した。これをきっかけにして、2月には閣議で日ソ交渉開始が決定され、6月から日本側松本俊一、ソ連側マリクを全権とする交渉がロンドンで始まったが、北方領土問題で対立した上、保守合同に伴う混乱など日本側の事情もあって交渉は中断した。この間、日本は18カ国一括による国連加盟を試みたが、ソ連が反対した。そこで河野一郎農相をモスクワに派遣して懸案の漁業交渉にあたらせたことが交渉再開の糸口となり、7月から重光葵外相と松本を全権として交渉が再開された。しかし対ソ強硬論を唱えていた重光が急に態度を変えて、ソ連が主張する歯舞・色丹の2島返還で妥結しようとした。そこで鳩山は、交渉を中断させ、10月には自らがソ連に乗り込んで交渉し、19日に日ソ共同宣言に調印した。同宣言は、国後・択捉2島に関する言及がなく、平和条約が締結されるまでの暫定的なものと見なせるものである。同時に、法的な戦争状態を終わらせるとともに、国連加盟への支持を取り付け、ソ連で有罪判決を受けた抑留者の帰還を認め、平和条約締結後に歯舞・色丹を返還することを明記したものだった。12月12日に批准書の交換がなされたことで発効し、18日に国連加盟が実現したことから、20日、鳩山はそれを花道に引退した。ソ連がロシアに変わった後も、93年の東京宣言など、北方領土返還が両国間でしばしば議題に上るが、今日まで解決には至っていない。

鳩山首相の施政方針演説（抜粋）
（1956年1月30日）

　日ソの交渉と関連いたしまして、特に一言いたしたいことは、共産主義国家と国交の正常化をはかることと、国際共産主義の宣伝方策に対処することとは、おのずから個別の問題であるということでございます。政府は、国内的には、あくまでも反共主義の立場を堅持いたしまして、国民を共産主義思想の浸透から防いで自由と民主主義を守るために、厳正な方策を講じて参る決意でございます。（略）以上のような外交方針とも関連をして、わが国が国力と国情に相応した自衛力を整備いたしまして、みずからの手でみずからの国を守り得る態勢を整えて、米駐留軍の撤退に備えることが必要なことは申すまでもないことであります。政府は、明年度においても、自衛隊の人員や装備について所要の増強を行うとともに、防衛に関する施策に遺憾なきを期するために、すみやかに国防会議の構成などを定めまして、これを発足させたいと考えております。

（国立国会図書館　国会会議録検索システム）

日ソ共同宣言（抜粋）（1956年12月12日）

1　日本国とソヴィエト社会主義共和国連邦との間の戦争状態は、この宣言が効力を生ずる日に終了し、両国の間に平和及び友好善隣関係が回復される。

4　ソヴィエト社会主義共和国連邦は、国際連合への加入に関する日本国の申請を支持するものとする。

5　ソヴィエト社会主義共和国連邦において有罪の判決を受けたすべての日本人は、この共同宣言の発生とともに釈放され、日本国へ送還されるものとする。（略）

6　ソヴィエト社会主義共和国連邦は、日本国に対し一切の賠償請求権を放棄する。

　日本国及びソヴィエト社会主義共和国連邦は、1945年8月9日以来の戦争の結果として生じたそれぞれの国、その団体及び国民のそれぞれ他方の国、その団体及び国民に対するすべての請求権を、相互に、放棄する。

8　1956年5月14日にモスクワで署名された北西太平洋における漁業に関する日本国とソヴィエト社会主義共和国連邦との間の条約及び海上において遭難した人の救助のための協力（略）協定は、この宣言の効力発生と同時に効力を生ずる。

9　日本国及びソヴィエト社会主義共和国連邦は、両国間に正常な外交関係が回復された後、平和条約の締結に関する交渉を継続することに同意する。

　ソヴィエト社会主義共和国連邦は、日本国の要望にこたえかつ日本国の利益を考慮して、歯舞群島及び色丹島を日本国に引き渡すことに同意する。ただし、これらの諸島は、日本国とソヴィエト社会主義共和国連邦との間の平和条約が締結された後に現実に引き渡されるものとする。（外務省編『主要条約集』）

共同宣言方式がとられた理由

　日ソ関係を調整する上に平和条約の方法をとるか、共同宣言の方式をとるかという問題であります。重光さんはソ連の要求によって平和条約方式を採ろうとされたのですが、（略）私は今日の日本のおかれている国際的地位、さらにわが国の対諸国家との関係において、日ソの関係を調整するために、日米、日英、その他日本と自由国家群との関係に多少とも影響を来たすということは絶対に避けなければならないと考えているのであります。（略）私はもちろん国家・民族の将来を考えるときに、領土問題がいかに重要であるか、領土問題についての熱意において決して人後に落ちるものではありません。しかし領土問題を解決しようとすれば、当然日ソの間に困難な問題があるばかりでなく、サンフランシスコ条約に関連が起り、日本の将来その他各条約関係国との間に物議が起らないと結論づけることは非常に冒険であります。（略）領土条項について十分な配慮をしつつ、急迫している戦争終結宣言の問題、国連加盟問題、抑留者引揚げ問題その他かずかずの問題の解決をするという答案としては、どうしても平和条約方式によらずに共同宣言の方式、いわゆるアデナウアー方式（略）これによることが一番妥当性があると考えたのであります。

（河野一郎『今だから話そう』）

27　石橋湛山内閣と岸信介内閣

　石橋湛山内閣が、1956年12月23日、日ソ共同宣言締結を花道に退陣した鳩山内閣に代わって成立した。石橋が選ばれた党大会は、都道府県選出の代議員も投票する、自民党が党の組織化を目的としたものでもあった。石橋、岸信介、石井光次郎が出馬したが、決選投票では事前の約束通り2位・3位連合により石橋が選出された。しかし岸との差は7票で、人事等で岸の意向を無視できなかった上に、石橋派が選挙運動中に役職の空手形を乱発したこともあり、独自政策を展開する体制を築くことは困難だった。しかも組閣から64日目に、石橋は病気を理由に退陣した。在任中は、国民皆保険を目指すことを閣議決定し、「1千億円減税、1千億円施策」を唱えて積極財政を計画したが果たせず、党内では派閥解消を訴え、退陣に際してもそれを「石橋書簡」に入れたが（執筆は三木武夫幹事長）、先の総裁選の経過はかえって派閥の必要性を党内に認識させていた。

　石橋の後継は、岸外相にすんなり決まった。日米安保条約を対等なものにしたいと考えていた岸は、石橋内閣では外相をつとめ対米外交の強化を訴えていた。第1次岸内閣は石橋内閣の閣僚を引き継いだが、就任演説では独自政策として、汚職・暴力・貧乏の「3悪追放」を掲げた。その後第2次内閣の頃には、安保改正のためだけでなく、「3悪追放」のためにも警察の権限を拡大させる警官職務執行法（警職法）改正を行おうとすると、大規模な反対運動が起こった。戦前の特高警察を想起させるもので、岸自身が、戦前は満州で実績を挙げ、東条内閣で商工大臣を務めた経歴を持っていたこと、戦後はA級戦犯容疑者であったこともあり、新聞をはじめマスコミ報道が岸に好意的ではなかったことなどが、政策内容と合わさって国民の不信感を募らせた。岸はさらに日米安保条約改定を優先させるためにも、警職法改正や学校の教職員に対する勤務評定導入をしようとした。勤務評定は日教組の反対を押し切り導入させたが、警職法改正は、安保改定を推進するために断念せざるを得なかった。外交では対米協調、国連中心、東南アジア外交をかかげ、第1次内閣時代に2度にわたってアジアを歴訪した。1回目は米国訪問前に行われたものでインドやタイ、台湾など6カ国を訪問した。2回目はオーストラリアやフィリピンなど訪問したが、EEC（欧州共同体）ができあがると世界経済がブロック化する恐れがあるため、それに対応したものだった。対米協調という点では日米安保条約改定がその根幹をなすものであった。

岸総理臨時代理と三木幹事長宛「石橋書簡」
(抜粋)（1957年3月21日　第4回党大会）

　私の政治的良心に従います。また万一にも政局不安が私の長期欠席のために生ずることがありましては、これまた全く私の不本意とするところであります。私の総裁として、また首相としての念願と決意は、自民党にありましては党内融和と派閥解消であり、国会におきましては、国会運営の正常化でありました。私の長期欠席が、この二大目的をかえって阻害いたしますことに相成りましては、私のよく耐えうるところではありません。

　どうか私の意のあるところをおくみとり下さい。くれぐれも党内融和の上に立ち、党員一致結束、事態の収拾をお願いしたいのであります。

（『自由民主党五十年史』資料編）

岸首相の所信表明演説 (抜粋)
（1958年1月29日）

　今やきびしい試練期ともいうべき国際政治の新局面に臨み、私は、人類社会に恒久的な繁栄をもたらすものは道義に貫かれた民主政治であることを、あらためて強調いたしたいのであります。このような激動期に際し、国際共産主義の脅威を排して民主主義の神髄を堅持し、国際情勢の分析把握と国際問題の処理に誤りなきを期していきたいと考えております。しかるに、国内の一部に、民主政治を軽視し、暴力的直接行動を懸念させるような言動の行われていることは、きわめて遺憾とするところであります。

（国立国会図書館　国会会議録検索システム）

警察官職務執行法の改正案 (抜粋)

第2条　警察官は、異常な挙動その他周囲の事情から合理的に判断して何らかの犯罪を犯し、若しくは犯そうとしていると疑うに足りる相当な理由のあるもの又は既に行われた犯罪について、若しくは犯罪が行われようとしていることについて知っていると認められるものを停止させて質問することができる。

2　その場で前項の質問をすることが本人に対して不利であり、又は交通の妨害になると認められる場合においては、質問をするため、その者に附近の警察署（派出所及び駐在所を含む。以下同じ。）に同行することを求めることができる。（略）

第3条　警察官は、異常な挙動その他周辺の事情から合理的に判断して左の各号の一に該当することが明らかであり、且つ、応急の救護を要すると信ずるに足りる相当な理由のある者を発見したときは、とりあえず警察署、病院、精神病者収容施設、救護施設等の適当な場所においてこれを保護しなければならない。

（末川博編『資料戦後二十年史』3・法律）

7新聞社共同宣言「暴力を排し議会主義を守れ」（1960年6月17日）

　6月15日夜の国会内外における流血事件は、その事の依ってきたる所以を別として、議会主義を危機に陥れる痛恨事であった。われれは、日本の将来に対して、今日ほど、深い憂慮をもつことはない。

　民主主義は言論をもって争わるべきものである。その理由のいかんを問わず、またいかなる政治的難局に立とうと、暴力を用いて事を運ばんとすることは断じて許さるべきではない。一たび暴力を是認するがごとき社会的風潮が一般化すれば、民主主義は死滅し、日本の国家的存立を危うくする重大事態になるものと信ずる。

　よって何よりも当面の重大責任をもつ政府が、早急に全力を傾けて事態収拾の実をあげることは言うをまたない。政府はこの点で国民の良識に応える決意を表明すべきである。同時にまた、目下の混乱せる事態の一半の原因が国会機能の停止にもあることに思いを致し、社会、民社の両党においても、この際、これまでの争点をしばらく投げ捨て、率先して国会に帰り、その正常化による事態の収拾に協力することは、国民の望むところと信ずる。

　ここにわれわれは、政府与党と野党が、国民の熱望に応え、議会主義を守るという一点に一致し、今日国民が抱く常ならざる憂慮を除き去ることを心から訴えるものである。

（『朝日新聞』1960年6月17日）

28　60年安保闘争

　岸内閣の下で、1951年に締結された（旧）日米安保条約（日本とアメリカ合衆国との間の安全保障条約）が改定されたが、その改定過程で「（60年）安保闘争」と呼ばれる大規模な反対運動が全国で展開された。岸ら安保条約改定論者の一番の主張は、旧安保条約に米国の日本防衛義務が明記されておらず、不平等だというものだった。48年6月の米国「バンデンバーグ決議」規定により、「継続的・効果的な自助と相互援助」が求められていた。米国の援助を受けるには軍事力増強が不可欠であり、その状況を前提として相互援助がなされると規定していた。しかし51年当時の日本には警察予備隊や海上保安庁が存在しただけで、米国の要求を満たすものではなかった。そこで、保安庁、自衛隊へと改組がなされ、日本の軍備増強がはかられた。それでも、自衛隊発足の翌55年に開かれた重光・ダレス会談で、重光から日米対等の条約を提案したところ、ダレスに拒否された。日本側に十分な防衛力と対応できる憲法がないという理由からであった。

　その会談に参加していた岸は、安保条約を日米対等なものにし、安保改定を手掛かりに、いずれは憲法改正をしようと考えるようになった。石橋内閣で外相を経験し、57年2月に首相就任した後の4月、岸はマッカーサー大使に安保条約の全面改定を申し入れている。さらに6月には防衛力整備計画を決定し、同月に改定交渉のため訪米するが、それに先立つ5月の参院内閣委員会では自衛のためであれば核保有は差し支えないとも発言している。岸の安保改定に向けた動きが明確になるにつれて、国民の反対運動は大きくなった。59年3月には国内の多様な団体を組織して安保改定阻止国民会議が設立された。その後、岸は60年1月に米国を訪れ（新）安保条約（日本国とアメリカ合衆国との相互協力及び安全保障条約）に調印した。同条約では日米相互協力を謳うとともに、旧安保条約にあった内乱条項の削除、相互に相手国を防衛すること、事前協議によって米軍が日本の施設等を使用すること、条約の適用範囲を「極東」とすることなどが規定された。一層激しい反対運動が起き、岸らが自衛隊の治安出動を打診することもあった。当初は安保改定自体に反対する運動だったが、5月の衆議院での強行採決後には、改定反対から、民主主義擁護、反政府へと主張が変化していった。全国で反対運動が展開されたが、参議院での審議がなされないまま憲法の衆議院優先条項により自然承認された。岸は批准書交換日の6月23日に辞意を表明した。

改憲実現を目標とした安保改定：岸へのインタビュー

（質問）　次の総選挙あたりで憲法改正のための基盤を固めたいというおつもりでもあったのですか。（略）

岸　（略）日米対等の意味における真の相互防衛条約を、つまり双務的義務を日本が履行しようとすれば、いまの憲法は不適当であり、改正しなければならない。国民に、憲法改正が必要であり、憲法改正をすべきである、あるいは改正せざるを得ないのだという気持ちを起こさしめるような宣伝、教育をしていかなければならないと覚悟していました。ですから、安保改定をすれば、すぐに憲法改正ができるなどとは考えていなかった。

（原彬久編『岸信介証言録』）

日本国とアメリカ合衆国との間の相互協力及び安全保障条約（新安保条約）（抜粋）

第1条　締約国は、国際連合憲章の定めるところに従い、それぞれが関係することのある国際紛争を平和的手段によって国際の平和及び安全並びに正義を危うくしないように解決し、並びにそれぞれの国際関係において、武力による威嚇又は武力の行使を、いかなる国の領土保全又は政治的独立に対するものも、また、国際連合の目的と両立しない他のいかなる方法によるものも慎むことを約束する。

　締約国は、他の平和愛好国と協同して、国際の平和及び安全を維持する国際連合の任務が一層効果的に遂行されるように国際連合を強化することに努力する。

第2条　締約国は、その自由な諸制度を強化することにより、これらの制度の基礎をなす原則の理解を促進することにより、並びに安定及び福祉の条件を助長することによって、平和的かつ有効的な国際関係の一層の発展に貢献する。締約国は、国際経済政策におけるくい違いを除くことに努め、また、両国の間の経済的協力を促進する。

第3条　締約国は、個別的に及び相互に協力して、継続的かつ効果的な自助及び相互援助により、武力攻撃に抵抗するそれぞれの能力を、憲法上の規定に従うことを条件として、維持発展させる。

第6条　日本国の安全に寄与し、並びに極東における国際の平和及び安全の維持に寄与するため、アメリカ合衆国は、その陸軍、空軍および海軍が日本国において施設及び区域を使用することを許される。

（外務省HP）

日米行政協定（抜粋）（1952年2月28日）

第2条　1　日本国は、合衆国に対し、安全保障条約第1条に掲げる目的の遂行に必要な施設及び区域の使用を許すことに同意する。個々の施設及び区域に関する協定は、（略）合同委員会を通じて両政府が締結しなければならない。「施設及び区域」には、当該施設及び区域の運営に必要な現存の設備、備品及び定着物を含む。

第7条　合衆国軍隊は、日本国政府の各省各庁に当時適用されている条件よりも不利でない条件で、日本国政府に属し、又は日本国政府によって管理され、若しくは規制されるすべての公益事業及び公共の役務を利用する権利並びにその利用における優先権を有する。

（大嶽秀夫編『戦後日本防衛問題資料集』第2巻）

赤城防衛庁長官に対する自衛隊出動「要請」

　さすがに閣議で、公式に自衛隊の出動が論議されたことはなかったが、懇談会では、当時の佐藤蔵相や池田通産相などから、わたしを捉えて、「なんとかして自衛隊を出動させることはできないか」としばしば談じこまれた。問題は総理のハラ一つにあることなので、わたしに対しての発言は、遠慮深いものではあった。（略）川島幹事長が（略）「なんとか、アイク訪日を無事に実現させるため、自衛隊を出動させてくれ」と要請に来た。わたしは、自衛隊の出動には、もともと反対だった。（略）発砲でもして、日本人同士が殺しあうことになれば、内乱的様相に油をそそぐ。（略）川島幹事長にその旨を伝えたが、わたしだけで反対するのもどうかと思って、二、三の制服幹部を呼んで意見を聞いたところ、わたしの意見に全幅的に賛成だった。

（赤城宗徳『今だからいう』）

29 民社党の結成

　多様な背景を持った政治集団を結集して 1945 年に成立した日本社会党は、その成立当初から党内の諸勢力間での対立、なかでも左右両派間でのイデオロギー対立を抱えていた。結党当初は右派が主導権を握ったが、その右派で主導的役割を果たしたのが西尾末広であった。西尾は、48 年の土建献金事件では社会党書記長時代に建設会社から 50 万円の献金を受けたとの追及がなされた。その際、党ではなく、「書記長である西尾末広個人」が受け取ったものだから届出の必要はないと弁明したものの証人喚問を受けた。また昭電事件では離党勧告に従ったにもかかわらず、党中央委員会で除名処分を受け、その後に逮捕もされた。最終的にいずれも無罪となったが、こうした西尾の言動は党内対立を一層深刻なものにした。講和条約と安保条約の批准を巡って 51 年 10 月に社会党が左右両派に分裂したのち、55 年に統一する頃から左派が次第に力を持つようになった。

　59 年 6 月の参院選で社会党は、当選者を 7 名増やしたが、得票率を減少させ、3 人の候補者を立てた東京地方区で全議席を失った。そのため総評や党内各派から、選挙の敗北を認め、党再建に向かうよう決議や要望がなされた。選挙直後に開かれた中央執行委員会は、9 月に党大会を開催することに決めたが、その間に西尾の言動が問題にされた。ある党支部で、①安保改定を阻止するには党の代替案が必要で、反対だけでは成功しない、②総評に追随するのではなく党が主導権を持つとともに、共産党を排除すべきだと述べていた。また、西尾の孫が在籍する防衛大学校の新聞に、③今日の世界は「資本主義か社会主義か」の対立ではなく、「民主主義か共産主義か」と書いたことなどが問題とされ、左派から党大会で除名決議案が出された。これが 55 年の統一以降、党大会で初の左右対決となった。最終的に、西尾派は 9 月 14 日以降の党大会に出ないことを決め、16 日に「日本社会党再建同志会」を結成した。他方、左派は党大会を休会にし、10 月に再開することを決め、左派主導の統制委員会では西尾をけん責処分とした。再開大会に参加しなかった再建同志会は新党準備を始め、国会召集の前日 10 月 25 日に離党して院内団体「社会クラブ」を結成した。これに河上丈太郎派の一部などが加わり、60 年 1 月 24 日に民主社会党（69 年 11 月に民社党に改称）が成立した。同党は共産党との対決を謳ったが、社会党から分かれたことで社会党の弱体化と多党化を進める一歩となり、結果的に自民党の一強体制をより堅固なものにした。

西尾処分についての社会党統制委員会報告
(抜粋) **(1959年10月17日 「第16回党大会」)**

　顧問・西尾末広君を規約第75条によるけん責処分にする。次にその理由を申し上げます。

一．大会より付議せられた西尾末広君の日米安全保障条約に関する最近の言動について。西尾末広君の日米安全保障条約に関する最近の言動は、西尾君がたとえ「自分のいっているのは条件闘争ではない。日米安全保障条約は究極的に解消すべきものだとの前提をおいてのものであったとしても、党は3年、5年などの条約に期限をつけるように要求した方がいいのではないか」とか、あるいは「条文をかえさせることを考えるべきではないか」というような言動は、西尾末広君が当委員会において表明せられました「現行の日米安全保障条約は、不完全ではあるが、わが国の安全になんらかの寄与をしたものと思う」あるいは「政府の改正案には反対であるが、改正そのものには賛成である」旨の考えかたに徹するならば、西尾末広君の言動は条件闘争と認めざるをえない。しかし現行日米安全保障条約の存在そのものに全面的に反対し、いっさいの条件闘争を認めない方針のもとに、しかも政府の改定調印交渉を目前にし、必死に改定反対のたたかいをつづけておる党といたしましては、党外におけるこれらの西尾末広君の言動が、対外的に党のたたかいに疑惑をいだかしめ、党のたたかいに障害となったことは否定できない、と断ぜざるをえないのであります。

(『資料 日本社会党四十年史』)

民主社会党「結党宣言」 (抜粋)
(1960年1月24日)

　多年にわたる保守党の腐敗政治と、社会党の容共化に不満をもち、幻滅を感じた国民の、待望してやまなかった民主主義新党は、本日ここに結成をみた。

　新党は、その綱領であきらかにしているとおり、民主社会主義の理念にもとづき、資本主義を根本からあらため人間性を解放し、共産主義に反対し倫理を基礎に、個人の自由と平等による社会を実現するものである。

　新党は、左右のイデオロギーにもとづいた独裁を排除し、今日わが国政治をゆがめている、多数横暴と少数暴力を是正し、議会制民主主義をまもり、漸進的に社会主義を実現することを目標とするものである。

(『民社党史』資料編)

民社党暫定綱領 (抜粋) **(1960年)**

3．党の性格

(ロ)　われわれの党は、特定の階級のみが社会主義社会実現の歴史的使命をあたえられたとして、その階級の利害のみを代表する階級政党ではない。社会集団間の利害の対立とともに国民的利害の共通性をも認める国民の政党である。各種勤労者の集団的利害を調整し、議会を通じて政治に反映させる。

(ハ)　われわれの党は、労働者、農林漁業者、中小商工業者、技術者および管理者、自由職業者、さらに家庭の主婦をもふくめて、額に汗を流し勤労の喜びと苦しみとを知るすべての働くひとびとが、平等の資格でその運営に参加しうる政党である。党員は全生活を党活動に献身することを要求されることはないが、社会改革の情熱をもち、その私生活においても国民の範となるようつとめなければならない。

(『民社党史』資料編)

社会党の民社党に対する評価 (抜粋)
(1960年3月24日　第17回臨時党大会「当面の活動方針」)

三、民社党に対する態度

　(1)　民社新党の性格

　①　警職法闘争の発展にみられたような革新勢力の成長に驚愕した反動勢力は、全面的に反動攻勢を展開しつつある。このとき「西尾新党」は、重大な安保闘争を前にして社会党を分裂させ、さらに労働運動、平和団体、国際友好団体等にまで分裂と混乱をもちこんでいる。その本質的役割は支配階級に奉仕する分裂主義であり、その政策綱領においては明らかに改良資本主義、修正資本主義の立場に立っている。

(『資料 日本社会党四十年史』)

30 池田勇人内閣と所得倍増計画

　日米安保条約改定を果たしたことで退陣した岸首相の後継総裁の座を巡る自民党内での駆け引きの結果、最終的に池田勇人、石井光次郎、藤山愛一郎が競い合い、決選投票の結果、池田が石井を破り当選した。安保改定時には強硬な姿勢を見せた池田だったが、1960 年 7 月 19 日の内閣発足の際には、「低姿勢」を打ち出し「寛容と忍耐」をスローガンに掲げた。当時は日本経済の復興期で、世界的なエネルギー転換期でもあり、池田内閣の所得倍増政策により、日本は「政治の季節」から「経済の季節」に転換し、高度経済成長へと邁進することになる。

　池田は首相就任早々、安保闘争と並んで国民の関心を集めた一大労働争議である三井三池問題に取り組んだ。当時は世界的に石炭から石油へのエネルギー転換期であり、国内の各炭鉱は合理化を余儀なくされていた。三井鉱山は労組に対して 2 度にわたる合理化案を提示したが解雇が進まないため、指名解雇を始めたことが争議のきっかけであった。総評など国内の支援の他、中国やソ連からの支援もあり、大規模な闘争が展開された。最終的には中央労働委員会のあっせんで、指名を受けた従業員が退社することになった。これにより、安保に伴う全国的な反対運動とともに、大規模な労働運動も急速に姿を消し始めることになった。

　次に池田内閣が取り組んだ政策が国民所得倍増計画であった。10 年後の国民総生産と、その結果として国民所得を倍増させることを謳ったもので、公共投資、社会保障、および減税を柱とする政策であった。戦後の日本経済は 50 年頃から上向き始めており、53 年には多くの業種で顕著な発展が見られた。そこに国民所得倍増計画が唱えられたことで、64 年の東京オリンピックに向けた新幹線や高速道路の建設に伴う内需拡大などが加わり社会資本の充実や産業構造の変化をもたらした。また所得倍増計画の一環として 62 年に始動した全国総合開発計画で、太平洋ベルト地帯を工業地帯化する政策も経済成長につながった。他方で、太平洋側での工業の発展は、日本海側や地方の発展を阻害し、都市の過密化と地方の過疎化を生み出すことにもなった。加えて、61 年に農業基本法が農業の生産性向上・近代化を狙って制定されたが、計画通りに土地の集約が進まないため生産性が上がらないばかりか、兼業化を促進し、農業の停滞化と農村からの若年労働者の流失を促進することになった。そうした中で、経済成長を遂げた日本は 64 年 4 月に OECD に加盟し先進国の仲間入りを果たすことになった。

池田首相の全国遊説第一声 （抜粋）
（1960年9月8日　共立講堂）

　わたしくしは、政治の目的は、国民のすべてが希望をもち、生き甲斐を感じるような社会を創り上げることにあり、政治の要諦はこういう目的を国民全体の自由な創意工夫の発露によって、国民の潜在的なエネルギイを最大限に発揮するための条件と環境をつくり出すことにあると信じております。

　従って、基本的政策実施の前提として、民主主義議会政治の擁護確立と、社会秩序の維持、確立が欠くべからざる要件だと信じます。民主主義議会政治の擁護確立のためには、何よりも健全有力な反対党の存在とその反対党に対する尊敬と寛容を必要といたします。わたしは在野の友党の善意と良識を信じたいと思います。

（『自由民主党党史』資料編）

池田首相の施政方針演説 （抜粋）
（1961年1月30日　衆参両院本会議）

　私は、就任以来、政府みずからの姿勢を正し、政治と行政の運営を正常化し、さらに、政治、経済、社会の各分野において、いかなる紛議があっても、寛容と忍耐をもって、話し合いを通じて解決するという、正しい民主主義の慣行が確立されるよう努力して参りました。幸いにして、国民各位の共鳴を得て、特に昨年来一部に見られたような異常な社会的緊張もしだいに緩和の方向に向かい、人心の安定と社会的秩序の平穏が取り戻されつつあることは、まことに喜ばしいことであります。（略）

　わが国経済のこの安定的成長を今後長きにわたって確保し、現在見られるような各種の所得格差を解消しつつ、完全雇用と福祉国家の実現をはかるためには、長期的観点から各種の施策を総合的に推進する必要があります。そのため、政府は、従来の新長期経済計画にかえて、今回、国民所得倍増計画の構想を政府の長期にわたる経済運営の方針として採択いたしました。

　この計画は、今後おおむね10カ年間に国民所得を倍増することを目的とし、これを達成するため必要とされる諸施策の基本的方向

とその構造を示したものでございます。特に、農業と非農業間、大企業と中小企業間及び地域相互間に存在する所得格差を是正し、もってわが国経済の底辺を引き上げ、その構造と体質の改善をはかろうとするものであります。同時に、この計画は今後10年間において新たに生産年齢に達する青少年に、それぞれ適当な職場を用意する国家的責任にこたえるものでございます。

　右の長期経済計画の実施にあたっては、昭和36年度から昭和38年度までの3年間は、新規生産年齢人口の急増に応じて、年平均9％の経済成長を遂げることを目的として、あらゆる施策を講ずることを明らかにしております。（略）

（国立国会図書館　国会会議録検索システム）

所得倍増計画の性格

　計画の基本的計画としては、あくまでも自由企業体制を前提としている。経済活動の大部分は、民間企業あるいは個人がそれぞれの立場に立って、市場機構（略）あるいは価格機構（略）の働きを通して、経済行為の意思をきめていくという形になっている。したがって、計画のこれら民間活動に対する働きは、半ば予測、半ば誘導というような形になることと思われる。

　このような点を考えると、わが国の場合、長期経済計画を策定するということの重要な役割は、現在の政策なり企業の判断なりが、ともすれば目前の事態にとらわれがちになることを避け、それを長期的な見通しにもとづいて判断しても誤らないために、こうした計画を用意することである、といってもよいのではないか。

　つまり、政策が企業活動の決定なり、選択なり、判断をするうえの重要な手がかりとしての長期計画ということができる。このことは、倍増計画では「政策運営の指針」ということばを使って表現している。そういう性格のものであるから、必ずしも社会主義諸国の経済計画のように、経済の全分野にわたって、詳細な計画目標を掲げて、その一つ一つに厳格な実行を要求しているわけではない。

（大来佐武郎『所得倍増計画の解説』）

31 公明党と創価学会

　公明党が 1964 年 11 月 17 日に結党された。61 年 11 月に結成された政治団体の公明政治連盟が前身であり、宗教団体である創価学会内の「一部局」である文化部にそのルーツがある。創価学会は創価教育学会として戦前から活動しており、46 年 3 月に改称した。54 年 11 月に文化部を設け、翌 55 年 4 月の統一地方選には 54 人の文化部員を立候補させ、都議 1 名、東京 23 区の区議 32 人など計 52 人を当選させたことを契機に政界進出が始まる。当時の創価学会は日蓮正宗の教えを全国に広めるべく「広宣流布」を唱え、「折伏」（しゃくぶく）と呼ぶ信者拡大を行っており、将来は国会で賛同をえて「国立戒壇」を建設すると表明していた。創価学会がこのように大量に地方議員を当選させられた理由は、50 年代に会員を急増させたことにある。戦後復興に歩調を合わせて、多くの若者が都市に流入した。片や既成政党の社会党や共産党は労働組合を手掛かりに官公庁労働者や大企業の社員に支持を拡大させた。それらと対照的に、急増していた中小企業労働者や自営業者を対象に現世利益を説いたのが創価学会であった。その後も高度経済成長に伴い社会的疎外感を持つ人々が増えたことが、会員増、選挙結果に結びついた。党として初めて国会議員を出した参院選を見ると、56 年に 3 人、59 年に 6 人、62 年には 11 人を当選させ、非改選組と合わせて 20 人を抱えるに至る。地方選挙でも勢力拡大が続き、65 年の都議選では 23 人全員を当選させた。

　64 年結党時につくられた結党宣言と綱領に国立戒壇への言及はなかった。翌 65 年の第 2 回党大会では、その後の公明党の基本的な行動方針となる衆院選への進出や低所得者を意識した大衆福祉国家、中道主義が打ち出された。その結果、68 年参院選では 14 人中 13 人が、同年の都議選では 25 人全員が、さらに初の衆院議員を出した 69 年選挙では 76 人中 47 人を当選させる躍進を遂げた。しかし 69 年末頃から創価学会・公明党を問題視する書籍に対する出版妨害が社会問題となったため、政教分離を意識した運営が始まり、70 年の新綱領では「中道主義」「国民政党」を打ち出した。出版妨害事件もあり支持を一時減らしたが、経済停滞期に次第に保守化していった公明党は 93 年の細川内閣時に政権入りし、94 年に新進党として他党と合同した。分裂後の 98 年に（新）公明党として再出発し、自民党と連立内閣を組むようになった。創価学会と「異体同心」と呼ばれる関係が今日も続いており、政教分離がされていないとの批判がある。

公明党・結党宣言（1964年11月17日）

　今や混沌たる世界情勢は、一段と緊迫の度を加えるにいたった。一方、国内情勢は依然として低迷をつづけ、国民不在の無責任政治がくりかえされている。このまま放置せんか、日本は激しい東西対立の犠牲となることを、深く憂うるものである。

　日本出世の大聖哲、日蓮大聖人、立正安国論にいわく「所詮天下泰平国土安泰は君臣の楽う所、土民の思う所なり、夫れ国は法に依って昌え、法は人に因って貴し」と。

　この仏法の絶対平和思想、即ち、王仏冥合の大理念のみが、世界戦争の恐怖から救いうる唯一の道なりと、われわれは強く確信する。

　ここにわれわれは、公明党の結党を内外に宣言するものである。

　公明党は、王仏冥合・仏法民主主義を基本理念として、日本の政界を根本的に浄化し、議会制民主政治の基礎を確立し、深く大衆に根をおろして、大衆福祉の実現をはかるものである。

　しこうして、ひろく地球民族主義の立ち場から、世界に恒久的平和機構を確立することを、最大の目標として、勇敢にたたかうことを、国民の前に堅く誓うものである。

　右宣言する。　（『公明新聞』1964年11月20日）

公明党64年綱領（1964年11月17日）

1、核兵器時代の今日、国家間の相互不信、思想対立のうえに力の均衡を保っても、真実の平和は訪れない。公明党は、地球民族主義にのっとり、恒久平和への指導理念をもって、世界平和の礎を築く。

2、資本主義、社会主義の両体制とも、深刻な人間疎外を生み、大衆の福祉を実現しえないでいる。公明党は人間性社会主義をもって、大衆福祉の実現を期す。

3、新しい政党は、全ての階層を包含する大衆政党でなければならない。公明党は大衆とともに語り、大衆のために戦う大衆政党を目指す。

4、日本政治の腐敗堕落は国民に政治不信を招いている。公明党は、政治腐敗と戦い抜き、公明なる議会制民主主義を確立する。

（『創価学会四十年史』）

公明党70年綱領（1970年6月27日）

一、わが党は、人間性尊重の中道主義を貫く、国民政党として、革新意欲と実践をもって、大衆とともに前進する。

一、わが党は、人間性社会主義に基づき、責任ある自由な経済活動と、その成果の公正な分配を保障する経済体制を確立し、社会の繁栄と個人の幸福を、ともに実現する福祉社会の建設をめざす。

一、わが党は、すべての民族が地球人である、との自覚に立ち、平等互恵・内政不干渉の原則により、自主平和外交を推進して、人類永遠の平和と繁栄をめざす。

一、わが党は日本国憲法をまもり、生命の尊厳と自由と平等を基調として、信教・結社・表現の自由など基本的人権を擁護するのはもとより、進んで社会的基本権の実現をめざし、一切の暴力主義を否定し、議会制民主主義の確立を期す。

（『読売新聞』1970年6月10日）

公明党の衆・参両院議員選挙結果

年	参議院			衆議院	
	当選者数	得票率		当選者数	得票率
		全国区（比例代表）	地方区（選挙区）		
	人	%	%	人	%
1956	3	3.5	1.4		
59	6	8.5	1.6		
62	9	11.5	2.6		
65	11	13.7	5.1		
67				25	5.4
68	13	15.4	6.1		
69				47	10.9
71	10	14.1	3.5		
72				29	8.5
74	14	12.1	12.6		
76				55	10.9
77	14	14.2	6.2		
79				57	9.8
80	12	11.9	5.0	33	9.0
83	14	15.7	7.8	58	10.1
86	10	13.0	4.4	56	9.4
89	10	10.9	5.1		
90				45	8.0
92	14	14.3	7.8		
93				51	8.1

注① 1956年及び1959年の参院選は無所属、1962年の参院選は公明政治連盟で出馬。
　② 1983年以降の参院選は全国区が比例代表区に、地方区が選挙区に変更された。

32 四大公害裁判

　四大公害とは、最初の発生時期がそれぞれ異なるが、1950年代半ばから60年代に被害が顕在化した熊本水俣病、イタイイタイ病、四日市公害、新潟水俣病を指す。裁判の結果、70年代初頭から相次いで被害者勝訴の判決が下され始めた。その原因として、①医学的・科学的に因果関係が可能になった、それが証明できない場合でも②歴史的に説明することが可能になったことが挙げられる。また、③多様な公害の全国的な蔓延、④全国的な反公害運動、⑤悲惨な被害実態の周知、それらを無視し得なくなった⑥政府・国会の対応も理由として指摘できる。

　イタイイタイ病のように戦前から被害が存在した例もあるが、この時期に全国的に顕在化した公害のほとんどは高度経済成長に伴い発生、激化した。当初は「公害」の概念が一般的ではなく、また被害と加害企業の企業活動の実態や原因物質と被害との因果関係が明確ではなかったため、風土病や奇病などとされた。また加害企業による事実の無視や隠蔽もあった。しかし次第に、一部の医師や研究者、ジャーナリストらにより、被害の実態や原因が明らかにされ、公害に対する認識が深まったことも相まって、反対運動・被害住民支援の動きが活発化した。67年6月の新潟水俣病裁判を皮切りとして、相次いで加害企業に提訴がなされた。こうした動きに対応して、政府側の対応も少しずつ変化した。67年の公害対策基本法を手始めに、68年に、イタイイタイ病と熊本水俣病の原因をそれぞれ特定し、イタイイタイ病を公害第1号に認定した。70年11月には「公害国会」が召集され、既存の法律の改正を含め、水質や大気の汚染防止などを目的とする公害関連14法を成立させた。さらに翌71年には、汚染物質の排出規制をしたり、環境保護政策を調整したりする機関として環境庁が設置された。

　これら四大公害裁判は、被害者の救済・補償に役立ったことは間違いないが、被害認定が厳格になった側面もあり、今日でも認定されていない事例もある。また公害防止技術の進展にも役立ったが、規制の緩い海外への企業進出を促すことにもなったため、日本国内での公害の減少は見られたが、外国での被害発生につながった面もある。さらに、一連の裁判は、同時期の他地域の公害反対運動や公害発見に役立つとともに、当時問題化した食品公害や自然破壊に伴う水害などの環境問題に対する闘いにも影響を与えた。その半面、政府は「判検交流」と呼ばれる制度を利用して、政府や自治体を擁護する司法体制を強化させていった。

佐藤首相の公害防止関連の所信表明演説

(抜粋)（**1970年11月25日　衆議院本会議**）

　公害対策基本法の制定以来、政府は大気汚染、水質汚濁、騒音などの各種公害を規制するため種々の施策を講じてまいりましたが、（略）今国会において国民生活優先の見地から公害対策基本法の改正を提案することといたしました。大気汚染防止法、水質規制関係法、騒音規制などにつきましても規制の強化、規制地域の拡大など一連の拡充強化の措置を講ずるとともに規制の実施にあたっては地方公共団体の機能の活用に十分配慮することといたしました。さらに、基本法の改正に対応して廃棄物の処理、農薬対策などに関する所要の立法を行なうとともに、公害防止に関する事業者の費用負担の明確化をはかり、また、国民の健康にかかわる公害犯罪について特別立法を行なうなど、当面緊急を要する諸法案を提案することといたしました。

　　　　　（国立国会図書館　国会会議録検索システム）

イタイイタイ病の判決文 (抜粋)

　　　　（**1972年8月9日名古屋高裁金沢支部**）

　河川は古来交通灌漑はもちろん飲料その他生活に欠くことのできない自然の恵みの一つとされてきたことは原判決説示のとおりであり、これを飲用し生活用水に使用した第一審原告患者らになんら責のないことも明らかというべきである。

　しかるに、第一審被告会社は神岡鉱業所より生ずる廃水および廃滓より滲出する廃水等を神通川の上流高原川に放流し、第一審原告患者らに（略）損害を蒙らせたのである。（略）被告会社は神岡鉱業所カドミウム工場（略）内の溶解槽附近に「マスク着用」の掲示をかかげていることよりみても、（略）カドミウムを安全無害視していないことは明らかであるのみならず、（略）和佐保堆積場および増谷第二堆積場の開設後は高度な技術的設備をもって神岡鉱業所の鉱滓の堆積と廃水の処理にあたってきているのである。（略）

　被告会社は（略）過去のカドミウム放流行為によって生じた本件イ病発生による被害については全く目を覆い、被害者らの損害賠償請求に応じないばかりか、原判決に対し控訴に及び抗争の態度を改めようとしていないのであって、このことは第一審原告らに悲痛の念を起こさせていることは否定できない。

（イタイイタイ病病訴訟弁護団編『イタイイタイ病裁判』第6巻）

四日市公害の判決文 (抜粋)

　　　　（**1972年7月24日　津地裁四日市支部**）

　化学企業たる被告らは、操業を継続するにあたっては、有害物質を企業外に排出することがないよう常に自己の製造工場を安全に管理する義務を有しており、いやしくもいおう酸化物等の有害物質を含むばい煙を大気中に排出している以上は、最高の技術を用いて排出物質の有害性の程度、およびその性質等を調査し、万が一つにもばい煙によって生物人体に危害を加えることのないよう、万全の措置を講ずべき義務を有するにもかかわらず、被告らはこれを怠り、調査研究観測をしなかったのはもちろん、ばい煙中からいおう酸化物を除去する抜本的措置をなさず、かつ、操業の短縮ないしは操業を停止する等の回避措置もしないまま、漫然（略）稼働開始時期（略）以降ばい煙の排出を継続した過失がある。

　　　　　　　　　　　　（『判例時報』672号）

熊本水俣病の判決文 (抜粋)

　　　　　（**1973年3月20日　熊本地裁**）

　化学工場が廃水を工場外に放流するにあたっては、常に最高の技術を用いて廃水中に危険物質混入の有無および動植物や人体に対する影響の如何につき調査研究を尽くしてその安全性を確認するとともに、万一有毒であることが判明し、あるいは又その安全性に疑念を生じた場合には、直ちに操業を中止するなどして必要最大限の防止措置を講じ、とくに地域住民の生命・健康に対する危害を未然に防止すべき高度の注意義務を有するものといわなければならない。蓋し、如何なる工場といえども、その生産活動を通じて環境を汚染破壊してはならず、況んや地域住民の生命・健康を侵害し、これを犠牲に供することは許されないからである。

　　　　　　　　　　　　（『法律時報』539号）

33 日韓基本条約

　日本の植民地支配を受けた朝鮮半島は、1948 年に朝鮮民主主義人民共和国と大韓民国が建国され、南北に分断された。韓国は対日講和会議への参加を望んだが拒絶され、日韓国交正常化に向けた二国間交渉が開始された。

　交渉の争点のひとつが請求権問題であった。日韓双方が請求権を主張する中で、53 年 10 月には日本側代表の久保田貫一郎による植民地支配を肯定する発言が韓国側の猛反発を招き、交渉を頓挫させた。57 年 12 月に、日本側は久保田発言を撤回し、対韓請求権を放棄する日韓共同声明により交渉再開の筋道が立てられたが、在日朝鮮人の北朝鮮帰還事業を巡ってしばしば中断し、60 年 4 月の四月革命で頓挫した。

　61 年 5 月、韓国で軍事クーデターが勃発した。政権を掌握した朴正煕は、減額されたアメリカの対韓経済援助に代わるものとして日本からの資本導入に期待し、国交正常化交渉の再開に乗り出した。懸案のひとつだった対日請求権問題は、62 年 11 月に大平正芳外相と金鍾泌中央情報部長との間で「大平・金メモ」が作成され、日本が韓国に無償供与 3 億ドル、有償借款 2 億ドルを提供することで合意した。

　65 年 2 月、椎名悦三郎外相が現職の外相として初めて訪韓し、ソウルで反省の意を表し、さらに日韓基本条約の仮調印も行った（6 月に東京で正式調印）。基本条約では、外交関係の開設、韓国の「朝鮮にある唯一の合法的な政府」としての承認、日本が韓国を併合した 10 年以前の日韓の諸条約が「もはや無効」であることの確認などが決められた。ただし、それがどの段階から無効かについて、日本が 48 年 8 月 15 日の大韓民国の成立により失効したとしたのに対し、韓国側は締結当初から無効と解釈し、見解の統一もなされなかった。日韓基本条約の締結により、植民地支配が終結から 20 年にして、日韓国交正常化が実現した。

　日韓基本条約と同時に、日韓請求権協定も交わされ、「大平・金メモ」に従い、日本が韓国に計 5 億ドルを供与することで、日韓の国家間では請求権問題が「完全かつ最終的に解決された」と確認された。しかし、2018 年 10 月、韓国の大法院が韓国人の元徴用工が起こした訴訟で日本企業に損害賠償を命じる判決を下し、請求権問題を巡って日韓関係が悪化する事態が生じた。

久保田発言（抜粋）**（1954年10月15日）**

洪　あなたは、日本人が来なければ、韓人は眠っていたという前提で話をしているのか。日本人が来なければ、われわれはもっとよくやっていたかも知れない。

久保田　よくなっていたかも知れないが、まずくなっていたかも知れない。これから先いうことは、記録をとらないでほしいが……。私見としていうが、自分が外交史の研究をしたところによれば、当時日本が行かなかったら中国か、ロシアが入っていたかも知れないと考えている。（略）

洪　日本が財産をふやしたのは、投資や経営能力が良かったためだと考えるのか。日本人が土地を買ったのは、東拓などが総督府の政策で買ったもので、機会均等ではなかった。

久保田　日本のためのみでない。朝鮮の経済のためにも役立っているはずだ。

（辻清明編『資料戦後二十年史』第一、政治）

金鍾泌部長あて大平正芳外相書簡（抜粋）
（1962年12月18日）

一、無償経済協力

　総額3億ドルとし、毎年3,000万ドルずつ10年間にわたり生産物および役務により無償供与する。ただし、財政事情によっては、双方合意の上繰上げ実施することができる。

三、有償経済協力（政府の関与する部分）

　有償経済協力として総額2億ドルの長期低利借款を10年間にわたり供与する。そのうち、1億ドルは海外経済協力基金より、他の1億ドルは輸出入銀行より支出することとし、それぞれ現行規制による最も有利な条件により供与する。

（浅野豊美・吉澤文寿・李東俊編『日韓国交正常化問題資料』基礎資料編、第6巻）

日韓基本条約（抜粋）
（1965年6月22日調印、12月18日発効）

第1条　両締約国間に外交及び領事関係が開設される。両締約国は、大使の資格を有する外交使節を遅滞なく交換するものとする。また、両締約国は、両国政府により合意される場所に領事館を設置する。

第2条　1910年8月22日以前に大日本帝国と大韓帝国との間で締結されたすべての条約及び協定は、もはや無効であることが確認される。

第3条　大韓民国政府は、国際連合総会決議第195号（III）に明らかに示されているとおりの朝鮮にある唯一の合法的な政府であることが確認される。

（外務省条約局『条約集（昭和四十年二国間条約）』）

日韓請求権協定（抜粋）

　日本国及び大韓民国は、両国及びその国民の財産並びに両国及びその国民の間の請求権に関する問題を解決することを希望し、両国間の経済協力を増進することを希望して、次のとおり協定した。

第2条　両締約国は、両締約国及びその国民（法人を含む。）の財産、権利及び利益並びに両締約国及びその国民の間の請求権に関する問題が、1951年9月8日にサン・フランシスコ市で署名された日本国との平和条約第4条（a）に規定されたものを含めて、完全かつ最終的に解決されたこととなることを確認する。

第3条　この協定の解釈及び実施に関する両締約国の紛争は、まず、外交上の経路を通じて解決するものとする。

2　1の規定により解決することができなかった紛争は、いずれか一方の締約国の政府が他方の締約国の政府から紛争の仲裁を要請する公文を受領した日から30日の期間内に各締約国政府が任命する各一人の仲裁委員と、こうして選定された二人の仲裁委員が当該期間の後の30日の期間内に合意する第三の仲裁委員又は当該期間内にその二人の仲裁委員が合意する第三国の政府が指名する第三の仲裁委員との三人の仲裁委員からなる仲裁委員会に決定のため付託するものとする。ただし、第三の仲裁委員は、両締約国のうちいずれかの国民であってはならない。

（同上）

34 佐藤栄作長期政権

　池田首相の退陣表明後、三木武夫幹事長と川島正次郎副総裁の調整を経て、池田は佐藤栄作を後継者に指名し、佐藤内閣が1964年11月9日に発足した。

　佐藤の外交政策の課題は日韓国交正常化、沖縄返還、日中国交正常化にあった。日韓国交正常化は65年、沖縄返還は72年に実現した。日中国交正常化は中華民国を支持していた佐藤政権下で実現することはなかった。

　内政では、景気の立て直しをはかったが、66年には中小企業の倒産や物価の高騰など、高度経済成長のひずみが生じた。こうしたひずみに対処すべく、佐藤は「社会開発」論を唱え、この論に基づく政策を推進した。また政界では黒い霧事件と呼ばれる様々な不祥事が発覚し、国民の政治不信を招いた。佐藤は求心力の低下を挽回するべく、同年末に解散総選挙に打って出た。事前の予想と異なり、自民党の議席は微減にとどまり、佐藤は67年1月に第2次内閣を発足させた。

　67年12月に佐藤は、日本は核兵器を持たない、作らない、持ち込ませないという非核三原則を衆議院で表明した。この非核三原則の提起により、佐藤は後にノーベル平和賞を受賞する。翌68年1月の施政方針演説では、非核三原則、核の廃絶、アメリカの核抑止力への依存、原子力の平和利用という核四政策を打ち出した。非核三原則は核を巡る日本の国是となっていく。

　68年から69年にかけては、全共闘運動が展開された。大学の自治を訴えたこの運動は全国の大学に拡大し、次第に過激化していった。69年1月の東京大学安田講堂の占拠事件は、その年の東京大学の入試を中止させる事態にまで発展した。大学紛争の鎮静化のため、佐藤内閣は紛争の対応を定めた「大学の運営に関する臨時措置法」を69年8月に成立させた。これにより大学紛争は下火に向かっていった。

　70年10月、佐藤は自民党の総裁選で4選を果たした。沖縄返還を最後まで成し遂げたいとの思いからであったが、佐藤4選はポスト佐藤の総裁選に影響を与えることになる。沖縄返還後の72年6月、佐藤は首相を辞することを表明した。退陣は7月7日で、7年8カ月にわたる長期政権を築き上げた。

　佐藤の意中の後継者は福田赳夫であった。しかし、佐藤派内で田中角栄が台頭しており、佐藤は後継者を指名しないまま、総裁選が争われることになる。

佐藤首相による非核三原則の表明
（1968年1月27日）

　まず第一に、二十世紀後半の人類は核時代に生きております。この核時代をいかに生きるべきかは、今日すべての国家に共通した課題であります。

　われわれは、核兵器の絶滅を念願し、みずからもあえてこれを保有せず、その持ち込みも許さない決意であります。（拍手）しかしながら、米ソ二大核保有国に続き、イギリス、フランス、中共は、それぞれの立場で核兵器をてことして国家利益の追求をはかろうとしております。

　このため、われわれは、当面、核兵器拡散防止に関する公正な条約の早期締結につとめ、さらに国際間の交渉による核軍縮の達成に全力を傾けねばなりません。そして核保有国が、核兵器で威嚇したり、これを使用したりすることを不可能とする国際世論を喚起し、人類の理性が核兵器を支配する正常な国際環境をつくらねばなりません。（拍手）

　世界における唯一の被爆国民としての悲惨な経験を持つわれわれの発言は、世界政治のあり方に重大な示唆を与え、大きな指標となるべきであります。

　人類にとって次の世紀にかけての最大の課題は、核エネルギーを中心とした科学技術の進歩の問題であります。核エネルギーの平和利用の分野は予測のつかないほど広大なものであり、あわせて、宇宙、海洋開発などの面で世界各国民がその知力を競う時代が到来することは、必然であります。これからのいわゆる巨大科学の時代に、われわれ日本民族は、みずからの繁栄と人類の進歩のために積極的に取り組まなければなりません。われわれは、核エネルギーの平和利用における国際的進歩におくれをとらないよう、こん身の努力をしなければなりません。そして、科学技術の面における貢献によって、核時代におけるわが国の威信を高め、平和への発言権を確保し、国際社会に建設的な提言を行なうべきであります。（拍手）

（国立国会図書館 国会会議録検索システム）

大学の運営に関する臨時措置法（抜粋）
（1969年8月7日）

第1条　この法律は、大学の使命及び社会的責務並びに最近における大学問題の状況にかんがみ、大学紛争が生じている大学によるその自主的な収拾のための努力をたすけることを主眼としてその運営に関し緊急に講ずべき措置を定め、もつて大学における教育及び研究の正常な実施を図ることを目的とする。

第2条　この法律において「大学紛争」とは、大学（学校教育法（昭和22年法律第26号）第一条に規定する大学をいう。以下同じ。）の管理に属する施設の占拠又は封鎖、授業放棄その他の学生（これに準ずる研究生等を含む。以下同じ。）による正常でない行為により、大学における教育、研究その他の運営が阻害されている状態をいう。

第3条　大学の学長、教員その他の職員は、当該大学の正常な運営とその改善に意を用い、当該大学に大学紛争が生じたときは、全員が協力してすみやかにその妥当な収拾を図るように努めなければならない。

第5条　文部大臣は、大学紛争が生じている国立大学（以下「紛争大学」という。）の学長に対し、当該大学紛争の収拾及び当該大学の運営の改善のため講ずべき措置について、臨時大学問題審議会にはかり、必要な勧告をすることができる。

（衆議院HP）

佐藤首相の引退表明の記者会見時における新聞批判（1972年6月17日）

　テレビカメラは、どこにいるのか。NHKはどこにいる。他の局は。そういう約束だ。新聞記者の諸君とは話さないことにしているんだから。国民に直接話したいんだ。文字になると（私の真意と）違うから、傾向的新聞は大きらいだ。直接国民に話したいんだ。やりなおそうよ。帰ってください。

（『朝日新聞』1972年6月17日夕刊）

35 沖縄返還

　対日講和条約の第3条で、沖縄はアメリカを「唯一の施政権者とする信託統治
制度」のもとに置かれるとされ、アメリカ統治の継続が決まった。日本側は沖縄
の施政権はアメリカが有するものの、その潜在主権は有していると解釈した。

　アメリカによる統治が続くなか、1965年8月に戦後の首相として初めて沖縄
を訪問した佐藤栄作は、「沖縄の祖国復帰が実現しない限り、我が国にとって戦
後が終わっていない」と述べ、沖縄返還への強い意欲を示した。

　日本側の意向を受けてアメリカも沖縄返還の検討に着手し、返還後における沖
縄の基地使用を条件として施政権の返還に同意する方針を定めた。67年11月の
佐藤・ジョンソン会談では、「両3年内」に返還時期を確定させることが合意さ
れた。この合意に至る過程で、正規の外交ルートとは別に、佐藤は密使として若
泉敬と高瀬保をアメリカに派遣して交渉にあたらせた。

　返還時期の目途が立つと、日本国内では返還後における沖縄の基地の自由使用
の是非、核兵器の再持ち込みの是非、「核抜き・本土並み」による返還など、そ
の返還方式が論点のひとつとなった。なかでも、様々な解釈がなされた「核抜
き・本土並み」は、沖縄への核の再持ち込みを認めず、日米安保条約を本土と同
様に沖縄にも適用する返還方式と定まっていった。しかし、基地の規模の本土並
みを期待する沖縄と本土との間には依然として距離があった。

　69年11月、佐藤・ニクソン会談において、「核抜き・本土並み」による72年
の沖縄返還を決定した。しかし、アメリカ側は有事の際における沖縄への核の再
持ち込みを望み、両首脳は秘密の合意議事録に署名した。また、アメリカ側は日
本の繊維製品の輸出規制を求めており、この首脳会談で佐藤も密かに規制に同意
した。沖縄返還と繊維問題が絡まり、「縄と糸の取引」と称される。

　71年6月に沖縄返還協定が調印され、72年5月15日に沖縄の日本への復帰
が実現した。返還にあたってアメリカ側は軍用地の原状復帰のための費用負担の
承認を日本側に求め、両国の間で密約が交わされた。

　復帰を果たした後も在日米軍の約7割が沖縄に集中している状況は変わらず、
沖縄の基地を巡る問題は未解決のままとなっている。

日米共同声明（抜粋）**（1969年11月21日）**

6.　総理大臣は、日米友好関係の基礎に立つて沖縄の施政権を日本に返還し、沖縄を正常な姿に復するようにとの日本本土および沖縄の日本国民の強い願望にこたえるべき時期が到来したとの見解を説いた。大統領は、総理大臣の見解に対する理解を示した。総理大臣と大統領は、また、現在のような極東情勢の下において、沖縄にある米軍が重要な役割を果たしていることを認めた。討議の結果、両者は、日米両国共通の安全保障上の利益は、沖縄の施政権を日本に返還するための取決めにおいて満たしうることに意見が一致した。よつて、両者は、日本を含む極東の安全をそこなうことなく沖縄の日本への早期復帰を達成するための具体的な取決めに関し、両国政府が直ちに協議に入ることに合意した。さらに、両者は、立法府の必要な支持をえて前記の具体的取決めが締結されることを条件に1972年中に沖縄の復帰を達成するよう、この協議を促進すべきことに合意した。（略）また、総理大臣と大統領は、米国が、沖縄において両国共通の安全保障上必要な軍事上の施設および区域を日米安保条約に基づいて保持することにつき意見が一致した。

7.　総理大臣と大統領は、施政権返還にあたつては、日米安保条約およびこれに関する諸取決めが変更なしに沖縄に適用されることに意見の一致をみた。これに関連して、総理大臣は、日本の安全は極東における国際の平和と安全なくしては十分に維持することができないものであり、したがつて極東の諸国の安全は日本の重大な関心事であるとの日本政府の認識を明らかにした。（略）

8.　総理大臣は、核兵器に対する日本国民の特殊な感情およびこれを背景とする日本政府の政策について詳細に説明した。これに対し、大統領は、深い理解を示し、日米安保条約の事前協議制度に関する米国政府の立場を害することなく、沖縄の返還を、右の日本政府の政策に背馳しないよう実施する旨を総理大臣に確約した。

（外務省HP）

秘密合意議事録（抜粋）**（1969年11月19日）**

　米国大統領

　我々の共同声明にあるように、沖縄の施政権が実際に日本に返還されるまでに、沖縄からすべての核兵器を撤去するのが米国政府の意図である。それ以降は、共同声明で述べているように、日米安全保障条約、および関連する諸取り決めが沖縄に適用される。

　しかし、日本を含む極東諸国の防衛のため米国が負う国際的責任を効果的に遂行するため重大な緊急事態に際して米国政府は日本政府との事前協議の上、沖縄に核兵器を再び持ち込み、通過させる権利が必要となるだろう。米国政府は好意的な回答を期待する。米国政府はまた、現存の核兵器貯蔵地である沖縄の嘉手納、那覇、辺野古、ナイキ・ハーキュリーズ基地をいつでも使用できるよう維持し、重大な緊急事態の際に活用することが必要となる。（略）

　日本国首相

　日本政府は、大統領が上で述べた重大な緊急事態に際し、米国政府が必要とすることを理解し、そのような事前協議が行われた場合、遅滞なくこれらの必要を満たすだろう。大統領と首相は、この議事録を2通作成し、大統領と首相官邸にのみ保管し、米大統領と日本国首相との間でのみ、最大の注意を払って極秘に取り扱うべきものとすることで合意した。

（『読売新聞』2009年12月22日夕刊）

沖縄返還協定（抜粋）**（1971年6月17日）**

第1条

1.　アメリカ合衆国は、2に定義する琉球諸島及び大東諸島に関し、1951年9月8日にサン・フランシスコ市で署名された日本国との平和条約第3条の規定に基づくすべての権利及び利益を、この協定の効力発生の日から日本国のために放棄する。（略）

第3条

1.　日本国は、1960年1月19日にワシントンで署名された日本国とアメリカ合衆国との間の相互協力及び安全保障条約及びこれに関連する取極に従い、この協定の効力発生の日に、アメリカ合衆国に対し琉球諸島及び大東諸島における施設及び区域の使用を許す。

（外務省HP）

36 田中角栄内閣と日本列島改造論

　佐藤首相の後任を巡って「三角大福」(三木武夫、田中角栄、大平正芳、福田赳夫)が総裁選を争った結果、田中が 1972 年 7 月に首相に就任した。

　田中首相は重要な政策課題として日本列島改造を打ち出した。その柱は、①工場の全国的な再配置と知識の集約、②新 25 万都市の建設、③新幹線と高速自動車道による交通網の整備、④情報通信網の整備とネットワークの形成、であり、全国に中核都市を建設し、交通網と情報通信網を張り巡らせ、都市集中と過疎の問題を解決させようとしたものだった。この構想が明らかとなると、投機目的の土地の買い占めによる地価高騰や、「狂乱物価」と称される物価の高騰を招き、インフレが加速した。

　73 年 10 月、第 4 次中東戦争を発端とする第 1 次石油危機が起こった。当初日本はアラブ諸国から「友好国」に指定されず、石油の輸入量が漸進的に減少すると憂慮され、洗剤やトイレットペーパーの買い占めが起こるなど、国内は大混乱となった。11 月の日本政府による「アラブ寄り」のスタンスの明確化や、三木武夫副総理がアラブ諸国を歴訪して援助を約したことなどが奏功し、日本は「友好国」に指定され、危機は収束に向かった。

　しかし、国内経済は依然として厳しく、田中は福田に大蔵大臣就任を打診した。福田は自らへの経済政策の一任を取り付け、日本列島改造論の撤回など、インフレ抑制策を推進していく。

　田中内閣退陣の要因となったのは、その金権体質と金権政治であった。74 年 7 月の参院選で田中は資金力を背景に選挙を戦った。「企業ぐるみ」と批判を受けるほどの選挙であったにもかかわらず、非改選と併せても与野党の議席差は 7 議席で、伯仲状態となった。参院選後には三木、福田、保利茂の 3 閣僚が田中の政治姿勢を批判して閣僚を辞任し、田中は苦しい政権運営を迫られた。

　退陣を決定づけたのは、『文藝春秋』74 年 11 月号の特集記事で、田中の金脈や資金作りの実態があぶり出された。外国人プレス向けに田中は記者会見を行ったが、疑惑を払拭できなかった。結局田中は、現職の米国大統領として初来日したフォード大統領が離日した後の 11 月 26 日に退陣を表明した。

田中角栄首相の談話 (抜粋)

(1972年7月7日)

わたくしは、内外の情勢のきわめてきびしいときにあたり、政権を担当することになった。ここに、心をあらたにして、わが国の発展のために一身を捧げる覚悟である。

佐藤前首相は、長期にわたり数数の輝かしい業績を残された。わたくしは、前首相の後をうけて綱紀を正し、清潔な政治を行なって国民の期待にこたえていきたいと思う。

まず、内政については、従来の経済成長の成果を活用して国土の画期的な利用を図り、公害、住宅、土地問題等を解決するため、長期的展望に立った施策を断行し、国民の福祉を実現していく。

外交については、中華人民共和国との国交正常化を急ぎ、激動する世界情勢の中にあって、平和外交を強力に推進していく。

(『朝日新聞』1972年7月8日)

日本列島改造論 (抜粋)

水は低きに流れ、人は高きに集まる。世界各国の近世経済史は、一次産業人口の二次、三次産業への流出、つまり、人口や産業の都市集中をつうじて、国民総生産の拡大と国民所得の増加が達成されてきたことを示している。農村から都市へ、高い所得と便利な暮しを求める人びとの流れは、今日の近代文明を築きあげる原動力となってきた。日本もその例外ではない。明治維新から百年あまりのあいだ、わが国は工業化と都市化の高まりに比例して力強く発展した。

ところが、昭和30年代にはじまった日本経済の高度成長によって東京、大阪など太平洋ベルト地帯へ産業、人口が過度集中し、わが国は世界に類例をみない高密度社会を形成するにいたった。巨大都市は過密のルツボで病み、あえぎ、いらだっている反面、農村は若者が減って高齢化し、成長のエネルギーを失おうとしている。(略)

明治100年をひとつのフシ目にして、都市集中のメリットは、いま明らかにデメリットへ変わった。国民がいまなによりも求めているのは、過密と過疎の弊害の同時解消であり、美しく、住みよい国土で将来に不安なく、豊かに暮していけることである。そのためには都市集中の奔流を大胆に転換して、民族の活力と日本経済のたくましい余力を日本列島の全域に向けて展開することである。工業の全国的な再配置と知識集約化、全国新幹線と高速自動車道の建設、情報通信網のネットワーク形成などをテコにして、都市と農村、表日本と裏日本の格差は必ずなくすことができる。

(田中角栄『日本列島改造論』)

中東問題に関する二階堂官房長官談話

(1973年11月22日)

1　わが国政府は、安保理決議242の早急、かつ、全面的実施による中東における公正、かつ、永続的平和の確立を常に希求し、関係各国及び当事者の努力を要請し続け、また、いち早くパレスチナ人の自決権に関する国連総会決議を支持してきた。

2　わが国政府は、中東紛争解決のために下記の諸原則が守られなければならないと考える。

(1)　武力による領土の獲得及び占領の許されざること。

(2)　1967年戦争の全占領地からのイスラエル兵力の撤退が行なわれること。

(3)　域内のすべての国の領土の保全と安全が尊重されねばならず、このための保障措置がとられるべきこと。

(4)　中東における公正、かつ、永続的平和実現に当つてパレスチナ人の国連憲章に基づく正当な権利が承認され、尊重されること。

3　わが国政府は、上記の諸原則にしたがつて、公正、かつ、永続的和平達成のためにあらゆる可能な努力が傾けられるよう要望する。我が国政府としても、もとよりできる限りの寄与を行なう所存である。

わが国政府はイスラエルによるアラブ領土の占領継続を遺憾とし、イスラエルが上記の諸原則にしたがうことを強く要望する。わが国政府としては、引続き中東情勢を重大な関心をもつて見守るとともに、今後の諸情勢の推移如何によつてはイスラエルに対する政策を再検討せざるを得ないであろう。

(『外交青書』第18号)

37 日中国交正常化

1951年9月の対日講和会議に、中華人民共和国（中国）と中華民国（台湾）は
いずれも招請されなかった。日本は52年4月に台湾と日華平和条約を締結して
戦争状態を終結させ、台湾を中国の正統政府と認めた。

71年7月にニクソン米大統領は近く訪中して中国との国交樹立を目指すと表
明し、世界を驚かせた（ニクソン・ショック）。

ニクソン・ショック後、国際連合で中国代表権問題が重要案件となった。中国
の国連加盟、台湾の国連追放というアルバニア案に対し、アメリカは中国の国連
加盟と常任理事国入りを認めつつ、台湾の国連残留もはかり（複合二重代表制）、
さらに台湾の国連追放には国連総会で3分の2以上の賛成が必要とする逆重要事
項指定案も提案した。佐藤内閣はアメリカの提案に同調したものの、71年10月
25日の国連総会では逆重要事項指定案の否決とアルバニア案の採択がなされ、
中国の国連加盟と台湾の追放が決定した。アメリカに同調した佐藤も政権末期に
は中国との国交正常化に乗り出そうとしたが、果たせなかった。

72年7月に首相となった田中角栄は、9月に訪中して日中国交正常化交渉に
あたった。交渉の争点は、戦争終結と日華平和条約の失効の時期であった。日本
が日華平和条約は中国との戦争状態を終結させたもので、日中国交正常化で無効
となると主張したのに対し、中国は日華平和条約は当初から無効で、戦争状態は
日中共同声明で終結するとした。

日中首脳は交渉を重ね、9月29日に日中共同声明に署名した。共同声明で謳
われたのは、①「これまでの不正常な状態」を終了させて外交関係を樹立する、
②日本は中華人民共和国を中国の唯一の合法政府と認める、③中国は台湾を自国
領土と表明し、日本は中国の立場を十分に理解して尊重する、④中国側は対日賠
償請求権を放棄する、⑤平和友好条約の締結に向けた交渉を開始する、であっ
た。日中間で懸案となる尖閣諸島は協議事項から外された。

他方、田中訪中に先立ち、椎名悦三郎自民党副総裁が特使として台湾に派遣さ
れ、日中国交正常化への理解を求めた。9月29日、大平正芳外相が、日中国交
正常化により日華平和条約の失効を表明すると、台湾は日本との断交を宣言し、
日台間の外交関係は終了した。

日中共同声明（抜粋）**（1972年9月29日）**

　日中両国は、一衣帯水の間にある隣国であり、長い伝統的友好の歴史を有する。両国国民は、両国間にこれまで存在していた不正常な状態に終止符を打つことを切望している。戦争状態の終結と日中国交の正常化という両国国民の願望の実現は、両国関係の歴史に新たな一頁を開くこととなろう。

　日本側は、過去において日本国が戦争を通じて中国国民に重大な損害を与えたことについての責任を痛感し、深く反省する。また、日本側は、中華人民共和国政府が提起した「復交三原則」を十分理解する立場に立って国交正常化の実現をはかるという見解を再確認する。中国側は、これを歓迎するものである。（略）

一　日本国と中華人民共和国との間のこれまでの不正常な状態は、この共同声明が発出される日に終了する。

二　日本国政府は、中華人民共和国政府が中国の唯一の合法政府であることを承認する。

三　中華人民共和国政府は、台湾が中華人民共和国の領土の不可分の一部であることを重ねて表明する。日本国政府は、この中華人民共和国政府の立場を十分理解し、尊重し、ポツダム宣言第八項に基づく立場を堅持する。

四　日本国政府及び中華人民共和国政府は、1972年9月29日から外交関係を樹立することを決定した。両政府は、国際法及び国際慣行に従い、それぞれの首都における他方の大使館の設置及びその任務遂行のために必要なすべての措置をとり、また、できるだけすみやかに大使を交換することを決定した。

五　中華人民共和国政府は、中日両国国民の友好のために、日本国に対する戦争賠償の請求を放棄することを宣言する。

六　日本国政府及び中華人民共和国政府は、主権及び領土保全の相互尊重、相互不可侵、内政に対する相互不干渉、平等及び互恵並びに平和共存の諸原則の基礎の上に両国間の恒久的な平和友好関係を確立することに合意する。

　両政府は、右の諸原則及び国際連合憲章の原則に基づき、日本国及び中国が、相互の関係において、すべての紛争を平和的手段により解決し、武力又は武力による威嚇に訴えないことを確認する。

七　日中両国間の国交正常化は、第三国に対するものではない。両国のいずれも、アジア・太平洋地域において覇権を求めるべきではなく、このような覇権を確立しようとする他のいかなる国あるいは国の集団による試みにも反対する。

八　日本国政府及び中華人民共和国政府は、両国間の平和友好関係を強固にし、発展させるため、平和友好条約の締結を目的として、交渉を行うことに合意した。

九　日本国政府及び中華人民共和国政府は、両国間の関係を一層発展させ、人的往来を拡大するため、必要に応じ、また、既存の民間取決めをも考慮しつつ、貿易、海運、航空、漁業等の事項に関する協定の締結を目的として、交渉を行うことに合意した。

（外務省HP）

中華民国外交部の対日断交声明（抜粋）
（1972年9月29日）

　日本総理田中角栄と中共偽政権頭目周恩来は、共同声明を発表し、双方は本年9月29日から外交関係を樹立したと発表し、同時に日本外務大臣大平正芳は、中日平和条約および中日外交関係はこれによりすでに終了した旨言明した。中華民国政府は、日本政府のこれら条約義務を無視した背信忘義の行為に鑑み、ここに日本政府との外交関係の断絶を宣布するとともに、この事態にたいしては日本政府が完全に責任を負うべきものであることを指摘する。（略）

　中華民国政府は、田中政府の誤った政策が何ら日本国民の蔣総統の深厚な徳意に対する感謝と思慕に影響を与えるものでないことを信じて疑わない

　わが政府はすべての日本の反共民主の人士に対し、依然、引き続いて友誼を保持する。

（霞山会『日中関係基本資料集　1949年‐1997年』）

38　三木武夫内閣とロッキード事件

　田中首相の辞意表明後、後継総裁の指名を委ねられた椎名悦三郎副総裁は、三木武夫を後継に指名した（椎名裁定）。1974年12月に内閣を発足させた三木は、経済の安定と社会的不公平の是正を求める国民に応えると決意表明した。

　三木は自民党結党時から党の近代化の実現を目指し、金のかかる政治の是正を主唱していた。首相就任後もその姿勢は継続しており、自民党総裁選については、総裁選規程の改正により予備選挙を導入すべきと主張した。この改正は福田内閣で実現する。また、政治資金の制限と収支の公開を柱とする政治資金規正法の改正と、定数の是正や公営選挙の拡大などを意図した公職選挙法の改正を実現させたことは三木内閣の大きな成果となった。

　他方で、独占禁止法改正案は財界と自民党内の強い反対で骨抜きにされた上、参議院で審議未了となった。1975年11月に社会問題となったスト権ストでは、条件付きでスト権付与を是認する意向だったが、反発が強く見送った。かかる三木の政治姿勢は、後の「三木おろし」へとつながっていく。

　外交では、75年8月に訪米し、フォード大統領との会談で首脳間の関係強化の確認とともに、朝鮮半島の平和維持が東アジアの平和と安全に不可欠であると再確認した。三木は日中平和友好条約の締結に熱意を持っていたが、覇権を巡って中国側と一致できず、三木内閣で締結できなかった。75年11月にはフランスのランブイエで開催された先進国首脳会議（サミット）に参加している。また核拡散防止条約の批准や防衛費の対GNP1%枠への制限も行った。

　76年2月4日、アメリカ上院でロッキード社が航空機の売り込みのため日本を含む各国で工作を行っていたことが明らかとなった。自民党では、世論を背景に事件の徹底解明をはかる三木に対する反発が高まり、5月には「三木おろし」の動きが明確になった。「三木おろし」は一旦下火となったが、7月27日に外為法違反で田中角栄前首相が逮捕されると自民党内で再燃し、8月23日には挙党体制確立協議会（挙党協）が結成され、277名の議員が参加した。

　三木は挙党協に参加する閣僚を罷免した上での解散総選挙の実施も検討していたが断行できず、12月の任期満了の衆院総選挙で自民党の獲得議席が249にとどまったという敗北の責任をとって辞職した。

椎名裁定文（抜粋）（1974年12月1日）

政治の空白は一日たりとも許されません。この見地に立ち、私は国家、国民のために神に祈る気持で考え抜きました。

この未曽有の難局は、いかに非凡であつてもよく一人の力をもつて打開できるものではありません。足らざる所は全党員が一致結束して協力し、相い補うより他ありません。

新総裁は清廉なることは勿論、党の体質改善、近代化に取り組む人でなければなりません。国民はわが党が派閥抗争をやめ、近代政党への脱皮について研さんと努力をおこたらざる情熱を持つ人を待望していると確信します。

このような認識から私は新総裁にはこの際、政界の長老である三木武夫君が最も適任であると確信し、ここに御推挙申上げます。

（国立国会図書館憲政資料室所蔵椎名悦三郎関係文書80「椎名裁定案（コピー）」）

フォード大統領あて三木親書（抜粋）（1976年2月24日）

いま、日米両国は、ロッキード問題という不愉快な問題に直面している。それゆえに、私は、この信頼の精神に立つて本問題についての関心を表明したい。

大統領閣下、昨日、日本の国会は、重大なる決議を行つたが、これを同封し貴政府に伝達する。憲法の定めにより、国権の最高機関とされている国会が、こうした異例の決議を行つたことは、それほど日本の国会が、今回のロッキード事件の事態究明を重大視しているからである。

日本政府の関係者がロッキード社から金を受け取つたという米上院の多国籍企業小委員会における公聴会のニュースは、日本の政界に大きな衝撃を与えた。その関係者の名前が明らかにされず、この事件がうやむやに葬られることは、かえつて、日本の民主主義の致命傷になりかねないとの深い憂いが、いまの日本に広まりつつある。私もその憂いを共にする。私は、関係者の氏名があればそれを含めて、すべての関係資料を明らかにすることの方が、日本の政治のためにも、ひいては、永い将来にわたる日米関係のためにもよいと考える。

大統領閣下、只今、われわれは、日本においても真相究明に最大限の努力を払つているが、問題をさらに解明するために貴国側が引続き協力されることを希望する。私は、日本の民主主義は、本件解明の試錬に耐え得る力を有していることを確信している。われわれは真実を究明する勇気と、そして、その結果に直面して行く自信をもつている。（略）

大統領閣下、貴下の最近の御多忙なことは重々承知しているが、どうか私の真意を理解して下さつて、アメリカ議会とアメリカ政府とが、日本の政府の要請に応えて、真相究明に一段の協力を与えられるよう、貴下の御尽力を切望してやまない。

（明治大学史資料センター所蔵三木武夫関係資料5316「〔三木総理大臣発フォード大統領あて二月二十四日付書翰要旨〕」）

三木首相「私の所見」（抜粋）（1976年12月17日）

私の所信と決意を述べて、全党員に私の意のあるところを知つてもらいたい。

一、自民党は「進歩的国民政党」を標榜して発足した立党の原点から再出発するべきである。（略）

二、自民党は、金権体質と派閥抗争により、国民の信頼を失つた。

このことに対する反省の欠如が国民の激しい批判の対象となつたことを忘れてはならない。（略）

三、私は、在任中に総裁公選制度の改革をはかつたが、残念ながら改革はまだ実現はしていない。（略）

私は、各地区の全党員による総裁候補の推薦選挙と、その結果に基づく上位候補者の両院の議員による決定選挙の二段階方式を提案している。（略）

私は、諸悪の根源は現行の総裁公選のやり方にあるといつてきた。その考えは今も変わりない。（略）

自民党は結党以来の危機に直面している。党員の一人一人が危機克服に真剣に取り組まねば、党の再生は期し難い。

（三木武夫記念出版会編『議会政治とともに』上）

39 福田赳夫内閣

　1976年12月24日、福田赳夫内閣は三木武夫政権末期のいわゆる「三木おろし」の中で組織された挙党体制確立協議会を背景として成立した。自民党両院議員総会での話し合いの結果総裁に選出され、同日に国会で行われた首班指名投票では、衆参ともに辛くも過半数を獲得した。このような与野党伯仲状態に加えて、ロッキード事件以後の自民党に対する厳しい世論、そして三木前首相が示した党改革の方向である「私の所見」もあり、福田の行動には大きな制約がかけられた。71歳と高齢でありながらも実務経験豊富な福田首相は自らの内閣を「さあ、働こう内閣」と名づけた。また、日本民主党の流れを組む福田は、防衛庁に対する有事立法の研究指示、元号法制化の閣議決定などタカ派の側面も見せた。有事立法問題は、78年7月に当時の統合幕僚長が緊急時の法律がない日本において「いざという時、自衛隊が超法規的行動に出ることはありうる」と述べたことで、政治問題化したものである。

　福田内閣では、狂乱物価を経て上昇一方だった物価水準を3.8％（78年度）にまで落ち着かせ、77年度の経済成長率見込みは6.7％が期待されると表明するなど、福田首相による経済政策への自信が見て取れる。しかし実際には、国内では不況により企業の倒産が相次ぎ、さらに国際収支の黒字による円高圧力がのしかかり、景気浮揚策をとったが奏功したとはいえない状況であった。外交面では、「福田ドクトリン」によって対ASEAN関係は好転した。また日韓大陸棚協定や日中平和友好条約を締結するなど、「全方位平和外交」を展開して一定の成果を得た。福田内閣は内政面よりも外交面での成果が大きいといえる。

　党内の制度改革にも、福田総裁の貢献は大きい。特に三木内閣以来の懸案であった総裁予備選を実施したことは特筆し得る。それまでの総裁選は議員と都道府県代表が投票することから買収が容易であると考えられ、一般党員にも投票権を付与することで「あなたの一票で総理大臣を選べる」との宣伝で登録党員を大きく伸ばした。78年11月の総裁予備選には、福田、大平正芳、中曽根康弘、河本敏夫の4名が立候補したが、予想を覆して大平の圧勝に終わった。福田は「2位の者は、本選挙には出ないのが筋だ」と発言していたため、「民の声は天の声というが、天の声にも変な声もたまにあるな」の言葉を残して本選挙出馬を辞退した。自らが実施した予備選により辞職を余儀なくされたのだった。

福田首相の所信表明演説 （抜粋）
（1977年1月3日）

　3年前、私は大蔵大臣として、この壇上から、わが国経済社会のかじ取りを大きく、かつ、明確に転換すべきときに来ていると申し上げました。

　そして次の年、昭和50年1月には、経済企画庁長官として、国も、企業も、家庭も、「高度成長の夢よ再び」という考え方から脱却し、経済社会についての考え方を根本的に転換すべきときに来ていると申し上げたのであります。（略）

　戦後30年余り、世界は平和と科学技術に支えられまして、目覚ましい経済の成長と繁栄をなし遂げました。その結果、つくりましょう、使いましょう、捨てましょうのいわゆる大量消費社会が出現したのであります。

　この間に、人類は貴重な資源を使い荒らし、遠くない将来に、一部の資源がこの地球上からなくなろうとしておるのであります。しかも、21世紀の初頭には、世界人口は現在の2倍に達すると予想され、さらにさらに膨大な資源が求められることは明らかであります。（略）人間はひとりで生きていくわけにはまいりません。一人一人の人間が、その生まれながらの才能を伸ばしに伸ばす、その伸ばした才能を互いに分かち合う、補い合う、その仕組みとしての社会と国家、その社会と国家がよくなるその中で、一人一人の人間は完成していくのだと思います。

　助け合い、補い合い、責任の分かち合い、すなわち「協調と連帯」こそは、これからの社会に求められるところの行動原理でなければならないと思うのであります。

　国際社会でも同じです。今日世界はますます相互依存の度を強めております。一国の力だけで生存することは不可能になっております。互いに譲り合い、補い合い、それを通じておのおのの国がその国益を実現することを基本としなければならないと思います。

（国立国会図書館　国会会議録検索システム）

元号法 （1979年6月12日施行）
第1条　元号は、政令で定める。
第2条　元号は、皇位の継承があった場合に限り改める。

（e-Gov 法令検索）

日中平和友好条約 （抜粋）
（1978年8月12日調印）

第1条　1.　両締約国は、主権及び領土保全の相互尊重、相互不可侵、内政に対する相互不干渉、平等及び互恵並びに平和共存の諸原則の基礎の上に、両国間の恒久的な平和友好条約を発展させるものとする。

2.　両締約国は、前記の諸原則及び国際連合憲章の原則に基づき、相互の関係において、すべての紛争を平和的手段により解決し及び武力による威嚇に訴えないことを確認する。

第2条　両締約国は、そのいずれも、アジア・太平洋地域においても又は他のいずれの地域においても覇権を求めるべきではなく、また、このような覇権を確立しようとする他のいかなる国又は国の集団による試みにも反対することを表明する。

（外務省編『主要条約集』）

総裁選を巡る回想 （抜粋）

　派閥とカネによる醜い自由民主党総裁選挙を「開かれた総裁選挙」に改革することが急務だった。私は自ら党改革実施本部の本部長に就任、党改革実現の先頭に立った。総裁公選規程の改正は、三木さんが退陣の際、私に申し送った最大のテーマであった（引用者注・三木武夫出版記念会編『議会政治とともに』上巻）。そこで、私は三木提案通りに予備選制度を導入して、党員・党友による「開かれた総裁選挙」を実現するとともに、党財政の確立を目指した。（略）私は政権担当直後に「八日会」（福田派）を率先して完全に解散し、再選が迫った時も「派閥事務所復活」を訴える同志たちの声をガンとして受け入れなかった。だが、私のこうした政治信念は予備選での「金権・物量攻勢」の前に敗れてしまった。新しい総裁の派閥である大平派が堂々と派閥の闊歩を容認している以上、これに対抗するためには同憂の士たちを糾合しなければならない。そう考えて、翌79年1月8日に「清和会」を発足させた。

（福田赳夫『回顧九十年』）

40 大平正芳内閣と四十日抗争

1978年12月1日の自民党臨時党大会で大平正芳が総裁に選出された。予備選での派閥対立は消えず幹事長人事は難航し、内閣発足は7日までずれ込んだ。大平首相は前内閣で浮上した有事立法を葬った一方で、元号法制化は公・民・新自クの支持を得て79年6月に実現させ、党内のタカ派にも気配りを見せた。大平首相は総合安全保障戦略を掲げ、さらに家庭基盤充実計画と田園都市計画を実現しようと試みた。特にこの2計画は、石油ショック後の新しい社会的価値観に対応し、新たな共同体像を提示して今後の理想社会像、モデルとなり得る可能性を持つものであった。大平首相は私的諮問機関の意見を政策に反映させる手法をとったが、これは後の「審議会政治」の原型となった。

大平内閣のもと、自民党は79年4月の統一地方選で勝利を収め、6月に開催された東京サミットは成功裏に終えた。政局運営に自信を深めた大平首相は、前回選挙から3年近く経っていたことから衆議院を解散して与野党伯仲状態を打開しようと試みた。しかし、10月7日の総選挙では自民党の獲得議席は248であり、三木内閣での前回選挙より1議席少ない結果となった。三木が選挙敗北により退陣したため、大平にも退陣要求が突きつけられたが、10月9日に大平はこれを退けた。30日に特別国会が召集されたものの首班指名選挙が行えず、11月6日の首班指名では、自民党主流派が大平に、反主流派が福田にそれぞれ投票する事態となった。9日になりようやく第2次大平内閣は成立したが、幹事長などの人事問題が決着したのは16日であった。総選挙以降のこうした政治的空白を「四十日抗争」と呼ぶ。

大平内閣は行政改革に取り組むが、与野党伯仲状況と党内抗争によって、政局運営は困難を極めた。外交面では中国重視を打ち出して「日中文化交流協定」に調印し、後の日中交流の足がかりを築いた。80年5月16日、社会党が内閣不信任案を上程したところ、福田・三木両派が本会議を欠席したため243対187で可決され、大平は衆院を解散した（ハプニング解散）。6月の参院選とあわせて史上初の衆参同日選挙を施行することとした。さらに、参院選公示日にあたる5月30日夜、首相は心筋梗塞で倒れ、6月12日に死去したのである。選挙の結果、選挙への関心が高まったことや大平への同情票が集まり自民党が大勝した。

政治に複合力を（総裁選立候補時の政見）
（抜粋）（1978年11月1日）

　議会制民主主義、自由市場経済体制、そして現行安全保障体制など今日の社会の基本的な秩序は、いまやほとんどの国民の合意となった。いかなる施策も、これを守り、これを強化し、この上に展開されるものでなければならない。

　私は、辛抱強い説得と理解、信頼と協力によって広い合意を形成することを基本姿勢とし、しなやかだが強靭な、政治の確立を目指すものである。

　また、行政の肥大化とタテ割り主義による非能率化を改め、安くつく効率のよい政府を実現しなければならない。とりわけ、地方自治については、行政の中央集権への傾斜を改め、地方自治体による独自で機動的な行政力に委ねるよう措置する。（略）高度経済成長の成功によって、わが国は、所得の面では世界の一流となったが、社会や生活の基盤は、脆弱さが目立っている。この不足面を充実し、社会や生活の質的向上をはかり、均衡のとれた国家を創らねばならない。そのため一つの戦略、二つの計画、すなわち総合安全保障戦略、家庭基盤の充実計画および地方田園都市計画を基本政策として、これらを総合的に展開することにより所期の目的を達成する。

（大平正芳回想録刊行会編『大平正芳回想録』資料編）

衆参同日選挙を迎えての街頭演説（抜粋）
（1980年5月30日・新橋駅前）

　皆さま、5月16日、思わざることが国会に発生しました。一部野党の軽率な不信任案の提出がございました。不幸にいたしまして、わが党の一部に欠席者が出ましたことは、厳然たる事実であります。（略）

　このたびの紛争も見事に収拾されまして、われわれは、この二大選挙に、いま、ようやく一致して出陣いたしたものでございます。事ここに至る経緯につきましては、詳しく私は弁明を試みようとは思いません。同志の皆さまもすでに十分ご理解いただいていることと思いますが、私は、全党を率いて、全力をあげ、悔いのない闘いを通じて、日本の安全を守り、国民生活を防衛し、かわいい子供さんのために、高齢者のために、生きがいのある人生を用意しなければならないと思っております。

（同上）

新世紀をめざす日中関係（抜粋）
（1979年12月7日）

※北京の政治協商礼堂における大平首相の講演録。

　このたび、私は、わが国は貴国の要請に応え、貴国におけるいくつかの優先度の高い港湾、鉄道、水力発電等の基本建設プロジェクトに対し、政府ベースの借款を供与することを表明いたしました。これは、日中間の新たな側面での協力がその第一歩をふみ出したものとして、極めて意義のあることと考えます。

　さらに、私は、貴国の指導者に対し、わが国が技術協力、あるいは留学生の受入れをはじめとする文化学術面等において、貴国の人づくりに積極的に協力していく用意があることを表明いたしました。（略）

　日中両国は、一衣帯水にして2000年の歴史的、文化的つながりがありますが、このことのみをもって、両国民が十分な努力なくして理解しあえると容易に考えることは極めて危険なことではないかと思います。ものの考え方、人間の生き方、物事に対する対処の仕方に、日本人と中国人の間には明らかに大きな違いがあるように見受けられます。われわれは、このことをしっかり認識しておかなければなりません。体制も違い流儀も異なる日中両国の間においては、なおさらこのような自覚的努力が厳しく求められるのであります。このことを忘れ、一時的なムードや情緒的な親近感、さらには経済上の利害、打算のみの上に日中関係の諸局面を築きあげようとするならば、それは所詮砂上の楼閣に似た、はかなく、ぜい弱なものに終わるでありましょう。

（同上）

※大平正芳関係文書は、2018年8月大平正芳記念財団が国立国会図書館に寄贈、同年10月より憲政資料室で公開されている。

41 鈴木善幸内閣と田中支配

　衆参同日選で大勝した自民党内では、故大平総裁の後継として中曽根康弘、河本敏夫、宮沢喜一が有力視されていた。政治経歴などから宮沢が適任であったが、実際には大平派の大番頭で田中角栄とも近い鈴木善幸が選ばれた。田中も鈴木を支持し、大平派、田中派に加えて福田派も鈴木を支持した。このように党内の三大派閥がまとまった背景には、10年近くに及ぶ派閥抗争を脱して融和を求める気分が満ちており、党総務会長を10期務めた鈴木がまとめ役に適任であるとの判断があった。1980年7月15日、鈴木は党両院議員総会で満場一致で総裁に選出され、17日に成立した鈴木内閣は「和の政治」を唱えた。

　鈴木首相は「鈴木独自の政策はない。自民党の方針、政策の実現に努める」と発言し、また田中派の支持のもとに成立したことから「角影内閣」と揶揄された。だが宮沢を官房長官に、中曽根を行政管理庁長官に起用し、行政改革では臨時行政調査会（第二臨調）を発足させ、財政面では「増税なき財政再建」をはかった。同時に、鈴木首相の「思いやりの政治」とは裏腹に福祉の後退を招き、強い批判も受けた。参院選挙制度改革では、全国一区制の個人名投票のために選挙費用が膨大となり「銭酷区」「残酷区」と呼ばれた状況を改革することが目指された。難航の末、82年8月に全国11ブロックの比例区と選挙区の並立制へと変更された。なお、2001年には非拘束名簿方式へ再変更されたことで、実質的に全国区の復活であるとの指摘もある（『朝日新聞』2000年9月5日社説）。

　外交面ではいくつかの波乱があった。ひとつは81年5月の日米共同声明の中に「日米両国の同盟関係」や「日本の領域及び周辺海空域の防衛力改善」等の文言があったことに対し、鈴木首相が記者会見で「『同盟関係』は特に軍事的意味合いを持つものではない」と発言し、さらに「会談内容を反映していない」と不満を漏らしたのである。声明では日米両国が「同盟関係」にあることを初めて明記したものであるが、鈴木首相はこれを否定したことで、伊東正義外相が引責辞任に追い込まれた。また教科書検定を巡って中国、韓国から抗議を受け、政府の責任で是正すると明言した。鈴木総裁は再選確実と見られていたが、反主流派の反発により派閥抗争の再燃を懸念、82年10月に突如総辞職した。鈴木は首相に「なりたくてなったのではない」とよく口にしており、首相への未練はなかった。

鈴木首相の所信表明演説 （抜粋）
（1980年10月3日）

　政局の安定による国力の充実と発展は、故大平総理大臣がその生涯をかけて実現に努められた悲願でありました。きょう、この壇上においてこのことに思いをいたしますとき、まことに感慨無量であります。私は、志半ばにして亡くなられた故大平総理大臣の遺志を受け継ぎ、さらにこれを発展させてまいる所存であります。（略）

　次に、緊急の課題として、特に、政治倫理の確立と綱紀の粛正、行政改革、財政再建の三点について述べたいと存じます。

　まず、政治倫理の確立と綱紀の粛正についてであります。（略）

　私は、政治倫理の確立を図るためには、公正で金のかからない選挙制度の実現が急務であると考えます。このため、政治資金の明朗化を図る法案をこの国会に提出いたしますが、一方、参議院全国区制の問題や、選挙運動の規制、選挙公営化の拡大などの問題についても、国会の場で各党各会派が大局的な立場から検討され、速やかに成案が得られるよう切望いたします。

　行政改革は、あらゆる時代において政府に求められる課題であります。すでに明治30年、原敬は、当時の行政府を評して「恰も枝葉繁茂し根幹蟠錯せる一大木」、つまり、枝葉が茂り過ぎ、根や幹が絡まり合っているということでありますが、そう言って、行政整理の必要を説いております。今日、多くの面にわたる行政サービスが求められていますが、そのための負担は年とともに増大しております。このようなときに当たってこそ、あらゆる角度から行政を見直して徹底した減量化を図り、国民の期待にこたえ得る簡素で効率的な行政を実現すべきであると考えます。（略）

　次に、財政の再建について申し上げます。
　わが国の財政は、第一次石油危機後に生じた経済の混乱と停滞の中で、国民生活の安定と景気の回復のため、あえて主導的な役割りを担い、社会保障、公共事業を中心に支出を大幅に拡大いたしました。その結果、経済は急速に立ち直ったのでありますが、反面、財政収支のバランスは大きく崩れ、昭和50年度から大量の公債に依存した財政運営が続いております。

　私は、このような異常な状態は、単に財政の破綻を招くばかりでなく、わが国経済と国民生活を根底から揺るがすものになりかねないと深く憂慮しております。（略）

　古来、天の時は地の利にしかず、地の利は人の和にしかずと申します。私は、「和」の精神のもとに、日本国民の英知と賢明な対応力によって、わが国の未来を切り開いてまいりたいと思います。

（国立国会図書館　国会会議録検索システム）

鈴木首相の日米共同声明を終えての帰国国会報告
（抜粋）**（1981年5月13日・参議院本会議）**

　防衛問題については、日本の防衛並びに極東における平和及び安定を確保するために、日米安全保障条約の果たしてきている役割を再確認するとともに、右の目的を達成していく上で、日米両国間の適切な役割り分担が望ましいことを確認いたしました。

　なお、わが国がいわゆる集団自衛権の行使をなし得ないことは憲法上明らかでありますので、極東の平和と安定のための日本の役割りは、日米安保条約の円滑かつ効果的な運営のほか、政治、経済、社会、文化の各分野における積極的平和外交の展開に重点が置かれることとなります。

（同上）

日米共同声明に対する質疑への首相答弁
（抜粋）**（1981年5月13日・参議院本会議）**

　共同声明に盛られた日米の同盟関係ということについてお尋ねがございました。日米関係は、民主主義、自由という両国が共有する価値の上に築かれております。同盟関係とはこのような関係を一般的に指したものでありまして、これをもって日米軍事協力の一歩前進といった言い方は全く当を得たものではございません。

（同上）

42　第二臨調と行政改革

　1961 年 11 月、池田勇人内閣のもとで行政の効率的運営のための組織改革・再編成を目的として、第 1 次臨時行政調査会（会長・佐藤喜一郎）が設置された。64 年 9 月には第一臨調は行政手続法の制定など 16 項目の具体的な改革を求める最終答申を提出したが官僚側の抵抗が強く、一省庁一局削減、総定員法の制定などにとどまった。その後、ドルショックや石油ショックなどの経済的混乱が起き、70 年代に「列島改造」を掲げた田中内閣が建設国債を、三木内閣が大量の赤字国債を発行したことなどにより、日本は公債依存型の財政となった。戦後の福祉国家化の進展に伴って、行政機関の肥大化、公務員の増加により予算規模が拡大し、79 年当初予算では公債依存率が 39.6％に達していた。大平内閣は特殊法人削減、補助金整理を主な内容とした「中期行政改革計画」を打ち出した。

　80 年 7 月に成立した鈴木内閣は、赤字国債の削減、臨時行政調査会（第二臨調）の設置を表明し、第二臨調の会長には土光敏夫経団連名誉会長を据えた。鈴木首相は「行政改革に政治生命をかける」と言明、「増税なき財政再建」と 84 年度の赤字国債脱却を公約として、中曽根康弘行政管理庁長官を行革担当とした。第二臨調は精力的に活動し、鈴木内閣下では第 3 次まで、中曽根内閣期のも含めて第 5 次答申が出された。行政組織のスリム化として官業（三公社）の民営化を、財政再建策として「3 K 赤字」（国鉄の純損失が約 10 兆円、食糧管理特別会計が約 5 兆円の赤字、国民健康保険の赤字会計）の解消が求められた。後の中曽根内閣ではこれらの答申に基づいて、日本国有鉄道の分割民営化、日本電信電話公社と日本専売公社の民営化が実現したほか、行政機関の人事、組織、定員の管理を一元化する目的で総務庁が設置され、さらに補助金の削減も行われた。

　第二臨調は委員 9 名、相談役 6 名、専門委員 21 名、参与 54 名、調査員 78 名を数えたが、そのうちおよそ 100 名が官僚もしくは官僚 OB であった。また財界人も重要な役割を演じ、官僚・財界が主導した行革であるとの批判を受けた。加えて第二臨調が政策決定に重要な役割を持ったことから、議会政治の形骸化との指摘がなされた。第二臨調は 83 年 6 月以降、行政改革実現の監視機関として臨時行政改革推進審議会（行革審）に引き継がれ、再び土光が会長に就任した。

鈴木首相の所信表明演説 (抜粋)
(1981年1月26日)

　財政の再建は、多くの困難と忍耐を伴うものでありますが、私は、今後とも着実に再建の努力を続けていく決意でありますので、国民各位の御理解と御協力を切にお願いいたします。

　私は、財政の再建とあわせて、行政改革の一層の推進を図ってまいります。政府は昨年末、行政事務、事業の整理委譲など、行政の減量化を中心とする新たな角度からの行政改革を実施する方針を決定しましたが、その実施に万全を期するとともに、引き続き、行政機構や定員の厳正な管理等を行ってまいります。さらに、臨時行政調査会を早い機会に発足させ、80年代以降の展望を踏まえ、あらゆる角度から行政の適正かつ合理的なあり方は何かを問い直し、官業と民業の役割り分担、国と地方の事務配分、あるいは府県単位などの国の出先機関のあり方等、行政の基本的制度とその運営について同調査会に御検討願うこととしています。また、政府はその結論を尊重し、順次実行に移す決意であります。

（国立国会図書館　国会会議録検索システム）

臨調第五次（最終）答申 (抜粋)
(1983年3月14日)

　1970年代に直面した課題の解決に当たり、政府が大きな役割を果たすことが要求された結果として、行財政の肥大化と巨額の財政赤字の発生という大きな問題が残った。事実、国と地方を合わせた一般政府支出の規模は、それまではGDPの20%前後で安定していたものが、1970年代の10年間にGDPの35%近くまで一気に増大したのである。この傾向を放置すれば、日本の社会経済が深刻な「先進国病」に悩むことは必至である。

　こうして肥大化し硬直化した財政の再建が、緊急の課題として浮かび上がってきた。そのためには、行政の役割、政府と国民の関係の在り方をここで抜本的に見直す必要があり、これが今次行政改革の大きな契機となったのである。（略）

　当調査会の発足以後の2年間、我が国の財政状況はほとんど改善されなかった。その主たる理由は、税収の伸びが政府の予想よりもはるかに低いものにとどまり、昭和56年度には3兆円、57年度には6兆円という多額の税収不足が発生したことにある。（略）

　行政改革は財政再建の手段ではない。（略）行政改革を推進するテコとして当調査会が掲げた方針が、「増税なき財政再建」にほかならない。すなわち、予算編成において、いわば糧道を断ちつつ、歳出の削減によって財政再建を図る限り、おのずから既存の制度や政策の見直しが不可避となり、そのことが本格的な行政改革の推進につながると期待されるからである。

　そうした観点からすれば、最近の財政状況、とりわけ税収状況の悪化や、それに伴う財政再建の困難性の増大は、行政改革の意義を低下させるどころか、その逆に、本格的な行政改革を実現する絶好の機会と考えるべきである。

（行政管理研究センター　『臨調　最終提言』）

第1回臨時行政調査会における中曽根行管庁長官のあいさつ (抜粋) (1981年3月16日)

　今日、我が国行政情の諸問題を顧みますと、高度成長社会から安定成長社会への移行という時代の大きな流れの中で、行政が、巨額の財政赤字を始めとする多くの困難と経済の発展、高齢化社会への移行、科学技術及び情報メカニズムの発達、国際的役割の増大等に伴う新たな課題にどのように対処するのかがいろいろな局面で問われております。

（市政専門図書館所蔵、臨時行政調査会（第二次）編『臨時行政調査会（第二次）資料．自第1回（1981年3月16日）-至第7回（1981年5月11日）』）

43　中曽根康弘内閣と竹下派の結成

　鈴木善幸首相による退陣表明後の 1982 年 11 月 25 日、田中派と鈴木派の支持を受け中曽根康弘は自民党総裁となり、27 日に内閣を成立させた。田中角栄の影響力の強さから「田中曽根内閣」と評された。中曽根は「戦後政治の総決算」を掲げて鈴木内閣から続く行財政改革を強化するとともに、憲法改正への意欲を示した。日韓関係では 84 年 9 月、全斗煥大統領が訪日した際、韓国側の求めによって昭和天皇が「今世紀の一時期において両国の間に不幸な過去が存したことは誠に遺憾であり、再び繰り返されてはならない」と初めて両国の歴史に関して言及した。対米関係では、レーガン大統領といわゆる「ロン・ヤス」関係を築き、日米パートナー関係の重要性を強調した。内閣成立当初は「不沈空母」発言などタカ派発言が目立ったが、以後は世論に配慮するようになった。

　83 年 10 月、東京地裁から田中角栄に懲役 4 年の有罪判決が下り、国会は田中辞職勧告を巡って混乱した。中曽根は 11 月 28 日に衆議院を解散し、12 月 18 日の総選挙で自民党は 250 議席にとどまり、過半数割れとなった。このため新自由クラブとの連立を決めたが、結党以来初めての連立政権であった。また中曽根は「田中氏の政治的影響を排除する」声明を出し、政権の危機を脱した。選挙後の第 2 次内閣では国鉄、電電公社、専売公社の三公社の民営化を果たした。

　85 年 2 月、竹下登は田中派の大多数をもって「創政会」（のちの経世会）を立ち上げた。田中がその直後に倒れたことで田中派は消滅し、創政会が竹下派となり田中派に取ってかわった。86 年 7 月に衆参同日選挙が行われ、衆院では自民党が 304 議席を獲得して圧勝する。この勝利を背景として中曽根は自民党総裁の任期 1 年延長に奏功した。また新自由クラブは解党し、ほとんどが自民党に復党した。それまで「大型間接税」を実施しないとしていたが、選挙に圧勝すると一転して「売上税」導入をはかった。しかし世論の反発を招き、断念に追い込まれた。中曽根政権の政治手法で注目すべき点は、臨調や臨教審、各種懇談会などの公的、私的諮問機関を多用する「審議会政治」により、トップダウンで政策を実現したことである。

　最大野党の社会党では、石橋政嗣委員長のもとで 86 年「日本社会党の新宣言」を採択した。階級独裁を否定し西欧型の社会民主主義政党として、中ソなど社会主義国との違いを明記し、保守勢力との連合政権も選択肢に入れたものだった。

中曽根首相の所信表明演説
（1982年12月3日）

　去る7月に臨時行政審議会から第三次答申が出されました。私は、これを最大限に尊重し、当面、具体化を急ぐべき措置については、速やかに施策を実施に移し、地方公共団体の協力も得て計画的に諸改革の実施を図ってまいります。特に、緊急を要する国鉄の事業の再建につきましては、今国会に国鉄再建監理委員会を設置すること等を内容とする法律案を提出した次第であります。（略）

　また、これに合わせて、歳入についても、増税なき財政再建の基本理念に沿いつつ、その見直しを行い、新しい時代の要請にこたえ得るよう財政の対応力の回復を図っていきたいと考えております。（略）わが国外交の基本は、欧米を初めとする自由主義諸国の一員として、これらの国々との協調のもとに、自主的な外交努力を行うことであります。

　特に、米国は、わが国にとって、政治、経済等の分野において固いきずなで結ばれた最も重要なパートナーであります。私は、日米間の信頼関係を、今後、一層強化してまいりたいと考えます。

（国立国会図書館　国会会議録検索システム）

田中問題への中曽根声明文
（1983年12月24日）

一、今次選挙において多数の議席を失ったことにつき、総裁として辞職に値する責任を痛感し党員に深くおわび申し上げます。
二、敗北の最も大きな原因は、いわゆる田中問題のけじめが明確でなかったこと、政治倫理への取組について国民に不満を与えたことなどであったと考えます。
三、ついては、（1）いわゆる田中氏の政治的影響をいっさい排除する。（2）政治倫理を昂揚し、党体質の根本的刷新に取り組み、清潔な党風を確立する。（3）挙党体制を確立するために公正な人事ならびに党運営を行う。
四、今日、わが国が置かれている状況については、先輩ならびに党員各位は深く憂慮しておられる。内外の重大な時局に深く思いをいたし、きびしい試練を機に勇断をもっ

て党改革への新しい出発にしたいと思います。

（『自由新報』1983年12月27日）

税制改革に対する中曽根首相の答弁
（1985年2月5日・衆院予算委員会）

　実際問題として税は非常に技術的な要素がございまして、何が大型か中型か、あるいは流通の各段階とは何を意味するか、そういう点はよほど専門的に検討してみないと概念の規定ができないと思うのでございます。しかし、私は素人でございますが、流通の各段階に投網を打つように総合的に網羅的に各段階で課税する、そういうていのものはやりません。そういうふうに申し上げておるわけでございます。そういうことが一面においてはいわゆる一般消費税（仮称）型というものに相当するものである、そういうふうに私の感じは持っておるわけでございます。

（国立国会図書館　国会会議録検索システム）

日本社会党の新宣言　（抜粋）
（1986年1月22日）

　すべての人間は、人間らしい暮らしを営む権利をもっている。

　この権利を全面的に実現することが人間解放である。そのためには、搾取、差別、疎外、環境破壊抑圧、侵略、戦争など一切の非人間的なあり方を、人間社会から除去しなければならない。この人間解放をめざして一歩一歩改革を進め、社会の質的変革を実現していくことが社会主義である。社会主義への道は、現実から出発するたえざる発展、たえざる社会改革の進展である。

　人間解放を目的とする社会主義は、人類普遍の原理である。同時にそれは、それぞれの国民的特質をもった運動と内容をつうじて達成されていく。人間解放を目標とする社会主義の不変の根本理念は人間尊重である。日本社会党は、内外の社会主義運動の先輩たちが残した歴史的遺産を正しく受けつぎ、あふれるばかりの人間尊重・ヒューマニズムの理念を高くかかげて進む。

（日本社会党50年史編纂委員会編『日本社会党史』）

44 竹下登内閣と消費税導入

　中曽根康弘総裁の1年延長された任期が終わる1987年10月の総裁選には、竹下幹事長、安倍晋太郎総務会長、宮沢喜一蔵相の3人の名前が挙がった。事前予測では清和会会長の安倍が信頼関係のあった竹下の支持を得て（安竹同盟）総裁選を戦うと見られたが、その竹下は86年10月、田中派の議員を率いて経世会を立ち上げ、一躍最大派閥の領袖となった。3人は話し合いでの決着を試みたが妥結せず、中曽根に次期総裁の指名が委ねられた。1987年10月20日に竹下を後継指名し（中曽根裁定）、11月6日に竹下内閣が成立した。パフォーマンス型の中曽根に対して、「汗は自分でかきましょう、手柄は人にあげましょう、そしてすぐに忘れましょう」という調整型で庶民的な竹下のイメージは国民に好感を持たれ、50％前後の支持を得ていた。しかし、消費税問題とリクルート事件によって支持率は急速に低下し、政局も混迷することとなった。

　調整型と思われた竹下は強硬に消費税導入を試みた。「国対族」である金丸信のパイプを利用し公明・民社両党の支持を取り付け、12月24日に消費税導入を柱とする税制法案を成立させた。国民の反発を抑えるため竹下は「高齢化社会への対応」や「財政再建」を消費税導入の目的とし、国民が「広く浅く、公平に負担」できる平等な税金であるとして理解を求めたのである。

　この間に問題化したリクルート事件は政界にとどまらず産業界なども巻き込んだ一大事件となっていた。この件に関する釈明が三転した宮沢蔵相が12月9日に辞任した他、疑惑は労働・文部の両省、NTTの幹部にも波及し、ついに中曽根前首相や竹下首相自身にも疑惑が及んだ。公表された額以上の竹下とリクルート社との金銭関係が発覚したことで支持率は急降下し、調査によっては10％を切ったことで内閣の命運は尽きた。

　なお、竹下首相は就任当初より「ふるさと創生論」を唱えたが、その内実は各自治体に対して一律1億円の「ふるさと創生資金」をばらまいただけで、効果を挙げることはほとんどなかった。また外交面では、牛肉・オレンジ自由化交渉など、日米経済摩擦の緩和に努めたが、内政面において生産者米価の引き下げを行ったことから農業団体・農民の反発を招くに至った。

　89年1月7日、昭和天皇が死去し、元号は昭和から平成に改められた。

「中曽根裁定」（1987年10月19日）

　この重大な時局に最も強く日本の政治に求められていることは、強力な内政諸改革の実現と更に国際国家日本に前進する周到な外交政策の展開である。（略）

　今や日本の対外発信力の確保や国際的貢献の増大は、国際的水準に合致した日本経済の構造改革や貿易不均衡の是正などの国内改革を着実に行い、その実績の上に立って、初めて可能になりつつある。（略）

　よってこの際、全党一致結束の下に、文字通り挙党態勢を組み、特に、国会議員が責任の共有と役割の分担を党と内閣の間に適切に行い、安定的基盤に立って、党の総合力の結集により、輝かしい成果を上げ、国民諸君の御期待に応えようと期するものである。

　（略）私は熟慮の結果、総裁候補として竹下登君をあてることに決定した。

（『自由新報』10月27日）

竹下首相の所信表明演説（抜粋）
（1987年11月27日）

　戦後、我が国は、多くの分野で目覚ましい発展を遂げてまいりました。しかし、これまでの発展は、どちらかといえば、物の豊かさを追い求めてきたものではなかったかと思います。

　私は、かねてから「ふるさと創生」を唱えてまいりましたが、これは、「こころ」の豊かさを重視しながら、日本人が日本人としてしっかりとした生活と活動の本拠を持つ世の中を築こうとの考えに基づくものであります。私は、すべての人々がそれぞれの地域において豊かで、誇りを持ってみずからの活動を展開することができる幸せ多い社会、文化的にも経済的にも真の豊かさを持つ社会を創造することを目指してまいります。

　このような日本を実現するため、政治には、「大胆な発想と実行」が求められております。もとより政策の継続性が大事であるということは言うまでもありません。同時に、新しい時代に即応していくためには、大胆で斬新な発想を取り入れていくべきであると考えます。

（国立国会図書館　国会会議録検索システム）

消費税法案の審議（1988年3月10日）

　【竹下首相】国会を初めとする各界の議論を集約してみますと、「大型」という呼称によって国民一般に懸念を生んでいるのは、次の諸点かと考えます。

　逆進的な税体系となり所得再配分機能を弱めるのではないか、結局中堅所得者の税の不公平感を加重するのではないか、所得税がかからない人たちに過重な負担を強いることになるのではないか、いわゆる痛税感が少ないことから税率の引き上げが安易になされるのではないか、新しい税の導入により事業者の事務負担が極端に重くなるのではないか、物価を引き上げ、インフレが避けられないのではないかなどと思われます。私はこれらの懸念にこたえていくことが極めて大切なことであると認識しています。（略）

　【上田哲】まさに苦吟の跡が読み取れるわけでございまして、長いから申し上げるのじゃありませんが、御労作であると思います。（略）今新しい税制を目指して、それを最重点課題とされる内閣の総責任者が、みずからあるべき税制はこのようなものであるということを鮮明にされる、あえて言葉を使えば税についての竹下憲章とでもいいましょうか、そういうものを明らかにされる任務があるであろうということを問うたわけでありまして、今伺った限りでは、さまざま不満はございますけれども、総理が初めて御自身でこのような税制というものを語られたということは、評価すべきだと思います。

（同上）

竹下流出世術の威力と限界（抜粋）
（1989年5月26日）

　竹下氏は地味な政治家といわれる。（略）理想や理念のかわりに、処世訓があり、竹下氏における出世のコツの開陳がある。

　「辛抱、辛抱、永久辛抱だ」「汗は自分でかきましょう。手柄は人にあげましょう」「謀って謀って謀り抜け」「すり足アンドすり足」などなど。つまりは「おしん」と「気配り」である。

（『朝日新聞』）

45 リクルート事件

　リクルート事件とは、求人広告・人材派遣・販売促進などを主な業務としている　リクルート社の関連不動産会社リクルート・コスモス社（2008年にリクルートグループを離れた）の未公開株を複数の政治家らに譲渡したことを内容とする贈収賄事件である。1988年6月18日、江副浩正リクルート会長（当時）が川崎市助役に対してJR川崎駅前開発の便宜供与を目的として未公開株を譲渡したことが新聞報道された。その後、譲渡先は与野党政治家、官僚、財界人、評論家などにまで及んでいたことが明らかになり、戦後最大の企業犯罪と呼ばれた。特に政界では中曽根前首相、竹下首相や塚本三郎民社党中央執行委員長など、与野党問わず、また自民党の宮沢喜一、安倍晋太郎、渡辺美智雄といった自民党のニューリーダー、ネオ・ニューリーダーまでが譲渡先に含まれていた。折からの消費税強行導入もあいまって、国民の政治不信は一層つのり、政界浄化、政治改革を求める声は大きくなった。

　土井たか子社会党委員長は税制問題論議のために召集された国会を「リクルート国会」と位置づけ、また国会には調査委員会が設置され、証人喚問・参考人招致などにより追及が始まった。この間、宮沢蔵相の答弁が二転三転したため、ついに引責辞任に追い込まれた。88年12月27日、竹下首相は内閣改造を行って体制の立て直しをはかろうとしたが、法相に就任した長谷川峻がリクルートから政治献金を受けていたことが発覚し、就任からわずか4日後の12月30日に辞任した。また、原田憲経済企画庁長官も同様に献金を受けていたことが発覚、在任30日で辞任した。ほかにも労働事務次官、文部事務次官、NTT社長、さらには中曽根内閣時の藤波孝生官房長官らが続々と起訴されるに及んだ。また、中曽根前首相も、当初は拒否していた国会喚問に応じざるを得なくなった（のちに自民党を離党）。事件に関連した閣僚を辞任させて政権維持を試みた竹下内閣の総辞職を決定づけたことのひとつに、首相が自ら公表した政治献金（1億5100万円）以外に、元秘書へ5000万円が融資されていたことが挙げられる。これによって政治不信や世論の批判に耐えられないとの自民党内の思惑が作用して、総辞職に追い込まれたのだった。竹下首相などのニューリーダー、その次の世代であるネオ・ニューリーダーといった大物政治家が軒並み「謹慎」したことで、党内の世代交代が進んだと評価することもできよう。

リクルート事件の捜査結果に関する報告
（抜粋）（1989年6月12日・衆議院予算委員会）

【谷川和穂法務大臣】いわゆるリクルート事件につきましては、東京地方検察庁は、昨年9月8日、楢崎弥之助議員から、株式会社リクルートコスモスの取締役社長室長であった松原弘らに係る贈賄事件の告発を受けて捜査を開始し、以来、株式会社リクルートコスモスの未公開株式譲渡問題を中心として、鋭意、所要の捜査を遂げるとともに、刑事事件として取り上げるべきものについて順次その処理を行い、本年5月29日をもって捜査を終了いたしました。

処理の内訳は、公判請求をした者13名、略式命令の請求をした者4名、不起訴処分に付した者4名であり、ほかに刑事事件として訴追するに足る犯罪の嫌疑を認め得るものはありませんでした。（略）捜査は約260日の長期間に及び、その間、捜査に従事した検察官は52名、検察事務官は159名、取り調べた参考人の数は延べ約3800名、捜索場所は約80カ所、押収証拠品は約9000点に上っております。

【根來泰周刑事局長】事件処理の概況について申し述べます。（略）

次に、以上申し上げました事実以外の事実に関する捜査結果について申し述べます。

その一は、受託収賄で起訴した藤波孝生議員及び池田克也議員に係るものを除く株式会社リクルートコスモスの未公開株式の譲渡に関する贈収賄罪の成否についてであります。

昭和59年12月に行われたコスモス社の前身である環境開発株式会社の未公開株式の譲渡につきましては、その中に3名の国会議員に係るものが含まれておりますが、この未公開株式の譲渡は、店頭登録の1年10カ月前になされたものであって、贈収賄罪の客体たる財産上の利益に当たるとは認定し得ないため、同罪の嫌疑は認められませんでした。

昭和61年9月に行われたコスモス社の未公開株式の譲渡につきましては、その中に、藤波議員及び池田議員を除く11名の国会議員に係る合計10万株の譲渡が含まれておりますが、捜査収集した証拠に基づいて検討を加えた結果、クレイリサーチ社製のスーパー

コンピューターの導入、就職情報誌の発行等に対する法規制、いわゆる就職協定の存続、遵守、安比高原の開発等当時のリクルート社及びその関連企業の事業遂行上の懸案事項が、大まかに分類しますと、関係の国会議員または国務大臣の職務権限外の事項であることが明らかであるか、あるいは、抽象的にはその職務権限内の事項であると認められるものの、当該職務と株式譲渡との間に対価関係が認められないなどの理由により、贈収賄罪の対象となるものは認められませんでした。

その二は、政治献金関係についてであります。

リクルート関係の政治献金につきましては、コスモス社の未公開株式の譲渡やいわゆるパーティー券の購入も含めて、同株式の譲渡に関係する国会議員に係るものを中心に、政治資金規正法違反の嫌疑の有無について所要の捜査を行い、また、日本電信電話株式会社の管理職員が拠出したいわゆるボランティア資金からの政治献金につきましても、同様の観点から所要の検討を加えましたが、略式命令の請求をした前記4名以外に同違反として訴追するに足りるものは認められませんでした。

（国立国会図書館　国会会議録検索システム）

江副社長の回想 （抜粋）

その頃リクルートでは、事業部制と分社化が軌道に乗って、社業は多様化し拡大していたが、逆に私は現場の仕事にかかわる時間が少なくなっていた。会長になって、私の関心は一段と外に向かっていった。（略）リクルート事件の前には、総理をはじめニューリーダー、ネオリーダーと呼ばれる人たちの後援会に誘われれば入会し、会食を重ねていた。（略）

いまにして思えば愚かであったが、政治家に経済的支援をすることで、少しでも国政を良くする上で役に立っている、との思いを私は抱いていた。それが間違いであると知ったのは事件後だった。また、「見返りを期待しない政治献金はない」が一般の人の常識と知ったのも、また事件後だった。

（江副浩正『改訂版 リクルート事件』）

46　宇野宗佑内閣と海部俊樹内閣

　竹下内閣総辞職後、後継内閣にはより「クリーン」なイメージが求められた。はじめ伊東正義総務会長が候補となったものの本人が固辞したため、中曽根派の重鎮であり竹下内閣で外相を務めていた宇野宗佑が、竹下派の意向もあり後継総理となり、1989年6月に組閣した。リクルート問題、消費税、農政などの諸問題に直面した首相は「政治改革に不退転の決意」で臨むとしたが、就任直後に女性問題が露呈する。7月の参院選では土井たか子を中心とするマドンナブームに乗った社会党が大勝したことで与野党の議席が逆転し、宇野はこの責任をとって辞任した。在任期間わずか69日だった。

　宇野後継は、次期総裁候補と目された宮沢喜一、安倍晋太郎らがリクルート事件に関係していたことから、事件と無関係だった海部俊樹、林義郎、石原慎太郎の3人で争われた。竹下派と河本派が推薦する海部が勝利した。国会の首班指名選挙では参院において社会党の土井が指名されたが、憲法の規定により衆院で指名された海部が89年8月総理大臣に就任したのである。このとき海部首相はロッキード、リクルートの両事件の関係者を入閣させず、政治改革を「不退転の決意」で「内閣の最重要課題として」取り組むことを表明した。当初は緊急避難的な内閣と見られたが、90年2月の総選挙で自民党が大勝したことで本格政権を目指すようになる。しかし、海部首相は党内基盤の弱さに苦しめられた。政府は第8次選挙制度審議会の答申を得て、91年8月の臨時国会に、小選挙区比例代表並立制を採用する公選法改正案、政治資金規正法改正案、政党助成法を柱とする政治改革三法案を提出した。しかし、並立制導入には与党内においても反対意見が根強く、三法案とも廃案となった。その際、海部首相が「重大な決意をもってやる」と発言したことが、国会解散か総辞職のどちらかを選ぶのではないかとの憶測を呼び、「海部おろし」が起きた。海部首相は竹下派にも見放され、宮沢喜一などが次期総裁選への立候補を表明したことから行き詰まり、総辞職した。海部内閣は外交面では、日英構造協議の決着、盧泰愚韓国大統領の来日実現、90年7月のサミットでの経済宣言に「北方領土問題の平和的解決」を明記させ、また91年4月のゴルバチョフロシア大統領の来日など一定の成果を残した。なお、91年1月に勃発した湾岸戦争では、多国籍軍に100億ドルを超える援助を行うなどし、9月には国連平和維持活動協力法案を閣議決定した。

宇野首相の所信表明演説（1989年6月5日）

　第二次世界大戦は、我が国民に忘れられない惨禍をもたらしました。私が約4年ぶりに帰還し、目の当たりにした祖国は、廃墟の中にありました。ところが今や、本州、北海道、四国、九州は、トンネルや鉄橋によって結ばれ、国土全体が新幹線と高速道路網で一体化されております。さらに、自然災害についても、ほぼ克服されるに至りました。戦後の食糧危機はなくなり、また、国づくりの基本となる教育についても、国際的に見て誇り得る水準以上に達しております。（略）

　議会史上例を見ない政治不信を引き起こしたリクルート問題に関し、政治的あるいは道義的なけじめをつけるだけでなく、このような不祥事が二度と起こることのないよう、根本にさかのぼった措置をとることが肝要であります。高い政治倫理の徹底を図るとともに、政治資金における公私の区分の明確化と透明性の確保、さらには、金のかからない政治活動と政策を中心とする選挙の実施など、政治のあり方そのものを抜本的に改革しなければなりません。

（国立国会図書館　国会会議録検索システム）

政治改革に関する海部首相の所信表明演説（1990年10月2日）

　まず、政治への信頼の回復について申し上げます。

　今日、政治の過程がわかりにくく、政治と国民の心とのつながりが希薄になっていることを謙虚に反省し、民主主義の原点に立ち返って、政治を国民に開かれた明快なものにしてまいります。私は、国民の皆さんそれぞれが毎日の生活の中で何を感じられているのか、その声にできるだけ耳を傾け、私もまた、信ずるところを率直に語り、対話を重ねてまいります。清新の気に貫かれた信頼の政治こそ、私の理想とする政治の姿であります。

　さらに、政治家一人一人が高い政治倫理を確立することはもとより、ガラス張りで金のかからない政治活動や政策中心の選挙を実現するという、根本にさかのぼった改革を大胆に実行していかなければなりません。政府と

　しては、選挙制度審議会に、定数是正を含む選挙制度や政治資金制度の抜本的な改革のための具体策を諮問したところであり、明年3月を目途に可能な限りお考えを取りまとめていただくようお願いをしております。答申をいただいた上は、その趣旨を十二分に尊重し、各党各会派の御理解と御協力をいただいて、明年11月の国会開設百年を目標として、その実現に邁進してまいります。

（同上）

湾岸危機に関する海部首相の所信表明演説（1990年10月12日）

　世界は今、歴史的な変革期にあり、新しい国際秩序を真剣に模索しています。自由と民主主義、そして市場経済を基礎として、協調と対話による世界平和構築の流れが現実のものとなりつつあるとの希望が持てるようになりました。今月3日、東西両ドイツの統一が実現しましたが、これは、この歴史の流れを象徴する偉大な成果であり、心から祝意と敬意を表します。

　しかし、新たな国際秩序に向けての我々の希望を打ち砕くかのように、去る8月、イラクのクウェート侵攻とその一方的な併合という事態が発生いたしました。（略）

　政府が国際連合平和協力法案を準備し、その審議をお願いするのは、我が国がこうした事態に対応できる法体制を一日も早く整備すべきであると考えるからであります。この法案に基づく国際連合平和協力隊は、自衛隊などの公務員を初め広く各界各層の協力と参加を得て創設されるものであり、憲法の枠組みのもと、武力による威嚇または武力の行使は伴わないものであります。この平和協力隊の創設は、日本国民が全力を挙げて達成することを誓った人間相互の関係を支配する恒久平和の確立という憲法の崇高な理念を、一層推し進めるものと確信をいたします。

（同上）

47 PKO 法案成立

　冷戦終結後の日本において、軍事面での国際貢献に対する認識が変化するきっかけとなったのは、1990年8月に起こったイラクによるクウェート侵攻とその後の湾岸戦争である。国連安保理はイラクの即時撤退と経済制裁を決議し、アメリカは多国籍軍の中東派遣を決め、日本にも人員派遣を求めた。

　国内では、憲法第9条との兼ね合いから、中東への人的派遣には消極的な意見が多かった。その中で、国連と結びつく活動を重視する小沢一郎自民党幹事長は、派遣を可能にする法律の成立を意図した。

　これを受けて海部内閣は、国連平和協力法案を国会に提出した。しかし、89年の参院選の結果、自民党は参議院での単独過半数を失っており、法案の成立には野党の協力が不可欠であった。その協力が得られず、同案は90年11月8日に廃案となった。ただし、廃案後に自民党・公明党・民社党の間で平和維持活動に関する三党合意がなされており、後の国際平和協力法成立につながっていく。

　結局日本は、湾岸戦争中に計130億ドルの支援金を拠出するにとどまった。なお、戦後には掃海艇6隻をペルシャ湾に派遣して機雷の除去を行っている。

　戦争後、日本の姿勢に対する諸外国からの批判が強まった。また、クウェートが米国紙に掲載した各国への謝意を示す広告に日本の名がなかったことが日本政府に衝撃を与え、平和協力法の成立が目指された。

　91年9月、宮沢内閣は、国際平和協力法案を提出した。公明党と民社党は協力姿勢で、採決に際して社会党と共産党は牛歩戦術で対抗したものの、法案は92年6月15日に成立した。これにより、国連平和協力活動、人道的な国際救援活動、国際的な選挙監視活動への参加が可能となった。ただし、PKO活動への参加にあたっての5原則が設定され、紛争拡大の防止、撤退・停戦の監視、治安維持など活動を伴う平和維持軍（PKF）への参加は凍結された。

　法案成立後、日本のPKO活動は、2019年12月現在、92年9月からのアンゴラにおける選挙監視要員の派遣を嚆矢として27件が行われている。

　その後、01年にPKFの凍結が解除され、15年には駆け付け警護が派遣される部隊に新たな任務として付与され、武器使用の条件も緩和されている。

PKO参加5原則

1　紛争当事者の間で停戦合意が成立していること。
2　国連平和維持隊が活動する地域の属する国及び紛争当事者が当該国連平和維持隊の活動及び当該平和維持隊への我が国の参加に同意していること。
3　当該国連平和維持隊が特定の紛争当事者に偏ることなく、中立的立場を厳守すること。
4　上記の原則のいずれかが満たされない状況が生じた場合には、我が国から参加した部隊は撤収することができること。
5　武器の使用は、要員の生命等の防護のための必要最小限のものを基本。受入れ同意が安定的に維持されていることが確認されている場合、いわゆる安全確保業務及びいわゆる駆け付け警護の実施に当たり、自己保存型及び武器等防護を超える武器使用が可能。

（外務省HP）

PKO活動

活動開始時期	活動の名称
1992 年 9 月	アンゴラ国際平和協力業務
1992 年 9 月	カンボジア国際平和協力業務　国連カンボジア暫定機構（UNTAC）に対する物資協力
1993 年 1 月	UNTAC に対する物資協力
1993 年 5 月	モザンビーク国際平和協力業務
1994 年 3 月	エルサルバドル国際平和協力業務
1994 年 7 月	国連モザンビーク活動（ONUMOZ）に対する物資協力
1994 年 8 月	ルワンダ難民救援のための国連難民高等弁務官事務所（UNHCR）に対する物資協力
1994 年 9 月	ルワンダ難民救援国際平和協力業務
1995 年 12 月	国連兵力引き離し監視隊（UNDOF）に対する物資協力
1996 年 1 月	ゴラン高原国際平和協力業務
1998 年 8 月	ボスニア・ヘルツェゴビナ国際平和協力業務
1999 年 4 月	コソボ難民救援のための UNHCR に対する物資協力
1999 年 6 月	国連東ティモールミッション（UNAMET）に対する物資協力
1999 年 7 月	東ティモール国際平和協力業務
1999 年 10 月	東ティモール避難民救援のための UNHCR に対する物資協力
1999 年 11 月	東ティモール避難民救援国際平和協力業務
2000 年 3 月	ボスニア・ヘルツェゴビナ国際平和協力業務
2001 年 3 月	アフガニスタン被災民救援のための国際移住機関（IOM）に対する物資協力
2001 年 8 月	東ティモール国際平和協力業務
2001 年 10 月	アフガニスタン難民救援国際平和協力業務 UNHCR に対する物資協力
2001 年 11 月	コソボ国際平和協力業務
2002 年 2 月	東ティモール国際平和協力業務
2002 年 4 月	東ティモール選挙監視国際平和協力業務
2003 年 3 月	イラク難民救援国際平和協力業務 UNHCR に対する物資協力
2003 年 7 月	イラク被災民救援国際平和協力業務
2004 年 10 月	スーダン被災民救援のための UNHCR に対する物資協力
2005 年 7 月	国連スーダンミッション（UNMIS）に対する物資協力
2006 年 7 月	コンゴ民主共和国国際平和協力業務
2006 年 10 月	スリランカ被災民救援のための UNHCR に対する物資協力
2007 年 1 月	東ティモール国際平和協力業務
2007 年 3 月	東ティモール選挙監視国際平和協力業務
2007 年 3 月	ネパール国際平和協力業務
2007 年 11 月	スーダン被災民救援のための UNHCR に対する物資協力
2007 年 12 月	イラク被災民救援のための UNHCR に対する物資協力
2008 年 3 月	ネパール選挙監視国際平和協力業務
2008 年 10 月	スーダン国際平和協力業務
2008 年 10 月	スーダン被災民救援のための UNHCR に対する物資協力
2009 年 1 月	パレスチナ被災民救援のための国連パレスチナ難民救済事業機関（UNRWA）に対する物資協力
2009 年 5 月	スリランカ被災民救援のための IOM に対する物資協力
2010 年 2 月	ハイチ国際平和協力業務
2010 年 9 月	東ティモール国際平和協力業務
2011 年 1 月	スーダン住民投票監視国際平和協力業務
2011 年 11 月	南スーダン国際平和協力業務
2012 年 12 月	国連ハイチ安定化ミッション（MINUSTAH）に対する物資協力
2013 年 1 月	スーダン難民救援のための UNHCR に対する物資協力
2013 年 1 月	UNDOF に対する物資協力
2013 年 12 月	シリア難民救援のための IOM に対する物資協力
2013 年 12 月	国際連合南スーダン共和国ミッション（UNMISS）に対する物資協力（弾薬）
2014 年 3 月	UNMISS に対する物資協力（テント等）
2017 年 5 月	UNMISS に対する物資協力（重機等）
2019 年 4 月	シナイ半島国際平和協力業務
2019 年 12 月	南スーダン共和国における政府間開発機構（IGAD）の活動に対する物質協力

（内閣府国際平和協力本部事務局HP）

48　宮沢喜一内閣と内閣不信任案の可決

　海部首相の後継には、最大派閥の竹下派からの支持を得た宮沢喜一が選ばれ、宮沢内閣は1991年11月5日に発足した。政権成立の経緯から、宮沢は、総裁でありながら最大派閥の影響を受けるという二重権力構造に苦慮する。

　宮沢内閣の主要な政策課題は、PKO法案、天皇の訪中、中国・韓国との歴史認識問題、政治改革の実現であった。PKO法案は92年6月に成立した。天皇の訪中は、自民党内の反対もあったが、92年10月に実現した。訪中した天皇が、戦争で中国国民に「多大な苦難を与えたこと」を「深い悲しみとする」と述べたことは中国政府も好意的に受け止めた。歴史認識問題では、戦争中のいわゆる従軍慰安婦の応募にあたり、日本政府の関与が確認され、河野洋平官房長官による談話（河野談話）が政権末期の93年8月に出されている。

　政治改革は、宮沢首相の思いとは裏腹に進展しなかった。政治改革問題に、竹下派の内紛が絡んで、宮沢内閣の存続に影響を与えることになる。

　92年8月22日、東京佐川急便による金丸信自民党副総裁への5億円の不正献金が明るみとなった。略式起訴、罰金20万円という軽い処分に世論が猛反発し、金丸は10月に議員辞職を余儀なくされ、竹下派の会長も辞した。竹下派では会長のポストを巡って争いが生じ、小渕恵三が竹下派の会長となり、争いに敗れた小沢一郎や羽田孜らは、12月に竹下派を脱会して羽田派を結成した。羽田派は自らを「改革派」と位置づけて政治改革の実現をはかった。

　宮沢が成立を目指した政治改革関連法案は、与野党間のみならず、自民党内で改革の実現に積極的なグループと消極的なグループとの間の調整がつかず、継続審議となった。

　これを受け、93年6月に野党は宮沢内閣不信任決議案を提出した。採決の際、自民党から39名の賛成者と16名の欠席者が出た結果、不信任決議案は賛成255、反対220で可決された。不信任決議案が可決されると、宮沢首相は、衆議院の解散に踏み切った。

　解散後、自民党からの離党者が相次ぎ、内閣不信任案には反対した武村正義らが新党さきがけを、不信任案に賛成した小沢や羽田らが新生党を結成し、自民党分裂の状況下で総選挙が実施されることになる。

明仁天皇の中華人民共和国訪問時の「おことば」（抜粋）（1992年10月23日）

　貴国と我が国の交流の歴史は古く、特に、7世紀から9世紀にかけて行われた遣隋使、遣唐使の派遣を通じ、我が国の留学生は長年中国に滞在し、熱心に中国の文化を学びました。

　両国の交流は、そのような古い時代から長い間平和裡に続き、我が国民は、長年にわたり貴国の文化に対し深い敬意と親近感を抱いてきました。私自身も年少の頃より中国についての話を聞き、また、本で読むなどして、自然のうちに貴国の文化に対する関心をもってきました。（略）

　このような深い関係にある貴国を、この度、主席閣下のお招きにより訪れることができましたことは、私どもの深く喜びとするところであります。

　しかし、この両国の関係の永きにわたる歴史において、我が国が中国国民に対し多大の苦難を与えた不幸な一時期がありました。これは私の深く悲しみとするところであります。戦争が終わった時、我が国民は、このような戦争を再び繰り返してはならないとの深い反省にたち、平和国家としての道を歩むことを固く決意して、国の再建に取り組みました。爾来、我が国民は、世界の諸国との新たな友好関係を築くことに努力してまいりましたが、貴国との間においては、両国の先人たちを始めとする多くの人々の情熱と努力によって、将来にわたる末長い平和友好を誓い合う関係が生まれ、広範な分野での交流が深まりつつあります。私はこのような両国民間の関係の進展を心から喜ばしく思うとともに、この良き関係がさらに不動のものとなることを望んでやみません。

　今日、国際社会は、人類の平和と繁栄の達成という崇高な理想に向けて共同の努力を行っておりますが、この中にあって、日中両国民の友好親善関係の進展は、大きな意義を持つものと信じます。（略）　　　（宮内庁HP）

河野内閣官房長官談話（1993年8月4日）

　いわゆる従軍慰安婦問題については、政府は、一昨年12月より、調査を進めて来たが、今般その結果がまとまったので発表することとした。

　今次調査の結果、長期に、かつ広範な地域にわたって慰安所が設置され、数多くの慰安婦が存在したことが認められた。慰安所は、当時の軍当局の要請により設営されたものであり、慰安所の設置、管理及び慰安婦の移送については、旧日本軍が直接あるいは間接にこれに関与した。慰安婦の募集については、軍の要請を受けた業者が主としてこれに当たったが、その場合も、甘言、強圧による等、本人たちの意思に反して集められた事例が数多くあり、更に、官憲等が直接これに加担したこともあったことが明らかになった。また、慰安所における生活は、強制的な状況の下での痛ましいものであった。

　なお、戦地に移送された慰安婦の出身地については、日本を別とすれば、朝鮮半島が大きな比重を占めていたが、当時の朝鮮半島は我が国の統治下にあり、その募集、移送、管理等も、甘言、強圧による等、総じて本人たちの意思に反して行われた。

　いずれにしても、本件は、当時の軍の関与の下に、多数の女性の名誉と尊厳を深く傷つけた問題である。政府は、この機会に、改めて、その出身地のいかんを問わず、いわゆる従軍慰安婦として数多の苦痛を経験され、心身にわたり癒しがたい傷を負われたすべての方々に対し心からお詫びと反省の気持ちを申し上げる。また、そのような気持ちを我が国としてどのように表すかということについては、有識者のご意見なども徴しつつ、今後とも真剣に検討すべきものと考える。

　われわれはこのような歴史の真実を回避することなく、むしろこれを歴史の教訓として直視していきたい。われわれは、歴史研究、歴史教育を通じて、このような問題を永く記憶にとどめ、同じ過ちを決して繰り返さないという固い決意を改めて表明する。

　なお、本問題については、本邦において訴訟が提起されており、また、国際的にも関心が寄せられており、政府としても、今後とも、民間の研究を含め、十分に関心を払って参りたい。

（外務省HP）

49 細川護熙内閣と 55 年体制の終焉

　1993 年 7 月 18 日の第 40 回総選挙の結果、どの政党も過半数の議席に達せず、細川護熙を代表として 92 年 5 月に結党された日本新党と、新党さきがけが後継首班のキャスティングボートを握った。自民党と非自民勢力の双方からアプローチを受けた両党は、非自民勢力との協調を選んだ。8 党派による合意事項が確認され、細川を後継首班とする連立内閣が成立した。連立に参加した 7 党の党首は全員が閣僚として入閣している。世論も自民党政権とは異なる清新さを歓迎し、内閣支持率は軒並み高い数字を示した。

　細川内閣の成立は、自民党が単独政権を担ってきた 55 年体制の終焉を意味するものであり、戦後日本政治史におけるひとつの画期となった。

　連立政権として発足した細川内閣では、与党間の調整をはかるため、各党の書記長・幹事長クラスで構成される「与党各派代表者会議」が設置され、意思決定機関とされた。この会議を主導したのは、小沢一郎新生党代表幹事と市川雄一公明党書記長の「一・一ライン」であった。

　内閣発足の直後、細川首相が、第二次世界大戦について「侵略戦争であった、間違った戦争であったと認識している」と明言し、所信表明演説でも日本の侵略行為と植民地支配への反省と謝罪の意を表明したことは注目を集めた。

　細川内閣の主要な政策課題は、政治改革と、GATT のウルグアイ・ラウンドの重要課題のひとつとなっていた米の自由化問題であった。政治改革関連法案は 94 年 1 月に成立にこぎ着けた。米の自由化問題は、高関税の維持と引き換えに、毎年無税での一定量の輸入を日本が受け入れて妥結した。

　政治改革関連法案の成立後、細川首相は 94 年 2 月 3 日に、消費税を廃止して税率 7% の国民福祉税を創設する構想を明らかにした。この構想は連立与党内の合意を経ておらず、野党のみならず与党内からの批判も招き、細川首相は構想の撤回を余儀なくされた。

　政権の求心力が衰えていく中で、自民党は細川の佐川急便からの借入金問題を追及し始めた。予算案の審議がストップする中で、細川首相は 4 月 8 日に辞意を表明し、細川内閣は 8 カ月で崩壊した。

連立政権樹立に関する合意事項（抜粋）
（1993年7月29日）

　今回の総選挙で国民は、自由民主党に代わる新しい政権を求める歴史的審判を下した。

　日本社会党、新生党、公明党、日本新党、民社党、新党さきがけ、社会民主連合及び民主改革連合の八党派は、国民の負託にこたえ、政治倫理を重んじ、自由民主党政権の下では、なしえなかった抜本的な政治改革を実現する連立政権の樹立を決意した。この政権は、冷戦終結後の国際社会や国民ニーズの急速な変化に対応する役割を持つものであり、今後一致協力して新しい政治を切り拓くため、次の事項について合意した。

一、連立政権は、①小選挙区比例代表並立制による選挙制度改革、②徹底した政治の腐敗防止のための連座制の拡大や罰則の強化、③公費助成等と一体となった企業団体献金の廃止等の抜本的政治改革関連法案を本年中に成立させる。

二、連立政権は、わが国憲法の理念及び精神を尊重し、外交及び防衛等国の基本施策について、これまでの政策を継承しつつ、世界の平和と軍縮のために責任及び役割を担い、国際社会に信頼される国づくりを行う。

三、連立政権の経済政策は、自由主義経済を基本とし、国際協調を図り、国民生活の安定と向上に努める。また、食料及び徹底した安全管理の下におけるエネルギーの安定的確保に責任を果たすものとする。

四、連立政権の発足に当たっては、かつての戦争に対する反省を踏まえ、世界及びアジアの平和と発展のために協力することを、内外に明示する。

五、連立政権は、当面する次の重要政策課題について、各党は、誠意をもって協議を行い、合意を得て活力ある福祉文化社会を創造することにある。

①長期化する不況の早期克服
②国民生活を重視した平成六年度予算編成と硬直化した予算配分方式の見直し
③規制緩和など行財政改革
④地方分権の推進と本格的地方自治の確立
⑤公正な国民合意の税制改革
⑥国際経済摩擦の解消
⑦医療、福祉及び年金の充実等高齢化社会対策の確立
⑧農林・漁業及び中小企業の振興
⑨地球環境保全への協力
⑩PKO等の国際貢献
⑪個性と自立をめざした教育改革
⑫住宅・通勤・時短など都市勤労者対策の推進

（21世紀臨調HP）

細川首相の所信表明演説（抜粋）
（1993年8月23日）

　私はまず、この政権がいわゆる「政治改革政権」であることを肝に銘じ、政治改革の実現に全力で取り組んでまいります。

　我が国が終戦以来の大きな曲がり角に来ている今日ほど、政治のリーダーシップが必要とされているときはなく、一刻も早く国民に信頼される政治を取り戻さなければなりません。歴代の内閣が抜本的な政治改革の実現をその内閣の最優先の課題として取り組んでこられましたが、いまだ実現を見るに至っておりません。政治改革のおくれが政治不信と政治の空白を招き、そのことが景気の回復など多くの重要課題への取り組みの妨げとなり、これからの日本の進路に重大な影響を及ぼしつつあることを私は深く憂慮してまいりました。今回の選挙で国民の皆様方から与えられました政治改革実現のための千載一遇のチャンスを逃すことなく、「本年中に政治改革を断行する」ことを私の内閣の最初の、そして最優先の課題とさせていただきます。

　そのため、選挙制度については、衆議院において、制度疲労に伴うさまざまな弊害が指摘されている現行中選挙区制にかえて小選挙区比例代表並立制を導入いたします。また、連座制の拡大や罰則の強化などにより政治腐敗の再発を防止するとともに、政治腐敗事件が起きるたびに問題となる企業・団体献金については、腐敗のおそれのない中立的な公費による助成を導入することなどにより廃止の方向に踏み切ることといたします。

（国立国会図書館　国会会議録検索システム）

50 政治改革関連法案の成立

　リクルート事件を契機とする政治改革を求める世論の高まりに政界も対応を迫られた。自民党は 1988 年 5 月に「政治改革大綱」をまとめた。改革の主眼は、結党以来続く派閥政治であった。同一の選挙区で異なる派閥の候補者同士の争いとなる選挙制度と、派閥の領袖による多額の政治資金の集金と使途が、金のかかる政治の元凶とされた。

　議員の当落にも関わる政治改革の実現は容易ではなく、89 年に首相となった海部俊樹も、海部の後任の宮沢喜一も政治改革問題で内閣総辞職を余儀なくされた。実現させたのは、93 年 8 月に成立した細川護熙内閣であった。

　93 年 9 月、細川内閣は政治改革関連法案を国会に提出した。政府案は、①衆議院の選挙制度の中選挙区制から小選挙区比例代表並立制への変更、②定数は小選挙区 250、比例代表 250、③全国をひとつのブロックとする比例制、④国民一人あたり 335 円、総額 414 億円の政党交付金制度の導入、⑤個人への政治献金の禁止、⑥戸別訪問の解禁、を主な内容としていた。野党自民党も対案を提出しており、国会審議は難航した。11 月 18 日の衆議院の採決では、政府側が自民党案を踏まえた修正を行って法案は可決された。しかし、94 年 1 月 21 日に参議院は反対多数で政治改革関連法案を否決した。

　政治改革の成立に内閣の命運がかかる細川首相と、政治改革の実現を目指す議員の離党を阻止したい自民党の河野洋平総裁は、会期末前日の 1 月 28 日夜から直接会談を行い、局面の打開をはかった。会談では細川が自民党案を受け入れることで合意し、翌 29 日、政治改革関連四法案が成立した。

　この結果、衆議院の定数は小選挙区 300、比例代表 200 となり、比例代表は全国 11 のブロックに分けられた。政党交付金は国民一人あたり 250 円、総額 313 億円とされた。企業の議員個人向けの献金は禁止されたが、5 年後の見直しを条件に政党や資金管理団体向けの企業献金は認められた。

　政治改革により、選挙と資金への影響力を有していた自民党の派閥の力が衰えた一方で、公認権や政党交付金の分配を掌握した党執行部の権力の増大をもたらした。また、党内における政策論争の減少も指摘されている。

選挙制度改革関連法のあらまし（抜粋）

公職選挙法の一部を改正する法律の一部を改正する法律（法律第10号）（自治省）

一、衆議院議員の選挙制度

　1　議員の定数

議員の定数のうち、300人を小選挙区選出議員、200人を比例代表選出議員とすることとした。

　2　比例代表選出議員の選挙の選挙区等

比例代表選出議員の選挙については、中央選挙管理会が管理し、比例代表選出議員は、全都道府県の区域を11に分けた各選挙区において選挙するものとし、その選挙区及び各選挙区において選挙すべき議員の数は、次の表のとおりとするとした。

選挙区	都道府県	議員数
北海道	北海道	9人
東北	青森県、岩手県、宮城県、秋田県、山形県、福島県	16人
北関東	茨城県、埼玉県、群馬県、栃木県	21人
南関東	千葉県、神奈川県、山梨県	23人
東京都	東京都	19人
北陸信越	新潟県、富山県、石川県、福井県、長野県	13人
東海	岐阜県、静岡県、愛知県、三重県	23人
近畿	滋賀県、京都府、大阪府、兵庫県、奈良県、和歌山県	33人
中国	鳥取県、島根県、岡山県、広島県、山口県	13人
四国	徳島県、香川県、愛媛県、高知県	7人
九州	福岡県、佐賀県、長崎県、熊本県、大分県、宮崎県、鹿児島県、沖縄県	23人

二、比例代表選出議員の選挙における名簿の届出

（2）重複立候補

重複立候補は、当該選挙と同時に行われる当該選挙区の区域内の小選挙区における小選挙区選出議員の候補者についてできることとした。

政治資金規正法の一部を改正する法律の一部を改正する法律（法律第12号）（自治省）

1　政党要件の緩和

「政党」とは、政治団体のうち次のいずれかに該当するものをいうこととした。（第3条第2項の改正規定関係）

（一）衆議院議員又は参議院議員を5人以上有するもの

（二）直近において行われた衆議院議員の総選挙における小選挙区選出議員の選挙若しくは比例代表選出議員の選挙又は直近において行われた参議院議員の通常選挙若しくは当該参議院議員の通常選挙の直近における比例代表選出議員の選挙若しくは選挙区選出議員の選挙における当該政治団体の得票総数が当該選挙における有効投票の総数の100分の2以上であるもの

政党助成法の一部を改訂する法律（法律第13号）（自治省）

1　政党交付金の交付の対象となる政党

政党交付金の交付の対象となる政党は、政治団体のうち次のいずれかに該当するものこととした。

（一）衆議院議員又は参議院議員を5人以上有するもの

（二）（一）の政治団体に所属していない衆議院議員又は参議院議員を有するもので、直近において行われた衆議院議員の総選挙（以下「総選挙」という。）における小選挙区選出議員の選挙若しくは比例代表選出議員の選挙又は最近において行われた参議院議員の通常選挙（以下「通常選挙」という。）若しくは当該通常選挙の直近において行われた通常選挙における比例代表選出議員の選挙若しくは選挙区選出議員の選挙における当該政治団体の得票総数が当該選挙における有効投票の総数の100分の2以上であるもの

（『官報』1994年3月11日）

51 羽田孜内閣

　細川首相が辞意を表明した後、連立政権内で影響力を有していた小沢一郎新生党代表幹事は、自民党の派閥の領袖で元副総理の渡辺美智雄に、自民党から離党した上で後継首相となるよう働きかけた。しかし、この擁立工作は、渡辺が逡巡して自民党にとどまったため実現しなかった。その後 1994 年 4 月 25 日、羽田孜新生党党首が後継首班となった。

　羽田首相の組閣に先立ち、新生党、日本新党、民社党、自由党、改革の会の 5 会派による新会派「改新」の結成が新たな火種を生んだ。改新の結成を提唱したのは民社党で、その目的は社会党の排除にあった。この新会派結成を知らされていなかった社会党は猛反発して連立内閣から離脱し、新党さきがけも閣外協力に転じた。羽田内閣は衆議院で過半数を割る少数連立政権として発足し、羽田首相は苦しい政権運営を余儀なくされた。

　羽田内閣が発足した段階で、細川政権末期から続く政治の混乱、羽田首相の就任直後の外遊、南京大虐殺を否定する発言をした永野茂門法相の辞任などがあって、1994 年度予算の国会審議は遅れており、暫定予算が組まれていた。そのため、羽田内閣が取り組むべき最重要課題は、予算の早期成立であった。社会党も新党さきがけも予算の早期成立には協力的で、1994 年度予算は 6 月 23 日に成立した。

　予算成立と同日、自民党は羽田内閣不信任決議案を衆議院に提出した。野党が衆議院の過半数を占める状況下で、羽田首相は不信任決議案の可決を回避すべく、社会党に連立内閣への参加を呼びかけたものの、不調に終わった。羽田には解散総選挙をして有権者の審判を仰ぐという選択肢もあった。しかし、衆議院の解散ができる状況にはなかった。新たな政界再編を目指す小沢一郎が解散総選挙には否定的だったことも、解散総選挙を困難にした。羽田首相は 6 月 25 日に内閣不信任決議案の採決を待たずに辞任する意向を表明し、30 日に羽田内閣は総辞職した。在任日数はわずかに 64 日であった。

連立離脱についての村山富市社会党委員長の会見（1994年4月26日）

社会党は全党を挙げて羽田首相の実現に力を尽くした。指名後、党首会談が呼びかけられ、組閣の基本方針が示されるものと待機していた。しかし、よびかけはなく、午後8時過ぎの党首会談は連立の枠組みを変質させたもので、羽田氏から基本方針は示されなかった。

待機している間、大内啓吾民社党委員長から細川護熙前首相に提案されたという統一会派「改新」の準備が社会党にはなんら話し合いもないまま、ひそかに行われた。連立与党の統一会派「改革」構想は凍結された経緯があり、首相指名直後に新会派が作られたことは連立与党間の信義に反し特定の意図を感じざるを得ない。

我々は新しい政権の樹立にあたって、激しい討論の経過の上に、政策合意を確認し党首間で調印したばかりである。それは昨年7月の合意を基本に細川政権の改革を継承するためであり、連立の枠組みを維持する立場で誠心誠意努力した結果である。政権の構成の変更については連立与党間で協議することになっていた。こうした経緯を無視して特定の政党や個人が恣意的に枠組みを壊したことは許しがたいことだ。

社会党はこのような政権の恣意的な操作が行われることは、新しい連立政権の政治に対する国民の不信を増大させるものであり、許すことはできない。したがって社会党は連立政権の組閣に応ずることはできない。ただし、国民に約束した94年度予算案成立をはじめ、景気の回復については全力をあげる。

（『朝日新聞』1994年4月26日）

羽田首相の所信表明演説（抜粋）
（1994年5月10日）

私は、「改革」に加えて「協調」の姿勢を重視した「改革と協調」の政治を心がけたいと思います。今回、連立与党内で残念な経過があり、一部の会派が閣外へ去られることになりました。しかし、私自身、今後とも与野党の御意見に一層謙虚に耳を傾けていくつもりであり、できる限り幅の広い合意の上で政治を進めていく決意と誓いにいささかも変わ

りありません。内閣総理大臣の重みと日本国の誇りをかみしめつつ、この時代を生きる国民の皆様と苦しみも喜びも分かち合い、先頭に立って、難局にくじけず、明日を目指した課題に取り組んでまいります。

昨年夏、38年間にわたる自民党の長期単独政権にかわって連立政権が誕生したことは、我が国の政治のあり方に新しい息吹を与えたものでありました。国民の政治に対する新しい関心や期待も生まれ、これまでの行政や経済社会を行き詰まらせたものを見直す大きな流れをつくったという意味で歴史的に重要な意義を有するものであったと言えると思います。

連立政権は、新しい時代の風を背に、政治改革、経済改革、行政改革の三つの改革に向けて全力を投入してまいりました。こうした努力については多くの国民の共感をいただき、政治改革関連法の成立を初め諸改革の方向性を明らかにするなど、8カ月という短い期間ではありましたが、その成果は評価され得るものと確信をいたします。新内閣は、新たな陣容でスタートすることになりましたが、昨年夏の連立政権発足時の志を忘れることなく、これまでの経験をばねに、決意も新たに国政運営に取り組んでまいります。

（国立国会図書館　国会会議録検索システム）

羽田首相の辞任表明（抜粋）
（1994年6月25日）

本日をもって私は総辞職することにした。この内閣は発足時の残念な経緯から、少数連立内閣としての船出を余儀なくされた。しかし、私は改革と強調の政治を心掛け、一日一生の思いで課題に真っ正面から挑戦してきた。（略）

小選挙区の区割り法の早期成立による政治改革関連法の実現など、諸改革に取り組む重要な時期でもある。景気の着実な回復のため、予算の一日も早い執行が求められ、対外的にもナポリ・サミット（主要国首脳会議）への対応など重要な課題が山積している時である。これを考えた時、私は政治的空白を作ることになってはならないとの思いを強くした。

（『朝日新聞』1994年6月25日夕刊）

52　村山富市内閣

　羽田首相が辞意を表明すると、後継首班をめぐって慌ただしい駆け引きが繰り広げられた。野党の自民党は、社会党と新党さきがけに接近し、社会党の村山富市委員長の擁立を決定する。与党側は小沢一郎新生党代表幹事が、社会党との提携に批判的な自民党の議員を取り込むべく海部俊樹元首相に再登板を働きかけ、海部は自民党離党に踏み切った。1994年6月29日の首班指名選挙では、村山が海部を破って第81代の内閣総理大臣に就任した。

　社会党委員長として片山哲以来47年ぶりに政権を担うことになった村山首相は、従来の社会党の主張と現実の政策との整合をはからなければならなかった。首相に就任してまもない7月、ナポリで開かれた先進国首脳会議に参加した村山は、クリントン米大統領に外交政策の継続と日米安保体制の堅持を伝えた。首相として初となる7月の臨時国会では、日米安保体制の堅持を改めて強調するとともに、社会党が違憲としてきた自衛隊は合憲であると明言し、社会党の外交・安全保障政策の路線を劇的に転換させた。また、日の丸と君が代をそれぞれ国旗、国歌と認め、野党時代には導入に反対していた消費税についても、11月に税率を3％から5％に引き上げる法案を成立させるなど、現実的対応をとった。

　こうした政策の転換は、社会党への支持の減少をもたらした。95年7月の参院選で社会党が獲得した議席は16と伸び悩み、非改選と合わせて37議席にとどまった。この結果を受けて村山は退陣する意向を固め、自民党の河野洋平総裁に後継を打診した。しかし、河野が辞退したため、引き続き政権を担当した。

　譲歩を余儀なくされた政策がある反面、村山首相は、広島と長崎に投下された原子爆弾による被爆者の援護を拡大させた被爆者援護法の成立、「従軍慰安婦」への償いと支援を目的とするアジア女性基金の創設、水俣病患者を救済する最終解決案の与党三党による合意などを実現させた。これらはかねてから社会党が重視していた政策で、社会党政権誕生の意義を深くした。

　しかし、沖縄問題や住専問題などに加え、社会党内の対立に対応する必要性もあり、96年1月5日に村山首相は内閣総辞職を表明した。

自民党・社会党・新党さきがけ「新しい連立政権の樹立に関する合意事項」(抜粋)
(1994年6月30日)

　新しく発足する連立政権は、昨年7月29日の「連立政権に関する合意事項」及び「八党派覚え書き」を継承発展させ、以下の重点政策の実現に取り組む。

　新しい連立政権は、現行憲法を尊重し、幅広い国民の支持を基盤に、生活者のための政治の実現と地球規模の環境保全と軍縮を促進する。また、新政権はこれまで進めてきた政治改革をさらに徹底し、経済改革、行財政改革、地方分権、福祉の充実、男女共同参画型社会の実現などに取り組み、政治に対する国民の信頼を築く。

　新しい連立政権与党の運営については、別紙の方針で当たることとする。
一、政治改革の継続的推進
一、行政改革と地方分権の推進
一、経済改革の推進
一、農林漁業振興の推進
一、高齢社会と税制改革
一、外交・安全保障・国連改革
一、戦後50年と国際平和
一、朝鮮民主主義共和国の核開発への対応
一、教育の充実と男女共生社会の創造
〔別紙〕
一、連立政権与党の運営

　新政権は、政策決定の民主性、公開性を確保し、政党間の民主的な討論を通じて、政策決定過程の透明度をより高め、国民にわかりやすい政治の実現に努める。このため与党の政策決定・意思決定について、政策幹事会で審議の上、与党院内総務会の論議と承認に基づき、与党最高意思決定会議で決定する。与党首会談を定例化し、政権の基本に係る事項等について、協議・決定する。

（村山富市『村山富市の証言録』）

日米安保条約と自衛隊に関する村山首相の答弁 (抜粋)(1994年7月20日)

　維持と言おうが堅持と言おうが、このような日米安保体制の意義と重要性についての認識は、私の政権においても基本的に変わることはなく、先般のナポリ・サミットにおける

日米首脳会談では、私より、かかる認識を踏まえて、日米安保体制についての我が国としての立場を改めて明確に表明した次第であります。(略)

　次に、自衛隊に関する憲法上の位置づけについての御質問でございます。よくお聞きをいただきたいと思います。(拍手)

　私としては、専守防衛に徹し、自衛のための必要最小限度の実力組織である自衛隊は、憲法の認めるものであると認識するものであります。(略)

　同時に、日本国憲法の精神と理念の実現できる世界を目指し、国際情勢の変化を踏まえながら、国際協調体制の確立と軍縮の推進を図りつつ、国際社会において名誉ある地位を占めることができるように全力を傾けてまいる所存であります。(拍手)

（国立国会図書館　国会会議録検索システム）

首相辞任についての村山富市の回想 (抜粋)

　暮れぐらいから、もうこれ以上継続することは無理ではないかと思っていた。この内閣でなければできない戦後処理の問題とか、まあやれる範囲のことは一応目処をつけた。しかも「戦後50年に際しての首相談話」も出してもらって、内閣の方向というものはアジア諸国にも全体に示すことができた。景気の方も、株価も2万円台に上がって、為替レートもやや安定して上向きになってきていたこともあって、これからの課題を考えた場合に、今後21世紀に向けて行革とかいろいろな改革の課題に取り組んでいかなければならない。

　そういうことを考えた場合に、政権基盤の弱いこの内閣では耐えていくだけの力がないんじゃないか。総合的な力からすればもう限界だな。しかも一番肝心の社会党の足元がたえず新党問題で揺れている。このままでは党もだめになるかもしれない、これではもう無理だなと自分で腹をくくって、辞めることを決断した。(略)

　これからの大きな課題を考えた場合に、この内閣ではもうこれ以上のことはできないと思った。一応歴史的役割はすんだ。ここは引き時だと思った。　（前掲『村山富市の証言録』）

53　新進党の結成

　村山内閣の成立後、与党から野党に転じた各党は、新党結成を目指した。この結集には、新たに導入される小選挙区比例代表並立制のもとで実施されることになる衆院選への対応という意味合いもあった。

　新党への参加にあたり、新生党、日本新党、民社党は解党し、公明党は1998年改選の参議院議員と地方議員からなる公明と、その他の議員からなる公明新党に分党し、公明新党に所属した議員が参加する形をとった。

　94年12月10日、衆議院議員176名、参議院議員38名の計214名からなる新進党が結成された。党首に海部俊樹元首相、幹事長に小沢一郎が就任している。結党の経緯から、新進党は寄り合い所帯という性格が色濃かった。

　党として初の国政選挙となった95年7月の参院選で、新進党は40議席を獲得し、衆院選で単独過半数を獲得して政権を獲得する気運も高まった。

　参院選後の12月に実施された党首選は、小沢幹事長と羽田孜副代表との争いになった。小沢が党首選に立候補した背景には、「二重権力構造」との批判をかわす狙いがあった。選挙の結果、小沢が党首に就任した。

　しかし、党内の纏まりを欠く状況が続き、衆院選を前に新進党からの離党者が出始めた。また消費税率の引き上げ、安全保障問題など、主要政策を巡る意見の不一致も見られるようになった。

　政権奪取をめざした96年10月の衆院選で、新進党は156議席の獲得にとどまり、改選前より5議席を減らす結果に終わった。この結果は、さらなる離党者を出す要因となる。離党者には、衆院選の直後に太陽党を結成した羽田孜や、97年6月にフロム・ファイブを結成した細川護熙のように新党結成に活路を見出す者、あるいは自民党の呼びかけに応じて復党した者がいた。

　党運営が行き詰まる中で、97年12月の党首選で再選された小沢は、党首選の直後に新進党の解党を決め、新進党はわずか3年という短命に終わった。

　短命に終わったとはいえ、小選挙区比例代表並立制のもとでの政党制のあり方を模索する中で生まれた新進党は、その後の政界再編に影響を及ぼしており、その結成が持つ意味は決して小さくない。

新進党綱領 （1994年12月10日）

一、私達は、自由、公正、友愛、共生の理念を高く掲げ、民主政治の健全な発展をめざすとともに、日本の良き文化・伝統を生かしつつ、地球社会の一員として、世界の平和と繁栄に責任を果たす「新しい日本」を創ります。

一、私達は、歴史や未来に責任を負うとの自覚に立って、自由で広く世界に開かれた日本と、公正で効率的な政府を形成するため、「たゆまざる改革」と「責任ある政治」を推進します。

一、私達は、国際社会の中で、各国や様々な地域が共生できる新たな世界平和、経済発展の秩序づくりに積極的に参画するとともに、核兵器の廃絶、世界の軍縮や環境をはじめ、地球的規模の問題解決に先導的役割を果たし、世界に信頼される「志ある外交」を展開します。

一、私達は、高齢社会の中で、経済の活性化をはかりつつ、生活者・生産者・勤労者のそれぞれの立場を尊重し、政府の責任と個人の自立を明確にしながら、多様な選択肢が拡がり、公平な社会参加、男女の共同参画が大きく進展する「活力ある福祉社会」をめざします。

一、私達は、人権を尊重し、思想・信教の自由を守るとともに、教育の充実をはかり、個性と思いやりのある未来を担う人材を育成し、「世界へ発信できる文化国家」を築きます。

一、私達は、国民に開かれ、国民とともに歩む「国民参加型の政党」を創ります。

（村川一郎編『日本政党史辞典』下巻）

新進党結党大会における海部俊樹党首のあいさつ（抜粋）**（1994年12月10日）**

　古い上衣を脱ぎ捨て、我々の理想とする国づくりをするために、長い駅伝競走が始まる。我々が目指すのは、今までの政党とは違って、一部の人や特定の人の利益を考えたりすることではない。あらゆる国民が参加して明日を築くという国民参加型の政党であることを改めて確認したい。重点政策を貫く精神である「たゆまざる改革」と、「責任ある

政治」を皆の旗印として掲げ続けていこう。
（略）

　対立軸がみえないといわれる。しかし、それは新進党だけで解決できる問題ではない。前面にある社会、自民連立政権のどこに基本があるのか。日替わりする政策の転換に、国民は頼りにならないという不信感を持っている。

　国会の改革も政治改革の大きなテーマだ。国会の論戦の中で、国民の夢や悲しみ、希望を堂々と議論する時がきている。

　明日の日本をどうするのか。アジアにおけるEAEC（東アジア経済会議）の問題だとか、朝鮮半島の安定化、北方四島の返還、地球環境問題。それを国会の場で、村山首相に直接、語りかけてみたい。

　我々が目指す平和な世界、明るい社会、公正で心豊かな家庭をつくろうという目標に、ともに向かうのなら協力する。そうでないときには徹底的に批判する。どうしてもできないときには、政権を代わってもらおう。

（『朝日新聞』1994年12月11日）

新進党両院議員総会における小沢一郎党首の報告（抜粋）**（1997年12月27日）**

　本日までの経過を報告する。（新進党の解党・分党について）参院は公明独自に独立した方が国民にわかりやすく公明にも新進党にもいいという提案を公明に理解していただいた。党五役に結果を報告し、神崎武法総務会長より今後も友党として円満に分党の手続きをとってほしいと要請があり、了とした。

　新進党は結党3年を迎え、55年体制を打破し、体系的な理念と政策の「日本再構築宣言」をつくり、大きな役割を果たしたと確信している。分党ということで互いに新たな道を歩むことになった。新進党の成果を発展させるべく、日本再構築宣言の実践に向けて全力を尽くす。今までの支援、協力に感謝し、2年間ふつかな党首だったことをおわびする。

（『朝日新聞』1997年12月28日）

54 阪神・淡路大震災

　1995 年 1 月 17 日午前 5 時 46 分、兵庫県沖を震源とするマグニチュード 7.3 の地震が発生した。最も被害が出たのは震源に近い阪神地域と淡路島で、神戸市や西宮市、淡路島などで震度 7 を記録し、死者 6434 名、負傷者 4 万 3792 名、家屋の全壊と半壊が併せて約 25 万棟という甚大な被害となった。

　震災の発生を村山首相は早朝のテレビニュースで把握した。官邸では首相に情報を伝達するルートが確立されておらず、限られた情報の中で村山首相は災害に対応せざるを得なかった。被災地への自衛隊の派遣は震災発生から 4 時間が経過した段階でなされた。自治体からの要請がなければ自衛隊が出動できなかったためである。

　村山首相は、震災発生後における初動対応の遅れを批判された。衆議院本会議で野党の追及を受けて、初めての経験で早朝の出来事だったために混乱があったという旨を答弁したことも、村山に対する風当たりを強くした。しかし、震災後の初期対応の遅さは法令や危機管理体制の不備に因る面が大きい。

　震災による被害状況が明らかになると、政府は被害への対策と復興に向け動き始める。17 日に非常災害対策本部、20 日に地震対策の担当大臣が設置され、北海道開発庁長官兼沖縄開発庁長官だった小里貞利が横滑りで就任した。小里は非常災害対策本部の本部長にも就任し、復興政策を主導していく。

　2 月 24 日には「阪神・淡路大震災復興の基本方針及び組織に関する法律」が成立し、首相を本部長とする「阪神・淡路復興対策本部」と、復興のための政策を提言する「阪神・淡路復興委員会」が設置され、生活再建、経済復興、安全な地域作りの推進、を柱とする復興政策がとられていく。

　また、災害対策基本法など災害対応を定めた法律の改正、防災基本計画の改訂、地域防災計画の再検討といった法律や計画の整備により、災害発生に速やかに対応できる体制の構築がなされた。

　阪神・淡路大震災発生時の対応の検証に基づく災害対応の改善と、復興政策を推進した経験は、2011 月 3 月に発生した東日本大震災の際に活かされることになる。

震災に関する衆議院本会議における村山首相の答弁（抜粋）（1995年1月20日）

　第一の質問は、今回の地震災害に関しまして、何時何分にだれから連絡を受け、対策についてどのような指示を行ったのかという御質問でありますが、私は、この地震災害の発生直後の午前6時過ぎのテレビでまず第一に知りました。直ちに秘書官に連絡をいたしまして国土庁等からの情報収集を命じながら、午前7時30分ごろには第一回目の報告がございまして、甚大な被害に大きく発展をする可能性があるということを承りました。

　この報告を受けまして、さらにその被害状況の的確な把握をして連絡をしてほしいということを要請するとともに、何よりも人命救助を最優先に取り組んでくれ、同時に、火災も起こっておりますから、消火に全力を尽くせということも指示をいたしたところでございます。午前10時からの閣議におきまして非常災害対策本部を設置いたしまして、政府調査団の派遣を決めるなど、万全の対応をとってきたつもりでございます。

　さらに、緊急災害対策本部を設置すべきではないかという質問でありますが、今回の地震災害に対しましては、政府としていち早く非常災害対策本部を設置いたしまして対策に万全を期してきたつもりでありますが、緊急に政府として一体的かつ総合的な対策を講ずるために、昨日、私も、お話がございましたように現地に参りまして、つぶさに現状の把握をし、同時に、被災者の方々からもいろいろな要望を聞いてまいりましたが、私を本部長とする兵庫県南部地震緊急対策本部を設置したところでございます。

　なお、災害対策基本法に基づく緊急災害対策本部の設置につきましては、今後の事態に対応できるように、緊急に判断をしながら措置をしてまいりたいというふうに考えておるところでございます。

　次に、政府の危機管理体制についての御質問でありますが、災害発生時におきましては、関係機関に対する迅速かつ的確な指示が実施できるよう政府の防災体制をとっているところでございまして、自衛隊等の対応につきましても、発生後直ちに伊丹で第36普通科連隊が災害派遣を実施してきたところでございます。

　また、災害対策を円滑に実施するため、地方公共団体に対しましても必要な指示や要請を行ってきたところでございます。

　しかし、今から振り返って考えてみますると、何分初めての経験でもございますし、早朝の出来事でもございますから、幾多の混乱があったと思われますけれども、いずれにいたしましても、防災上の危機管理体制の充実は極めて重要な課題であると認識をしておりまして、今回の経験にかんがみながら、今後見直すべき点は見直すこととして、危機管理体制の強化に努力をしてまいりたいと考えているところでございます。

（国立国会図書館　国会会議録検索システム）

阪神・淡路大震災復興の基本方針及び組織に関する法律（抜粋）（1995年2月24日）

第1条　この法律は、阪神・淡路大震災による著しい被害を受けた地域（以下「阪神・淡路地域」という。）においてその震災被害が未曾有のものであることにかんがみ、阪神・淡路地域の復興についての基本理念を明らかにするとともに、阪神・淡路復興対策本部の設置等を定めることにより、阪神・淡路地域の復興を迅速に推進することを目的とする。

第2条　阪神・淡路地域の復興は、国と地方公共団体とが適切な役割分担の下に地域住民の意向を尊重しつつ協同して、阪神・淡路地域における生活の再建及び経済の復興を緊急に図るとともに、地震等の災害に対して将来にわたって安全な地域づくりを緊急に推進し、もって活力ある関西圏の再生を実現することを基本理念として行うものとする。

第3条　国は、前条の基本理念にのっとり、阪神・淡路地域の復興に必要な別に法律で定める措置その他の措置を講ずるものとする。

第4条　総理府に、阪神・淡路復興対策本部（以下「本部」という。）を置く。

（衆議院HP）

55 村山談話

　村山首相は、日本が行った戦争や植民地支配への反省と謝罪が必要というのが持論であり、首相就任後に実施した中国、韓国、ASEAN諸国への訪問でその確信を深めた。

　村山は当初、自民党、社会党、新党さきがけが連立政権発足時に合意した「共同政権構想」に明記された、戦後50年にあたっての国会決議の実現を目指した。しかし、決議文中の文言を巡って紛糾し、1995年6月9日に衆議院本会議で採決された国会決議の文言は、村山の思いからは大きく後退した内容となった。決議に際しては、内容に不満を抱いた保守系議員と、内容の後退を批判する社会党の一部の議員が欠席して議員定数の半数に満たない状況での採決となり、さらに共産党が反対して、全会一致の可決とはならなかった。このため、予定されていた参議院での国会決議の採択は見送られた。

　国会決議の際の状況から、村山は8月15日に談話を発表する意を強めた。談話の原案作成を命ぜられた谷野作太郎内閣外政審議室長は、学者等の意見も参考にして文案をまとめ、それを村山自らが修正して談話が完成した。

　95年8月15日、村山は戦後50年にあたっての談話を発表した。この談話が村山談話である。発表に先立って談話は閣議決定され、日本政府の公式の文書となった。村山は談話の内容に異を唱える閣僚の罷免も辞さない腹づもりで閣議に臨んだ。

　談話の内容は、①日本の植民地支配と侵略によって損害と被害を受けた国への反省とお詫び、②独善的なナショナリズムの排除と国際協調の促進による平和と民主主義の推進、③国際的な軍縮の積極的な推進、などである。過去への真摯な反省と謝罪が表明された点が注目され、諸外国からも概ね好意的な評価を受けた。未来志向の内容となっている点も注目される。

　村山談話は、2005年に小泉純一郎首相が発した戦後60年談話に継承されるなど、日本の歴史認識問題に決着をつけるはずのものであった。しかし批判もあり、15年に出された安倍晋三首相の戦後70年談話では、村山談話にあった反省と謝罪の色が薄められた。

歴史を教訓に平和への決意を新たにする決議
（1995年6月9日）

　本院は、戦後50年にあたり、全世界の戦没者及び戦争等による犠牲者に対し、追悼の誠を捧げる。

　また、世界の近代史上における数々の植民地支配や侵略的行為に思いをいたし、我が国が過去に行ったこうした行為や他国民とくにアジアの諸国民に与えた苦痛を認識し、深い反省の念を表明する。

　我々は、過去の戦争についての歴史観の相違を超え、歴史の教訓を謙虚に学び、平和な国際社会を築いていかなければならない。

　本院は、日本国憲法の掲げる恒久平和の理念の下、世界の国々と手を携えて、人類共生の未来を切り開く決意をここに表明する。

　右決議する。

　　　　　（国立国会図書館　国会会議録検索システム）

戦後50周年の終戦記念日にあたって
（1995年8月15日）

　戦後50年の節目に当たりまして、総理大臣としての談話を述べさせていただきます。

　先の大戦が終わりを告げてから、50年の歳月が流れました。今、あらためて、あの戦争によって犠牲となられた内外の多くの人々に思いを馳せるとき、万感胸に迫るものがあります。

　敗戦後、日本は、あの焼け野原から、幾多の困難を乗りこえて、今日の平和と繁栄を築いてまいりました。このことは私たちの誇りであり、そのために注がれた国民の皆様一人一人の英知とたゆみない努力に、私は心から敬意の念を表わすものであります。ここに至るまで、米国をはじめ、世界の国々から寄せられた支援と協力に対し、あらためて深甚な謝意を表明いたします。また、アジア太平洋近隣諸国、米国、さらには欧州諸国との間に今日のような友好関係を築き上げるに至ったことを、心から喜びたいと思います。

　平和で豊かな日本となった今日、私たちはややもすればこの平和の尊さ、有難さを忘れがちになります。私たちは過去のあやまちを二度と繰り返すことのないよう、戦争の悲惨さを若い世代に語り伝えていかなければな

りません。特に近隣諸国の人々と手を携えて、アジア太平洋地域ひいては世界の平和を確かなものとしていくためには、なによりも、これらの諸国との間に深い理解と信頼にもとづいた関係を培っていくことが不可欠と考えます。政府は、この考えにもとづき、特に近現代における日本と近隣アジア諸国との関係にかかわる歴史研究を支援し、各国との交流の飛躍的な拡大をはかるために、この二つを柱とした平和友好交流事業を展開しております。また、現在取り組んでいる戦後処理問題についても、わが国とこれらの国々との信頼関係を一層強化するため、私は、ひき続き誠実に対応してまいります。

　いま、戦後50周年の節目に当たり、われわれが銘記すべきことは、来し方を訪ねて歴史の教訓に学び、未来を望んで、人類社会の平和と繁栄への道を誤らないことであります。

　わが国は、遠くない過去の一時期、国策を誤り、戦争への道を歩んで国民を存亡の危機に陥れ、植民地支配と侵略によって、多くの国々、とりわけアジア諸国の人々に対して多大の損害と苦痛を与えました。私は、未来に過ち無からしめんとするが故に、疑うべくもないこの歴史の事実を謙虚に受け止め、ここにあらためて痛切な反省の意を表し、心からのお詫びの気持ちを表明いたします。また、この歴史がもたらした内外すべての犠牲者に深い哀悼の念を捧げます。

　敗戦の日から50周年を迎えた今日、わが国は、深い反省に立ち、独善的なナショナリズムを排し、責任ある国際社会の一員として国際協調を促進し、それを通じて、平和の理念と民主主義とを押し広めていかなければなりません。同時に、わが国は、唯一の被爆国としての体験を踏まえて、核兵器の究極の廃絶を目指し、核不拡散体制の強化など、国際的な軍縮を積極的に推進していくことが肝要であります。これこそ、過去に対するつぐないとなり、犠牲となられた方々の御霊を鎮めるゆえんとなると、私は信じております。

　「杖るは信に如くは莫し」と申します。この記念すべき時に当たり、信義を施政の根幹とすることを内外に表明し、私の誓いの言葉といたします。

　　　　　　　　　　　　　　　　（外務省HP）

56 社会民主党の成立

1955年10月に左右の再統一を果たしてから、社会党は55年体制期において常に野党第一党の地位にあった。憲法改正に反対する護憲の立場を取り、日米安保反対、自衛隊違憲を主張していた。89年に東西冷戦が終結した後もこのスタンスを変更することはなかった。90年代に入ると社会党の勢力は徐々に衰えていき、国政選挙でも議席を減らした。

55年体制を終結させた細川連立政権において、社会党は連立与党の中で第一党でありながら影響力が弱かった。次第に党内の結束を欠く状況も出始め、羽田内閣期には、自民党と接触して自社さによる連立政権樹立を目指す左派と、羽田内閣と協調して連立復帰を目指す右派とに分かれた。

羽田内閣が総辞職し、村山富市委員長が自民党、新党さきがけと組んで首班候補となると、右派も村山内閣の誕生には反対しなかった。しかし、村山政権期に右派はリベラル勢力を結集させて新党を結成するべく、山花貞夫前委員長が中心となって新民主連合を結成し、新進党の川端達夫や民主新党クラブの海江田万里などとともに党の垣根を越えた新会派の結成をはかった。その新会派の結成を届け出た95年1月17日、阪神・淡路大震災が発生した。大災害が発生した状況下での山花らの政治的な動きは強く批判され、結局新会派の結成は見送られた。

党内では小選挙区比例代表並立制のもとで行われる衆院選での党勢の拡大は見込めないとの見方が有力で、右派が新党結成を目指して動いていたのもそのためであった。党内問題に対応するために96年1月に首相を辞した村山は、党名を社会党から社会民主党へ変更することに踏み切り、新党の党首に就任した。

社民党党首となった村山は新党さきがけとの新党結成を目指したものの頓挫した。96年8月に民主党が結成されると社民党も民主党入りを望んだが、民主党側は村山や武村などの入党を認めなかった。社民党の議員の多くは離党して民主党へ参加し、社民党は勢力をさらに縮小させた。

2000年代以降の総選挙において、社民党は一桁台の議席を獲得するにとどまっており、公職選挙法に定められた政党要件を辛うじて満たしている状況が続いている。

基本理念

1、社会民主党は、人間の尊厳、公正と公平、自由と民主主義、人びとの個性と連帯を何よりも尊重する文化と社会を創造します。
2、社会民主党は、日本国憲法の掲げる主権在民、恒久平和、基本的人権、国際協調の理念を守り、創造的に発展させます。

(村川一郎編『日本政党史事典』下巻)

党則

前文

私たち社会民主党は、民主主義の共同の家であり、社会民主主義者、リベラル勢力などさまざまな人びとが参加し、共同の力で人びとの幸福の実現に努める開かれた市民の政党である。国家や経済は、すべて人々の幸福の達成に貢献するものであり、政権担当によって、これを実現する。私たちは、何よりも人間の精神の自由を尊重し、個人の自立と連帯、公正と公平を求める人々にふさわしい政治を行う。

私たち社会民主党は、日本国憲法の理念を活かし、恒久平和を希求し、この星における人間と自然が共存できる文化の創造を理想にかかげ、国際社会との協調によってこれを実現する。私たちは地球市民の安全と平和の確保が、自国民の安全と平和につながることを信頼し、国家主義ではなく、国際主義の道を選びとる。

私たち社会民主党は、歴史の転換期における移行期の政党であり、変革の理念と政策を軸に、さらに多くの人々と合流して、新たに飛躍する。私たちは天空のように澄みきった透明度の高いスカイ・ブルーの政党であることを理想とする。

(同上)

政策の基本課題 (抜粋)

1、新しい文化と社会の創造

私たちは、女性と男性がともに生き、生命と人権を尊重し、公平と公正、自由と民主主義の実現に努め、豊かな個性を大切にするヒューマニズムに満ちた市民社会を創造します。私たちは、子どもの人権を尊び、お年寄りが尊敬され、障害者と非障害者が助け合うことのできる人間関係を育てるとともに、市民的自由と輝かしい尊厳性を最大限に確保する共生の文化の実現に努めます。

3、歴史の認識

私たちは、日本国憲法の精神を国際社会に向かって発信するとともに、過去の植民地支配と侵略戦争の反省と謝罪をおこない、再び、その過ちを繰りかえさないことを諸国民に誓い、国際協調によって平和と互恵の地球社会をつくりあげます。

(同上)

日本社会党第64回定期全国大会　大会宣

(抜粋) (1996年1月19日)

国民のみなさん。

私たちはいま、新しい時代に対応し、新しい世界と価値を共有する「社会民主党」として生まれ変わり、新たな出発を遂げました。この重大な転機にあたり、これまで幾世代にわたる党へのご支援と、わが党が首班を務めた村山連立政権に対するご支持、ご協力に深く感謝申しあげます。

私たちの新たな出発は、憲法を守り、平和と民主主義、公正と連帯を求め続けた日本社会党50年に及ぶ伝統を引き継ぎつつ、政権を担うもうひとつの大きな政治勢力を結集するための決断であります。それは、長年にわたる党改革の集大成であると同時に、私たちが新党づくりの道程に大きく一歩を踏み出したことを意味します。(略)

満場一致で採択されました新「党則」はその前文で、「私たち『社会民主党』は、変革の理念と政策を軸に、さらに多くの人々と合流して、新たに飛躍する。私たちは天空のように澄みきった透明度の高いスカイ・ブルーの政党であることを理想とする」と、謳いあげております。

私たちは「社会民主党」の名に恥じぬよう、これらの「理念」「党則」に盛り込まれた理想を、引き続く連立政権の中でいっそう鮮明に実現するよう努め、当面する総選挙を勝ちぬくことを通じて、広範な市民が参加する新党にふさわしい内実を作り上げます。全党員はここに、心新たに行動することを誓いあいました。みなさんの参加とご支援を、心からお願いするものです。

以上、決議する。　(『月刊社会民主』第489号)

57 橋本龍太郎内閣と行政改革

　村山内閣の総辞職後、自民党、社会党、新党さきがけを与党とする枠組みは維持されたまま、1966年1月自民党の橋本龍太郎総裁が首相に就任した。

　橋本内閣は、懸案だった住宅金融専門会社の不良債権問題について、その一部を税金で処理する方針を引き継いだ。新進党は国会内でピケを組んで審議拒否をしたが、96年6月に住専処理の関連法案が成立した。薬害エイズ問題では、菅直人厚生大臣の主導のもと国としての責任を初めて認め、同問題の和解がなされた。

　外交では、96年4月に沖縄の普天間基地の返還で日米合意を実現した。ロシアのエリツィン大統領とは首脳会談を重ね、領土問題の解決を目指したが、ロシアの不安定な政情もあり北方四島の返還は実現しなかった。

　橋本は96年9月に衆議院を解散した。10月の総選挙は小選挙区比例代表並立制のもとで初めて施行され、自民党は239議席を獲得した。一方で社民党と新党さきがけが議席を大幅に減らし、両党は閣外協力へと転じた。

　第2次内閣の発足にあたり、橋本は、行政改革、経済構造改革、金融システム改革、財政構造改革、社会保障構造改革、教育改革を六大改革と位置づけた。行政改革では橋本を議長とする「行政改革会議」が設置された。同会議は97年12月に、①内閣機能の強化、②省庁再編、③行政のスリム化、④公務員制度改革、を骨子とする最終報告を出し、その後の行政改革の方向性が定められた。98年6月には中央省庁等改革基本法案が成立した。

　一方で、97年11月に、財政赤字の抑制、公共事業費の削減などを骨子とする財政構造改革法が成立した。支出の抑制と国民の負担増で財政構造の転換をはかったが、折からの日本経済の厳しい状況下で見直しを余儀なくされた。

　日本経済はバブル崩壊後の不況に苦しんでおり、北海道拓殖銀行、山一証券といった大手の金融・証券会社が破綻に追い込まれた。さらに、97年7月にタイから始まったアジア経済危機の影響による追い打ちも受けた。

　日本経済が停滞し、景気も浮揚しない中で実施された98年7月の参院選で、自民党は単独過半数を割った。参院選前に社民党と新党さきがけとの閣外協力は解消されており、ねじれ国会となった。敗北の責任をとり、橋本は退陣した。

橋本首相の所信表明演説（抜粋）
（1997年9月29日）

　私は、我が国のすべてのシステムを改革する六つの改革を内閣の最重要課題に掲げ、今日まで全力を傾けてまいりました。少子・高齢化と経済のグローバル化が予想された以上の速さで進む中で、今改革をしなければ社会の活力が失われ、この国にあすはないとの思いからであります。

　六つの改革は、経済構造改革、金融システム改革のように具体的な進展を見せ始めている分野もありますが、これからが正念場であります。国民全体が誇りと自信を持って21世紀を迎えることができるよう、今世紀最後の三年間を集中改革期間とし、内閣を挙げて取り組んでまいります。特に、この臨時国会から次期通常国会までは、行政改革と財政構造改革の帰趨を決する重要な時期であり、議員各位の御理解と御協力を心からお願い申し上げます。（略）

　六つの改革は、長い間私たちがなれ親しんできた仕組みや考え方を変えるものであり、一朝一夕にできるものではありません。しかしながら、少子・高齢化も経済のグローバル化も着実に進んでいるのが現実であります。我が国に活力と自信を取り戻すために、改革を先送りすることは許されません。同時に、痛みを乗り越えて改革を進めるには、国民世論の強い支持が不可欠であり、私は、この時期に国政を預かる責任の重大さを肝に銘じ、政策中心の政治を目指します。さまざまな意見に謙虚に耳を傾け、議論した上で決断し、実行し、その責任を負うとの決意のもとに、与党三党の協力関係を基本として、政策によっては各党、各会派の御協力をいただき、改革を進めてまいりたいと考えます。

（国立国会図書館　国会会議録検索システム）

中央省庁等改革基本法案（抜粋）
（1998年6月12日成立）

第1条　この法律は、平成9年12月3日に行われた行政改革会議の最終報告の趣旨にのっとって行われる内閣機能の強化、国の行政機関の再編成並びに国の行政組織並びに事務及び事業の減量、効率化等の改革

（以下「中央省庁等改革」という。）について、その基本的な理念及び方針その他の基本となる事項を定めるとともに、中央省庁等改革推進本部を設置すること等により、これを推進することを目的とする。

第4条　政府は、次に掲げる基本方針に基づき、中央省庁等改革を行うものとする。

一　内閣が日本国憲法の定める国務を総理する任務を十全に果たすことができるようにするため、内閣の機能を強化し、内閣総理大臣の国政運営上の指導性をより明確なものとし、並びに内閣及び内閣総理大臣を補佐し、支援する体制を整備すること。

第6条　内閣総理大臣が、内閣の首長として、国政に関する基本方針（対外政策及び安全保障政策の基本、行政及び財政運営の基本、経済全般の運営及び予算編成の基本方針並びに行政機関の組織及び人事の基本方針のほか、個別の政策課題であって国政上重要なものを含む。以下同じ。）について、閣議にかけることができることを法制上明らかにするものとする。

第7条　内閣総理大臣以外の国務大臣について、複数省に関係する案件に関する総合調整等を担当する国務大臣が果たすべき役割にかんがみ、その総数を十五人から十七人程度とするよう必要な法制上の措置を講ずるものとする。

第8条　内閣官房は、内閣の補助機関であるとともに、内閣の首長としての内閣総理大臣の職務を直接に補佐する機能を担うものとする。

第10条　内閣府は、内閣に、内閣総理大臣を長とする行政機関として置かれるものとし、内閣官房を助けて国政上重要な具体的事項に関する企画立案及び総合調整を行い、内閣総理大臣が担当することがふさわしい行政事務を処理し、並びに内閣総理大臣を主任の大臣とする外局を置く機関とするものとする。

（衆議院HP）

58　日米安保再定義と普天間基地返還の合意

　冷戦終結後の防衛政策を検討するべく、細川首相の私的懇談機関として防衛問題懇談会が1994年2月に設置された。懇談会は能動的建設的な安全保障と多角的な安全保障協力の促進を提起した報告書を8月に提出した。アメリカでも95年2月にジョセフ・ナイ国防次官補を中心に「東アジア戦略報告」が纏められ、日米安保の再定義が提唱された。

　これらの動きを受けて、96年4月に橋本龍太郎首相とクリントン米大統領は日米安全保障共同宣言を発表した。宣言により日米安保条約の適用範囲はアジア・太平洋地域に拡大され、①アジア・太平洋地域に10万人の米軍兵力を維持する、②「日米防衛協力のための指針」（ガイドライン）の改定に着手する、③沖縄の負担軽減をはかる、などが謳われた。宣言は日米安保体制をアジア・太平洋地域における安定維持の基礎と位置づけた。

　ガイドラインの改定は97年9月になされ、日米間で、平素からの協力、日本が武力攻撃を受けた場合の対処、日本の周辺地域で日本の平和と安全に重要な影響を与える事態（「周辺事態」）が発生した際の協力が決められた。

　普天間基地返還の合意も、沖縄の負担軽減を含む日米安保再定義の中で実現した。米軍による沖縄の基地使用をめぐり、大田昌秀沖縄県知事が使用のための代理署名を拒否したため、日本政府と沖縄が係争していた。そのさなかに基地の一部について、土地利用の契約切れを迎えてアメリカ側が不法に使用する状況も生じており、この事態を収拾する必要があった。

　4月12日、橋本とアメリカのモンデール駐日大使は、普天間基地の5年から7年での全面的返還を発表した。国内では歓迎されたが、沖縄の既存の基地へのヘリポート移設、嘉手納基地への追加施設の建設などが返還の条件となっており、基地の縮小を求める沖縄側にとっては受け入れられない内容だった。

　この後、名護市の海岸に代替施設を建設する案が新たに出され、さらにこの案に代わって名護市辺野古にV字型の2本の滑走路と港湾施設を持つ施設案が浮上する。辺野古沖の代替施設建設による環境破壊への懸念や、沖縄の負担が軽減されないことに対する県民の反発は根強く、合意から20年以上が経過しても普天間基地返還は実現していない。

橋本内閣総理大臣及びモンデール駐日米国大使共同記者会見 (抜粋)（1996年4月12日）

橋本総理　本日、6時半からの会談の中でモンデール大使と私の間で次の合意を得ることになりました。

　普天間飛行場は、今後、5年ないし7年ぐらいに、これから申し上げるような措置が取られた後に、全面返還されることになります。即ち、普天間飛行場が現に果たしている非常に重要なその能力と機能を維持していかなければならない。そのためには、沖縄に現在、既に存在している米軍基地の中に新たにヘリポートを建設する。同時に、嘉手納飛行場に追加的な施設を整備し、現在の普天間飛行場の一部の機能を移し替え、統合する。また、普天間飛行場に配備されている空中給油機、10数機あるそうですけれども、これを岩国飛行場に移し替える。同時に、岩国飛行場からは、ほぼ同数のハリアーという戦闘機、垂直離着陸の戦闘機です。騒音で非常に問題の多いと言われています。このハリアー戦闘機をアメリカ本国に移す。同時に、危機が起こりました時、米軍による施設の緊急使用について、日米両国は、共同で研究を行うことにする。(略)

　この合意に至るまでの検討作業というものは、日米双方にとって、決して容易なものではありませんでした。そして、私は、両国政府が日米両国にとって、日米安全保障条約が最良の選択であると同時に、アジア太平洋地域の安定と繁栄のために、これを積極的に生かしていかなければならないという強い意思があったから、初めて可能になったと思います。同時に、この決断は、沖縄県及び沖縄の方々の強い要望を背景としてなされたものであります。今、5年ないし7年の間にという時限を切った合意が成立をしました。これを実現させるためには、今後、県を始め関係者による最大限の努力が必要であることを改めて強調したいと思います。

　そして、この機会に、総理大臣として、沖縄及びその他の地域で基地を受け入れてくださっている多くの方々に対して、日本全体の安全のために負担を担っていただいていることに、改めて心から感謝の意を表したいと思います。

（首相官邸HP）

日米安全保障共同宣言　21世紀に向けての同盟 (抜粋)（1996年4月17日）

1　本日、総理大臣と大統領は、歴史上最も成功している二国間関係の一つである日米関係を祝した。両首脳は、この関係が世界の平和と地域の安定並びに繁栄に深甚かつ積極的な貢献を行ってきたことを誇りとした。日本と米国との間の堅固な同盟関係は、冷戦の期間中、アジア太平洋地域の平和と安全の確保に役立った。我々の同盟関係は、この地域の力強い経済成長の土台であり続ける。両首脳は、日米両国の将来の安全と繁栄がアジア太平洋地域の将来と密接に結びついていることで意見が一致した。(略)

5　総理大臣と大統領は、この極めて重要な安全保障面での関係の信頼性を強化することを目的として、以下の分野での協力を前進させるために努力を払うことで意見が一致した。

(a)　両国政府は、両国間の緊密な防衛協力が日米同盟関係の中心的要素であることを認識した上で、緊密な協議を継続することが不可欠であることで意見が一致した。両国政府は、国際情勢、とりわけアジア太平洋地域についての情報及び意見の交換を一層強化する。同時に、国際的な安全保障情勢において起こりうる変化に対応して、両国政府の必要性を最も良く満たすような防衛政策並びに日本における米軍の兵力構成を含む軍事態勢について引き続き緊密に協議する。

(b)　総理大臣と大統領は、日本と米国との間に既に構築されている緊密な協力関係を増進するため、1978年の「日米防衛協力のための指針」の見直しを開始することで意見が一致した。両首脳は、日本周辺地域において発生しうる事態で日本の平和と安全に重要な影響を与える場合における日米間の協力に関する研究をはじめ、日米間の政策調整を促進する必要性につき意見が一致した。

（防衛省HP）

59 民主党の結成

　1995年7月の第17回参院選では、与党の社会党が大きく議席を減らした一方、野党第一党の新進党は11議席増と躍進し、村山富市連立政権にとって厳しい結果となった。自民党と新進党による保守二大政党への期待が高まるなか、新党さきがけ代表幹事の鳩山由紀夫は自身の政党が埋没することへの危機感から「第三極」政党を構想する。鳩山は当初日本社会党（96年1月に社会民主党と改称）とさきがけによる「社さ新党」、もしくは新進党の船田元との新党構想（鳩船新党）を想定しており、旧来の左派政党とは異なる新党を結成して「新党ブーム」を起こすことで、さきがけの若手議員を救済することを企図していた。

　96年4月になると、総選挙前に鳩山が新党を結成するとの報道がなされた。清新さを求める鳩山は既存政党同士の合併を否定し、議員個人の参加を求めた一方で既存政党の幹部であった者の入党を拒否したことで「排除の論理」と批難されることとなる。96年9月、民主党（旧）が結成され、鳩山と菅直人が共同代表に就任した。結党に参加したのは鳩山の他、菅、枝野幸男などの「さきがけ」出身者、横路孝弘、赤松広隆などの旧社会党・社民党出身者、海江田万里などの市民リーグ（旧社会党山花グループ）出身者であった。

　同年10月の第41回総選挙では鳩山らが期待した「新党ブーム」は起きず、民主党は現有議席維持にとどまるが、自民党、新進党に次ぐ第三党の地位を確保した。12月には新進党が解党し、同党所属議員が民主党に合流した。翌97年4月に民主党（新）の結成に当たり既存のリベラル系に加えて保守系の議員を包含することから党の基本理念で対立が生じ、結果的に「保守中道」と「中道左派」をすり合わせた「民主中道」に落ち着いた。7月の参院選では、橋本龍太郎内閣への逆風や経済不況の影響などから、自民党は61議席を44議席へと大きく減らす一方、民主党は18議席を27議席に増加させた。また、政党支持率では、民主党は自民党に肉薄し、調査によっては自民党を超えるものもあった。民主党は「第三極」の政党から、政権交代を目指す政党へと変貌することとなる。98年9月の第143回国会では、野党提出の金融再生関連法案を自民党が丸呑みするかたちで成立するなど、民主党の追い風が吹いていたが、「菅ブーム」が終わったことで、民主党の支持率は下落した。99年8月の代表選には菅、鳩山、横路が出馬し、鳩山が代表に選出された。

民主党（旧）の基本理念 (抜粋)（1996年6月）

　私たちがいまここに結集を呼びかけるのは、従来の意味における「党」ではない。

　20世紀の残り4年間と21世紀最初の10年間をつうじて、この国の社会構造を根本的に変革していくことをめざして行動することを決意した、戦後生まれ、戦後育ちの世代を中心として、老壮青のバランスに配慮した、未来志向の政治的ネットワークである。

〔社会構造の100年目の大転換〕

　明治国家以来の、欧米に追いつき追い越せという単線的な目標に人々を駆り立ててきた、官僚主導による「強制と保護からの民主主義」と、そのための中央集権・垂直統合型の「国家中心社会」システムは、すでに歴史的役割を終えた。それに代わって、市民主体による「自立と共生の下からの民主主義」と、そのための多極分散・水平協働型の「市民中心社会」を築き上げなければならない。いままでの100年間が終わったにもかかわらず、次の100年間はまだ始まっていない。そこに、政治、社会、経済、外交のすべてがゆきづまって出口を見いだせないかのような閉塞感の根源がある。(略)

〔友愛精神にもとづく自律と共生の原理〕

　私たちがこれから社会の根底に据えたいと思っているのは「友愛」の精神である。自由は弱肉強食の放埒に陥りやすく、平等は「出る釘は打たれる」式の悪平等に堕落しかねない。その両者のゆきすぎを克服するのが友愛であるけれども、それはこれまでの100年間はあまりに軽視されてきた。20世紀までの近代国家は、人々を国民として動員するのに急で、そのために人間を一山いくらで計れるような大衆（マス）としてしか扱わなかったからである。

　実際、これまでの世界を動かしてきた2大思想である資本主義的自由主義と社会主義的平等主義は、一見きびしく対立してきたようでありながら、じつは人間を顔のない大衆（マス）としてしか扱わなかったということでは共通していた。日本独特の官僚主導による資本主義的平等主義とも言うべきシステムも、その点では例外でなかった。

（民主党「わたしたちの基本理念」1996年6月）

私たちの基本理念～自由で安心な社会の実現をめざして～ (抜粋)（1998年4月27日）

　私たちは、これまで既得権益の構造から排除されてきた人々、まじめに働き税金を納めている人々、困難な状況にありながら自立をめざす人々の立場に立ちます。すなわち、「生活者」「納税者」「消費者」の立場を代表します。「市場万能主義」と「福祉至上主義」の対立概念を乗り越え、自立した個人が共生する社会をめざし、政府の役割をそのためのシステムづくりに限定する、「民主中道」の新しい道を創造します。(略)

　私たちは、政権交代可能な政治勢力の結集をその中心となって進め、国民に政権選択を求めることにより、この理念を実現する政府を樹立します。

（民主党アーカイブHP）

民主党参院選公約『私は変えたい。』(抜粋)（1998年6月5日）

　これからは、頑張った人が、ちゃんと評価され、次世代が、やる気と夢のもてる社会にしませんか？本当に困っている人に、きちんと公的な手が届く、あたりまえの国へ。情けない日本と決別し、世界の中で信頼され、愛される国へ。

　それには、まず、私たち政治家が変わり、政党が変わり、政策決定の拠り所を変えなければなりません。脱"利益誘導型政治"、脱"族議員政治"、そして、脱"永田町政治"です。

　そして、この国に暮らすひとり ひとりも、意識改革が必要かもしれません。それには、痛みが伴います。しかし、このまま、利益分配型の甘い政策に依存し続ければ、5年たっても、10年たっても、日本は再生できないのです。(略)

◎　主権者である国民の思いや実状を知ることにつとめることを、政党として約束します。

◎　政策や立法こそが議員の仕事であることを自覚し、官僚にコントロールされません。

◎　市民立法・議員立法を重視し、みなさんの声を政策に活かしていく事につとめます。

　『有権者とあるべき政治をつなぐ架け橋』になりたい。それが民主党です。　（同上）

60 小渕恵三内閣と連立政権

　1998（平成10）年7月24日の自民党総裁選挙には、小渕恵三、小泉純一郎、梶山静六の、橋本前内閣での閣僚経験者が立候補した。総裁選の結果、小渕が225票を獲得して自民党総裁に就任し、第84代内閣総理大臣に指名された。前年のアジア通貨危機に端を発した金融危機は、山一証券や北海道拓殖銀行の破綻を招いたため、7月30日に成立した第1次小渕内閣の重点政策は景気対策であった。しかも前年の参院選の結果自民党は参議院で過半数を割っていたことから、小渕内閣は低支持率と「ねじれ国会」に悩まされた。同年10月の臨時国会（金融国会）では、野党の金融再生関連法案を丸飲みして辛くも成立させたが、同国会の会期中に防衛庁調達実施本部の背任事件が発覚し、額賀福志郎防衛庁長官は参議院で問責決議案が可決されたため辞任した。

　安定した政権運営のために小渕首相は連立政権を模索する。99年1月、自由党との連立が合意され、第1次改造内閣が発足した。この際、小沢一郎自由党代表から政府委員廃止、党首討論導入、衆議院議員定数削減などの国会改革が求められ、実際に2000年の通常国会から実施された。

　99年9月21日の自民党総裁選において、小渕は無投票での再選を望んでいたが、加藤紘一と山崎拓が立候補した。小渕は2候補に大差をつけて再選された。また10月5日には公明党との連立政権が発足し、公明党代表の神崎武法を含めた三党の合意書が交わされた。自民党は当初から公明党との連立を目指していたが、公明党とその支持母体である創価学会を批判してきたことから自由党を「クッション」にして連立政権を組んだのだった。本命であった公明党との連立が実現したことで、自由党との連立を組むことの意義は低下した。4月1日、与党三党で政権運営に関する協議が行われたが決裂し、自由党は連立政権を離脱した。離脱に反対した議員は、扇千景を党首とする保守党を立ち上げ、連立政権に残ることとなる（自公保政権）。

　小渕首相は00年4月2日未明、脳梗塞のため入院した。小渕は総理大臣臨時代理を指定しておらず、青木幹雄内閣官房長官が「首相から代理に指名された」として臨時代理に就任した。なお小渕が同年7月に開催されるサミット（第26回主要国首脳会議）の開催地を沖縄に決めたことは、高く評価されている。

Fresh Faces Are Few For Top Job In Japan　原文と日本語訳（抜粋）

（1998年7月13日）

"Obuchi has all the pizzazz of a cold pizza," said John F. Neuter,（略）"He wouldn't be calling the shots," Mr. Neuffer added of Mr. Obuchi, if he were to become Prime Minister. "He'd simply be poppers for the party elders."

（"The New York Tiems"）

「日本のトップに新しい人材なし　小渕氏は冷めたピザくらいの魅力しかない。彼が首相となっても彼は決断ができずに単なる党の長老になるだけだ」

内閣総理大臣訓示（抜粋）（1998年7月31日）

　初閣議に際し、私の所信を申し述べ、閣僚各位の格別のご協力をお願いする。
一　この内閣の使命は、先の参議院議員通常選挙において、わが国経済の停滞が続く中で国民が一刻も早い景気の回復を求めたことを真摯に受け止め、日本経済の再生を最重要課題として位置づけ、国民の要求と期待に的確に応えていくことである。
二　景気回復のために直ちに取り組むべきことは、景気回復の足かせとなっている金融機関の不良債権の抜本的な処理であり、今国会に所要の法案を提出し、早期成立に努力してまいりたい。また、税制についても早急に具体的な検討を行い、所得課税、法人課税の恒久的な減税を実施するなど、総合的な経済構造改革を果断に実施して参りたい。

（首相官邸HP）

自民党・自由党連立政権合意書（抜粋）

（1998年11月19日）

2.　国会の政府委員制度を廃止し、国会審議を議員同士の討論形式に改める。そのために必要な国会法改正等法制の整備は次の通常国会にて行う。このことを実現するため、政府及び政府機関の職員の参考人（仮称）としての出席、発言等について両議間の協議機関を設け直ちに具体案の作成に取り組むこととする。　（服部龍二「連立政権合意書―1993－2012―」）

三党連立政権合意書（抜粋）

（1999年10月4日）

政治行政改革
一、定数削減
二、企業団体献金の禁止措置
三、永住外国人地方選挙権附与について
四、国会改革
五、多選禁止
六、行政改革

（同上）

村山富市による故小渕に対する衆議院での追悼演説（抜粋）（2000年5月30日）

　さらに、業績の中で特筆すべきは、我が国でサミットを開くに当たって、開催地を沖縄に決めたことであります。（略）
　思えば、この沖縄サミットに、君の政治家としての誠実さが象徴的にあらわれています。君は、学生時代から何度も沖縄に足を運び、本土防衛のために23万人が犠牲となり、戦後はアメリカの施政権のもとに、本土から切り離され、苦しい中で本土復帰を訴えた姿を目の当たりにして、沖縄への思いを心に刻みつけたと聞いています。
　サミット開催に当たって無難を大事にするなら、若いころの思いに目をつぶることでした。だが、やすきにつくため信念をあいまいにし沖縄の人々の痛みを無視することは、君には到底できない相談でした。だから、困難を承知で、あえて沖縄サミットに踏み切ったのです。その熱い思いが沖縄の人々をどれほど勇気づけているかは、立場こそ違え、長年沖縄問題に取り組んできた私には痛いほどわかります。

（国立国会図書館　国会会議録検索システム）

自民党新総裁に小渕恵三氏（天声人語）（抜粋）

　自民党の田中真紀子代議士は、総裁選を「在庫一掃のガレージセール」「凡人、軍人、変人の争い」と喝破したそうだ。実に巧みな命名、と感じとった人が多かったのだろう、これもたちまち広まった。この場合、小渕新総裁は「凡人」である。

（『朝日新聞』1998年7月25日）

61　森喜朗内閣と「加藤の乱」

　小渕恵三首相の入院により早急に次の総理総裁を決める必要に迫られた自民党では、青木幹雄官房長官、森喜朗幹事長、野中広務幹事長代理、亀井静香政調会長、村上正邦参議院議員会長の5幹部が集まって人選が進められた。その結果、森が2000年4月5日に自民党両院議員総会で総裁に選出され、同日の衆参両院本会議での首班指名を経て、第1次森内閣が発足した。少数の幹部がホテルに集まり次期首相を決めたことが「密室政治」であるとして批判された。

　森内閣は前内閣の閣僚を引き継いで安定した政権運営をするかに見えたが、次第に森の「失言」がクローズアップされるようになる。5月15日、神道政治連盟国会議員懇談会での「神の国発言」により批判を受け、支持が低下した。6月2日、内閣不信任案が提出されたが、森内閣は衆議院を解散（「神の国解散」）し、6月25日に第42回総選挙が執行されることとなった。20日には森首相が選挙演説で、「無党派層は寝ていてくれればいい」旨を発言し、これも問題視された。総選挙の結果、自民党の38議席減など、与党で65議席を減らしたものの過半数を維持し、第2次森内閣が発足した。森首相は党内融和を志向し、99年の総裁選出馬によって反主流派となっていた加藤派から小里貞利を総務会長に、山崎派から保岡興治を法務大臣に選んだ。7月には沖縄サミットが開かれ、経済のグローバル化、構造改革の必要性、感染症対策などが議題とされた。

　同年秋の通常国会では、野党側が再び内閣不信任案を提出した。11月9日、加藤紘一が会合で倒閣を宣言し、「加藤の乱」と呼ばれる内紛が起こった。加藤の盟友である山崎拓が率いる山崎派も同調する姿勢を見せた。加藤自身は自民党内に残り総裁を狙おうとしていたが、加藤派の若手議員や世論は党を出て民主党と組むことを期待しており、派閥内齟齬が生まれていた。党内では野中広務幹事長を先頭に切り崩しを行い、若手議員には公認取り消しや除名を示唆したことで、小選挙区制のもとで主に民主党候補と争った議員は不信任案への同調を断念せざるを得なくなった。20日の衆院本会議に不信任案は提出されたものの、加藤派と山崎派から賛成する者はおらず、「加藤の乱」は失敗に終わった。

　2001年2月には「えひめ丸事件」が起き、森首相がゴルフを楽しんでいる様子が繰り返しテレビなどで流された結果支持率は急激に低下し、森内閣は総辞職に追い込まれた。

神の国発言（抜粋）（2000年5月15日）

「昭和の日」などの制定を致しましたり、今の天皇のご在位のお祝いを致しましたり、陛下ご即位50年60年のお祝いを致しましたり、ま、ややもすると政府側、いま私は政府側におるわけでございますが、若干及び腰になることを前面に出して、日本の国、まさに天皇を中心としている神の国であるぞということを国民の皆さんにしっかり承知をして頂く、その思いでですね、私たちが活動して30年になったわけでございます。

（神道政治連盟HP）

無党派は寝ていてくれればいい
（2000年6月20日）

まだ決めていない人が40％ぐらいいる。最後の2日間にどういう投票行動をするか。そのまま、その人たちが選挙に関心がないと言って寝ていてくれればそれでいいんですけれども、そうもいかないでしょうね。

（五百旗頭真ほか編『森喜朗 自民党と政権交代』）

G8コミュニケ・沖縄2000（仮訳）（抜粋）
（2000年7月23日）

8. 回復のペースはアジア域内で異なっているが、貿易は拡大しており、現にいくつかの国は力強い経済成長を遂げた。改革努力の現時点での焦点は、金融・企業部門の改革の勢いを維持すること、公的・民間部門の統治（ガバナンス）と透明性を改善すること、及び力強く持続可能な成長を確保し生来的な不安定性を回避するための社会的セーフティー・ネットを強化することに向けられなければならない。

（外務省HP）

内閣総辞職に当たっての内閣総理大臣談話
（抜粋）（2001年4月26日）

森内閣は、本日、総辞職いたしました。私は、昨年四月、病に倒れられた故小渕総理のあとを受けて、内閣総理大臣に就任して以来一年余りの間、我が国と国民生活の将来に希望と活力をもたらすよう「日本新生」を内閣の目標として掲げ、諸般の課題に全力で取り組み、様々な分野で一定の道筋をつけることができました。（略）

外交面では、故小渕総理がその実現に強い意欲を示しておられた九州・沖縄サミットの開催を成功させたほか、21世紀日本外交の新たな多角的展開をめざし、日米、日露首脳会談をはじめとして、南西アジア訪問や現職総理としては初めてとなるサハラ以南のアフリカ諸国訪問等精力的にこなしてまいりました。（略）

他方、現在のわが国の政治に対しては、相次ぐ不祥事等の発生もあり、国民の皆様から極めて厳しいご批判があることを真摯に受けとめ、この際、新たな体制のもとで、政治に対する信頼の回復を図りつつ、山積する内外の諸課題に取り組む必要があると考え、総理の職を辞することといたしました。

（首相官邸HP）

森政権についてのインタビュー発言（抜粋）

・森内閣成立の経緯

小渕さんが倒れたときは、通常国会の開会中で、短期決戦で後継を選ばなければならなかった。しかも、直ちに国会で答弁ができなければならないし、来年度予算や国会に提出されている法案の内容も理解していなければならない。それで、「結局、森さんしかいないじゃないか」というのがみんなの意見だった。

・「無党派層は寝ていてくれればいい」発言

……選挙戦の予想を報じていたんですが、どの新聞も全部「自民圧勝」と書いていた。僕はこれは危ないと判断していた。（略）有権者の多くがまだだれに投票するか決めていない。すでに決めている人だけが「自分は自民党だ」「自分は民主党だ」と答えている。

・小泉純一郎を後継としたことについて

（首相のイメージが）ないからいいんだ。橋本さんや小渕さん、そして森というのは、いかにも自民党らしい。小泉さんで今までのような政治家からガラッとタイプを変える。目先を変えるというのも一つの戦略じゃないですか。

（前掲『森喜朗 自民党と政権交代』）

62 　中央省庁の再編と地方分権

　1996年9月、橋本龍太郎首相は講演で肥大化した中央省庁の統廃合を目指すことを表明した。具体的には当時の1府22省庁を、外交防衛・秩序・財務、産業・社会資本整備、保健医療、教育文化に大括りに再編することで縦割り行政の打破と行政の効率化を図ろうとしたのである。中央省庁の再編・統廃合は1980年代にサッチャー・イギリス首相が行った一連の改革に端を発している。先進国における行政改革は歳出削減、行政機関における企画と実施機能の分離、民営化などが中心である。日本でも中曽根内閣期の三公社民営化がその嚆矢となった。

　96年10月の総選挙では、中央省庁再編問題を中心とする行政改革が争点とされた。自社さ連立政権は首相直属の行政改革機関を設置することで合意し、第2次橋本内閣時に行政改革会議が設置された。中央省庁改革は、縦割り行政の弊害除去、内閣・首相のリーダーシップの強化を目標とし、97年12月に提出された行政改革会議の最終報告では、政策立案担当の政策庁と政策執行担当の実施庁への分離や、内閣機能の強化、独立行政法人制度など広範な改革が謳われていた。2001年1月に既存の省庁を1府12省庁への再編や副大臣の設置したことなどに結実した。内閣機能の強化のため設置された内閣には、内閣のリーダーシップ発揮のため特命担当大臣を置き、さらに重要な政策に関して調査審議する機関として経済財政諮問会議などが設置されるに至った。また、99年には国会審議の活性化を目指し大臣政務官が置かれ、政府における政治任用のポストは増加した。

　「地方分権」は冷戦後の世界的な潮流である。日本では細川護熙が92年5月に発表した「自由社会連合結党宣言」で地方分権が打ち出された。同年7月の参院選では、細川が率いる日本新党が比例代表で約360万票を獲得したことで、「地方分権」が具体的な政治課題であることが印象づけられた。日本新党に続き、既成政党も次々に地方分権改革案を発表し、93年6月には衆参両院で「地方分権の推進に関する決議」が議決された。

　地方分権改革は大きく2つの時期に分けることができる。99年7月の地方分権一括法によって、それまで主従の関係と認識されてきた国と地方の関係が対等・協力関係（機関委任事務を廃止し自治事務、法定受託事務とする等）に変化した第1次、2013年6月に成立した第3次地方分権一括法により、地方に対する規制緩和が行われたことに代表される第2次改革である。

橋本龍太郎首相の講演（1996年9月11日）

私はこの際いよいよこの行政改革の本丸ともいうべき中央省庁のあり方自体を白地から見直すべきに至っている、そう確信を致しております。（略）私が行政全体について最も必要であると考えていますのは、縦割り行政の排除と、国民本位の行政を目指した霞ヶ関の改革です。（略）本日のところは私個人としての中央省庁の再編改革に関連したいくつかの問題提起をこの場で行いたいと思います。

まず私は省庁を大括りする、ということを申し上げたいと思います。省の大括り化といってもいいでしょう。（略）
私なりに国の機能を考えると大きく4つの機能があると思います。
1つは防衛、外交と安全保障、治安と法秩序の維持、財政など国家としての存続機能。
2つは経済と産業政策、社会資本整備、科学技術の振興など国の富を拡大し確保する機能。
3つは医療、保健衛生、労働など、国民生活の保障であります。
4つは教育や国民文化の伝承、形成、醸成、こうした機能があるように思います。

国家の四大機能に即した省庁体制がどのようにあるべきなのか。22省庁をこの4つの機能に即して半分程度にすべきではないか。その際に、各国家機能の重要部分と国政に大きな責任を有する省所管の大臣、専門的な事務を政治的責任を持って執行する無任所大臣を組み合わせる。あるいは職員の採用や人事ローテーションを各機能ごとに一元的に運用することは考えられないだろうか、こういったことを原点に立ち返って真剣に検討すべきではないでしょうか。

（日本記者クラブ HP）

森喜朗内閣総理大臣談話（抜粋）
（2001年1月6日）

今回の改革を真に意味あるものとするためには、改革の本旨である「国民本位の行政」について、1府12省庁という新組織に魂を吹き込んでいかなければなりません。私は、経済財政諮問会議、総合科学技術会議等や民間からの人材登用により、行政内外の英知を結集し、新たに設置された内閣府の機能も十分活用し、国政の要諦について、内閣の首長として、確固たる指導性を発揮して参ります。

（首相官邸 HP）

細川護熙「自由社会連合」（日本新党）結党宣言（抜粋）（1992年5月）

五、「第三の開国」への道

新党による日本改革の基本戦略は、海外からの日本批判におびえて自閉的になり、日本社会が持つさまざまなエネルギーを日本国内に「封じ込める」ことではない。逆に日本社会が持つさまざまなエネルギーを地球規模で活かすことをめざして、大胆な対外開放政策を推進し、明治維新以降、特に戦後経済成長期を通じて過度に集権的・画一的・硬直的になってしまった政治・経済・教育・文化のシステムを、分権化・多様化・流動化していくことである。これは譬えてみれば、幕末の黒船、戦後の占領軍による開国に続く、いわば「第三の開国」である。

（『文藝春秋』1992年6月号）

地方分権の推進に関する決議
（1993年6月3日衆議院、6月4日参議院）

今日、さまざまな問題を発生させている東京への一極集中を排除し、国土の均衡ある発展を図るとともに、国民が待望するゆとりと豊かさを実感できる社会をつくり上げていくために、地方公共団体の果たすべき役割に国民の強い期待が寄せられており、中央集権的な行政のあり方を問い直し、地方分権のより一層の推進を望む声は大きな流れになっている。このような国民の期待に応え、国地方との役割を見直し、国から地方への権限移譲、地方税財源の充実強化等地方公共団体の自主性、自律性の強化を図り、21世紀に向けた時代にふさわしい地方自治を確立することが現下の急務である。従って、地方分権を積極的に推進するための法制定をはじめ、抜本的な施策を総力をあげて断行すべきである。右決議する。

（国立国会図書館　国会会議録検索システム）

63　小泉純一郎内閣の「聖域なき構造改革」

　森喜朗首相の辞任による 2001 年 4 月 24 日の自民党総裁選挙には、小泉純一郎、橋本龍太郎、麻生太郎、亀井静香の 4 人が立候補した。最大派閥の橋本が有利との前評判だったが、小泉が 300 票近い票を得て圧勝した。田中真紀子が小泉の応援に回ったことで「小泉ブーム」が起こり、またこの選挙から県連票が 1 票から 3 票に増加したことでその大部分を小泉が獲得したためである。26 日には第 1 次小泉内閣が発足し、01 年を通して 60％から 80％近くの支持を得た（中央調査社）。総裁選で小泉は「古い自民党をぶっ壊して政治経済の構造改革を行う」と主張したが、この場合の自民党とは実質的に経世会のことであり、総裁選では資金分配と、役職の配分を基本とする派閥政治の解体を目指した。組閣にあたっては「サプライズ人事」と呼ばれた、派閥の推薦によらず小泉自身による「一本釣り」を基本とし、さらに女性議員や、竹中平蔵に代表される非議員を積極的に登用することで派閥の役職配分機能を奪っていった。

　小泉内閣は自らを「改革断行内閣」とし、民営化、地方分権改革、特殊法人改革などの「聖域なき構造改革」を目標に掲げ、これらの諸改革を具体化させるため経済財政諮問会議が活用された。橋本内閣時に設置された同会議において予算の基本方針を決定することにより、財務省が握っていた予算編成の主導権を奪おうとしたのである。

　小泉首相の特徴は国民の高い支持を背景としてトップダウンによる政策決定を行ったことである。「小泉内閣に反対する勢力は抵抗勢力」などの善悪二元論、「自民党をぶっ壊す」に代表されるワンフレーズの活用、また制度的には選挙制度改革や中央省庁改革によって強化された総理・総裁のリーダーシップなどを最大限に活用した。議院内閣制でありながらも世論による支持を背景として、それまでの各種改革により強まった首相権限を活用したのである。冷戦の終結によって防衛問題や天皇の制度に関する政策対立軸が消滅し、大きな政府・小さな政府が新たな対立軸となる中で、小泉内閣の構造改革は明確に小さな政府を目指すものであった。田中真紀子外相の更迭によって低下した内閣支持は、構造改革や北朝鮮訪問、郵政民営化などによって安定し、5 年 5 カ月という、当時の戦後歴代 3 位の長期政権となった。一方で小泉構造改革の弊害として、雇用の不安定化、格差拡大なども指摘されている。

内閣総理大臣談話（抜粋）（2001年4月26日）

　私は、本日、内閣総理大臣に任命され、公明党、保守党との連立政権の下、国政の重責を担うことになりました。

　私は、政治に対する国民の信頼を回復するため、政治構造の改革を進める一方、「構造改革なくして景気回復なし」との認識に基づき、各種の社会経済構造に対する国民や市場の信頼を得るため、この内閣を、聖域なき構造改革に取り組む「改革断行内閣」とする決意です。（略）

　さらに、民間にできることは民間に委ね、地方に任せられることは地方に任せるとの原則に照らし、特殊法人や公益法人等の改革、地方分権の推進など、徹底した行政改革に取り組みます。（略）

　私は、自ら経済財政諮問会議を主導するなど、省庁改革により強化された内閣機能を十分に活用し、内閣の長として総理大臣の責任を全うしていく決意であります。「構造改革を通じた景気回復」の過程では、痛みが伴います。私は、改革を推進するに当たって、常に、旧来の利害や制度論にとらわれることなく、共に支え合う国民の視点に立って政策の効果や問題点を、虚心坦懐に検討し、その過程を国民に明らかにして広く理解を求める「信頼の政治」を実践して参ります。

（首相官邸HP）

「抵抗勢力」を巡る質問と答弁（抜粋）
（2001年5月6日衆議院本会議）

鳩山由紀夫（民主党代表）　総理はみずから、改革に抵抗する勢力を恐れず、ひるまず、断固として改革を進めるとしていますが、一体、その抵抗勢力とはだれのことでしょうか。

小泉純一郎（内閣総理大臣）　改革の抵抗勢力についてお尋ねがありました。私は、いろいろな改革を進める場合には、必ず反対勢力、抵抗勢力が出てきます。こういう勢力に対して、恐れず、ひるまず、断固として改革の初志を貫きたい（拍手）。どういう勢力かというのは、やってみなきゃわからない。私の内閣の方針に反対する勢力、これは全て抵抗勢力であります（拍手）。

（国立国会図書館　国会会議録検索システム）

日朝平壌宣言（2002年9月17日）

　小泉純一郎日本国総理大臣と金正日朝鮮民主主義人民共和国国防委員長は、2002年9月17日、平壌で出会い会談を行った。

　両首脳は、日朝間の不幸な過去を清算し、懸案事項を解決し、実りある政治、経済、文化的関係を樹立することが、双方の基本利益に合致すると共に、地域の平和と安定に大きく関与するものとなるとの共通の認識を確認した。

（略）

3.　双方は、国際法を遵守し、互いの安全を脅かす行動をとらないことを確認した。また、日本国民の生命と安全にかかわる懸案事項については、朝鮮民主主義人民共和国側は、日朝が不正常な関係にある中で生じたこのような遺憾な問題が今後再び生じることがないよう適切な措置をとることを確認した。

（首相官邸HP）

内閣総辞職に当たっての内閣総理大臣談話（抜粋）（2006年9月26日）

　就任当時、我が国の経済は低迷し、将来に対して悲観的な見方があふれていました。今日、日本社会には、新しい時代に挑戦する意欲と「やればできる」という自信が芽生え、改革の芽が大きな木に育ちつつあります。民間や地域の方々が「痛みに耐えて」改革に取り組んだおかげで、経済は着実に景気回復軌道にのってきました。様々な改革が、極めて困難との批判もある中で実現できたのは、多くの国民のご理解とご支持があったからこそであります。

　改革に終わりはありません。これからも新総理とともに国民の皆様が力を合わせ、日本の将来を信じ、勇気と希望をもって改革を続けていくことを願っております。私も、一国会議員として、我が国の明日への発展のため、微力を尽くしていく考えであります。

（同上）

64　小泉首相の靖国神社参拝

　2001年4月の自民党総裁選期間中、小泉候補が8月15日（終戦の日）に靖国神社への参拝を公約したことで、靖国問題は俄に政治問題化した。1980年代には鈴木、中曽根両首相が参拝していたが、96年7月29日に橋本首相が参拝して以来、首相の参拝はなかった。小泉は8月15日の参拝を公約したが、国内外、特に中国、韓国との関係に配慮して8月13日に参拝した。その参拝に対して中国や韓国から批判が起きたが、福田康夫官房長官の私的諮問会議（追悼・平和祈念のための祈念碑等施設の在り方を考える懇談会）の設置が「新たな追悼施設」建設の検討と受け止められた。また日韓ワールドカップ共催を控えていたことから両国は抑制的な対応をとったものの、小泉首相は退陣するまで毎年参拝したことで問題が深刻化していく。02年には靖国神社春季例大祭（4月21日）に合わせ二度目の参拝を行った。国内外から懸念や批判を受けながらも小泉首相が靖国参拝を続けたのは、ひとつには本人が述べたように「心の問題」があった。他方では、小泉首相のリーダーシップが世論の高い支持を源泉としていたことで、参拝を中止した場合の世論からの反発を危惧したと見ることもできる。

　03年3月、中国では胡錦濤が国家主席に就任したものの、江沢民前主席が依然として軍を掌握していた。中国は東シナ海でのガス田開発を進めており、04年11月には原子力潜水艦が領海侵犯を引き起こした。韓国では、金大中の後任に、日本とは距離を置く盧武鉉が大統領に就任し、05年頃から日本に対する強硬策を採用し始める。これらと時を同じくして、日本国内における対中、対韓イメージは悪化していった。

　06年8月15日、小泉は首相在任中初めて、「終戦の日」に靖国神社への参拝を行った。米クリントン政権下で国防次官を務めたジョセフ・ナイは、日本の「政治家たちが戦争時代の過去と正面から向き合うことを避けている」と指摘した（『東京新聞』2005年10月22日）。首相の靖国参拝が「国際問題」化する要因のひとつとして、東条英機などのA級戦犯の合祀問題が根底にある。1978年、宮司であった松平永芳が東条らを「昭和殉難者」として靖国神社に合祀し、このことに対し昭和天皇は「不満」を打ち明けていた。靖国神社を取り巻く問題は、首相の参拝を巡る是非論、A級戦犯の評価などの論点があり、様々な議論が求められる。

小泉内閣総理大臣談話（2001年8月13日）

　わが国は明後8月15日に、56回目の終戦記念日を迎えます。21世紀の初頭にあって先の大戦を回顧するとき、私は、粛然たる思いがこみ上げるのを抑えることができません。この大戦で、日本は、わが国民を含め世界の多くの人々に対して、大きな惨禍をもたらしました。とりわけ、アジア近隣諸国に対しては過去の一時期、誤った国策にもとづく植民地支配と侵略を行い、計り知れぬ惨害と苦痛を強いたのです。それはいまだに、この地の多くの人々の間に、癒やしがたい傷痕となって残っています。

　私はここに、こうしたわが国の悔恨の歴史を虚心に受けとめ、戦争犠牲者の方々すべてに対し、深い反省とともに、謹んで哀悼の意を捧げたいと思います。

　私は、二度とわが国が戦争への道を歩むことがあってはならないと考えています。私は、あの困難な時代に祖国の未来を信じて戦陣に散っていった方々の御霊の前で、今日の日本の平和と繁栄が、その尊い犠牲の上に築かれていることに改めて思いをいたし、年ごとに平和の誓いを新たにしてまいりました。私は、このような私の信念を十分説明すれば、わが国民や近隣諸国の方々にも必ず理解を得られるものと考え、総理就任後も、8月15日に靖国参拝を行いたい旨を表明してきました。

　しかし、終戦記念日が近づくにつれて、内外で私の靖国参拝是非論が声高に交わされるようになりました。そのなかで、国内からのみならず、国外からも、参拝自体の中止を求める声がありました。このような状況の下、終戦記念日における私の靖国参拝が、私の意図とは異なり、国内外の人々に対し、戦争を排し平和を重んずるというわが国の基本的考え方に疑念を抱かせかねないということであるならば、それは決して私の望むところではありません。私はこのような国内外の状況を真摯に受け止め、この際、私自らの決断として、同日の参拝は差し控え、日を選んで参拝を果たしたいと思っています。（略）

　また、今後の問題として、靖国神社や千鳥が淵戦没者墓苑に対する国民の思いを尊重しつつも、内外の人々がわだかまりなく追悼の誠を捧げるにはどのようにすればよいか、議論をする必要があると私は考えております。

（首相官邸HP）

富田朝彦元宮内庁長官による「富田メモ」
（抜粋）（1988年4月28日付）

私は　或る時に、A級が合祀されその上　松岡、白取までもが

筑波は慎重に対処してくれたと聞いたが、松平の子の今の宮司がどう考えたのか

易々と松平は　平和に強い考があったと思うのに

親の心子知らずと思っている

だから　私はあれ以来参拝していない

それが私の心だ

（『日本経済新聞』2006年7月20日）

松平永芳「誰が御霊を汚したのか」（抜粋）

　私の就任したのは53年7月で、10月には、年に1度の合祀祭がある。合祀するときは、昔は上奏してご裁可をいただいたのですが、今でも慣習によって上奏簿を御所へもっていく。そういう書類をつくる関係があるので、9月の少し前でしたが、「まだ間に合うか」と係に聞いたところ、大丈夫だという。それなら千数百柱をお祀りした中に、思い切って、十四柱をお入れしたわけです。（略）

　9月2日にミズーリ号での調印があり。占領行政が始まる。そして26年の9月8日にサンフランシスコで平和条約の調印がある。その発効は翌27年の4月28日、天長節の前日です。ですから、日本とアメリカがその他が完全に戦闘状態をやめたのは、国際法上、27年の4月28日だといっていい。その戦闘状態にあるとき行った東京裁判は軍事裁判であり、そこで処刑された人々は、戦闘状態のさ中に殺された。つまり、戦場で亡くなった方と、処刑された方は同じなんだと、そういう考えです。

（『諸君』1992年12月号）

65　小泉内閣期の自衛隊海外派遣

2001年9月11日、アメリカで同時多発テロが勃発すると、国際連合は、テロ活動で引き起こされた国際の平和と安全への脅威にあらゆる手段を用いて戦うことを決意し、必要な手段をとるとする安保理決議1368を採択した。これを受けてブッシュ米大統領は、事件を引き起こしたアルカーイダの指導者オサマ・ビンラディンを隠匿しているとして、同盟国と共にアフガニスタンへの軍事行動をとった。

アメリカから協力を求められた小泉首相は支援を約し、自衛隊派遣の為の法案成立を急いだ。その結果、テロ対策特別措置法が10月29日に成立し、非戦闘地域における支援活動、捜索救助活動、被災民救援活動を行うことが可能となった。特措法が成立して間もない11月、海上自衛隊の3隻の艦船がインド洋に派遣され、アメリカやイギリスなどの船艦に対する補給活動に従事した。特措法は2年間の時限立法であったが、延長を重ね、海上自衛隊による補給活動は07年11月まで継続された。

03年12月には、陸上自衛隊がイラクに派遣されている。この年の3月、アメリカはイギリスなどとともに、大量破壊兵器を保有しているとしてイラクへの武力攻撃を開始していた。小泉首相は、アメリカの軍事行動への支持を表明し、自衛隊をイラクに派遣するための特措法の制定を目指した。法案では、自衛隊が従事するのはイラクでの人道復興支援とアメリカ軍などの後方支援を行う安全確保支援活動とされ、その活動は非戦闘地域に限定された。国会審議では、小泉首相が「自衛隊が派遣されるところが非戦闘地域」という粗雑な答弁を行って批判される場面もあった。

特措法は7月26日に成立し、12月に陸上自衛隊がイラク南部のサマーワに派遣された。陸上自衛隊はイラクで06年7月まで活動し、医療支援、インフラの整備などを行った。後に公開された「日報」には、治安が良いとされたサマーワ周辺でも治安が悪化していた状況が記録されており、非戦闘地域のみの活動だったのかという疑問が生じた。航空自衛隊も派遣され、物資輸送などの活動を09年2月まで実施した。

テロ対策特別措置法 （抜粋）

（2001年11月2日）

第1条　この法律は、平成13年9月11日に
アメリカ合衆国において発生したテロリスト
による攻撃（以下「テロ攻撃」という。）が国
際連合安全保障理事会決議第1168号におい
て国際の平和及び安全に対する脅威と認めら
れたことを踏まえ、あわせて、同理事会決議
第1267号、第1269号、第1333号その他の
同理事会決議が、国際的なテロリズムの行為
を非難し、国際連合のすべての加盟国に対し
その防止等のために適切な措置をとることを
求めていることにかんがみ、我が国が国際的
なテロリズムの防止及び根絶のための国際社
会の取組に積極的かつ主体的に寄与するた
め、次に掲げる事項を定め、もって我が国を
含む国際社会の平和及び安全の確保に資する
ことを目的とする。
　　一　テロ攻撃によってもたらされている脅
　　威の除去に努めることにより国際連合憲章
　　の目的の達成に寄与するアメリカ合衆国そ
　　の他の外国の軍隊その他これに類する組織
　　（以下「諸外国の軍隊等」という。）の活動に
　　対して我が国が実施する措置、その実施の
　　手続その他の必要な事項
　　二　国際連合の総会、安全保障理事会若し
　　くは経済社会理事会が行う決議又は国際連
　　合、国際連合の総会によって設立された機
　　関若しくは国際連合の専門機関若しくは国
　　際移住機関（以下「国際連合等」という。）
　　が行う要請に基づき、我が国が人道的精神
　　に基づいて実施する措置、その実施の手続
　　その他の必要な事項
第3条　この法律において、次の各号に掲げ
る用語の意義は、それぞれ当該各号に定める
ところによる。
　　一　協力支援活動　諸外国の軍隊等に対す
　　る物品及び役務の提供、便宜の供与その他
　　の措置であって、我が国が実施するものを
　　いう。
　　二　捜索救助活動　諸外国の軍隊等の活動
　　に際して行われた戦闘行為によって遭難し
　　た戦闘参加者について、その捜索又は救助
　　を行う活動（救助した者の輸送を含む。）で
　　あって、我が国が実施するものをいう。

　　三　被災民救援活動　テロ攻撃に関連し、
　　国際連合の総会、安全保障理事会若しくは
　　経済社会理事会が行う決議又は国際連合等
　　が行う要請に基づき、被害を受け又は受け
　　るおそれがある住民その他の者（以下「被
　　災民」という。）の救援のために実施する食
　　糧、衣料、医薬品その他の生活関連物資の
　　輸送、医療その他の人道的精神に基づいて
　　行われる活動であって、我が国が実施する
　　ものをいう。

（官報）

非戦闘地域をめぐる小泉首相の説明 （抜粋）

（2003年7月23日）

内閣総理大臣（小泉純一郎君）　それは、私は
イラク国内のことを、よく地図がわかって、
地名とかそういうものをよく把握しているわ
けではございません。今も、民間人も政府職
員も、イラク国内で活動しているグループは
たくさんあるわけですから、今でも非戦闘地
域は存在していると思っています。
　しかし、菅さん言われたように、日本政府
が非戦闘地域をつくるなんという、そんな考
えは毛頭ありません。日本政府が非戦闘地域
をつくることなんかできるわけないんですか
ら。
　だから、今後この法案が成立すれば、よく
イラク国内の情勢を見きわめて、そして非戦
闘地域があるかないか、よく状況を調査し
て、そういう地域に自衛隊の活躍する分野が
あれば自衛隊を派遣することができるという
法案なんですから、今後よく状況を見きわめ
なきゃ、それはわからないことです。
　また、どこが非戦闘地域でどこが戦闘地域
かと今この私に聞かれたって、わかるわけな
いじゃないですか。これは国家の基本問題を
調査する委員会ですから。それは、政府内の
防衛庁長官なりその担当の責任者からよく状
況を聞いて、最終的には政府として我々が判
断することであります。
　はっきりお答えいたしますが、戦闘地域に
は自衛隊を派遣することはありません。

（国立国会図書館　国会会議録検索システム）

66 小泉首相の北朝鮮訪問

　2002年9月17日、小泉純一郎首相は、日本の首相として初めて朝鮮民主主義人民共和国（北朝鮮）を訪問した。小泉訪朝に先立ち、外務省の田中均アジア太平洋州局長が、01年から北朝鮮関係者と極秘に折衝を重ねていた。日本は、北朝鮮に1970年代から起こった日本人拉致事件への関与を認めさせ、北朝鮮の核兵器やミサイルの開発に歯止めを掛け、その上で92年に頓挫した国交正常化交渉を再開させようとはかった。日本側の要求を北朝鮮側が認めるかどうか不明な状況で、小泉は訪朝に踏み切った。

　首脳会談に先立ち、北朝鮮から日本人拉致被害者の「5人生存、8人死亡」との情報が明らかにされた。小泉との会談で金正日国防委員会委員長は、拉致事件への北朝鮮の関与を認めて謝罪し、生存者の帰国と情報提供を約束した。

　首脳会談後、日朝平壌宣言が発せられた。宣言の骨子は、①日朝間の国交正常化に向けた交渉の再開、②日本は過去の植民地支配によって多大な損害と苦痛を与えたことを謝罪、③国交正常化交渉では、経済協力を協議、④日本人の生命と安全に関わる問題が再発しないよう北朝鮮側は適切な処置をとる、⑤核問題の包括的解決のため、関連する国際的合意を遵守する、であった。

　5人の生存者は10月15日に帰国を果たした。一時帰国の予定だったが、日本政府内で5人を北朝鮮へ帰すことへの異論が出て、日本にとどめることになった。これに対して、北朝鮮側は猛反発した。

　核問題について、北朝鮮は凍結していた核開発の再開を02年12月に断行し、国際原子力機関（IAEA）の査察官の追放を決定するとともに、翌03年1月には核拡散防止条約（NPT）からの脱退を表明した。

　未帰還の拉致被害者家族の問題と核問題を協議するため、小泉は04年5月22日に再び北朝鮮を訪問した。金委員長との会談では、①北朝鮮による自国内の拉致被害者家族の日本への帰国の同意と、安否不明の拉致被害者の調査再開、②国際機関を通じた日本の北朝鮮への人道的支援の実施、③日朝平壌宣言の遵守、④核問題の解決のため六者協議の推進、などで合意した。この合意を受け、拉致被害者家族の日本への帰国も実現している。

　しかし、日本人拉致問題は解決に至っておらず、北朝鮮も核開発を継続しており、日朝国交正常化は実現していない。

日朝平壌宣言（抜粋）（2002年9月17日）

小泉純一郎日本国総理大臣と金正日朝鮮民主主義人民共和国国防委員長は、2002年9月17日、平壌で出会い会談を行った。

両首脳は、日朝間の不幸な過去を清算し、懸案事項を解決し、実りある政治、経済、文化的関係を樹立することが、双方の基本利益に合致するとともに、地域の平和と安定に大きく寄与するものとなるとの共通の認識を確認した。

1. 双方は、この宣言に示された精神及び基本原則に従い、国交正常化を早期に実現させるため、あらゆる努力を傾注することとし、そのために2002年10月中に日朝国交正常化交渉を再開することとした。

双方は、相互の信頼関係に基づき、国交正常化の実現に至る過程においても、日朝間に存在する諸問題に誠意をもって取り組む強い決意を表明した。

2. 日本側は、過去の植民地支配によって、朝鮮の人々に多大の損害と苦痛を与えたという歴史の事実を謙虚に受け止め、痛切な反省と心からのお詫びの気持ちを表明した。

双方は、日本側が朝鮮民主主義人民共和国側に対して、国交正常化の後、双方が適切と考える期間にわたり、無償資金協力、低金利の長期借款供与及び国際機関を通じた人道主義的支援等の経済協力を実施し、また、民間経済活動を支援する見地から国際協力銀行等による融資、信用供与等が実施されることが、この宣言の精神に合致するとの基本認識の下、国交正常化交渉において、経済協力の具体的な規模と内容を誠実に協議することとした。

双方は、国交正常化を実現するにあたっては、1945年8月15日以前に生じた事由に基づく両国及びその国民のすべての財産及び請求権を相互に放棄するとの基本原則に従い、国交正常化交渉においてこれを具体的に協議することとした。

双方は、在日朝鮮人の地位に関する問題及び文化財の問題については、国交正常化交渉において誠実に協議することとした。

3. 双方は、国際法を遵守し、互いの安全を脅かす行動をとらないことを確認した。また、日本国民の生命と安全にかかわる懸案問題については、朝鮮民主主義人民共和国側は、日朝が不正常な関係にある中で生じたこのような遺憾な問題が今後再び生じることがないよう適切な措置をとることを確認した。

4. 双方は、北東アジア地域の平和と安定を維持、強化するため、互いに協力していくことを確認した。

双方は、この地域の関係各国の間に、相互の信頼に基づく協力関係が構築されることの重要性を確認するとともに、この地域の関係国間の関係が正常化されるにつれ、地域の信頼醸成を図るための枠組みを整備していくことが重要であるとの認識を一にした。

双方は、朝鮮半島の核問題の包括的な解決のため、関連するすべての国際的合意を遵守することを確認した。また、双方は、核問題及びミサイル問題を含む安全保障上の諸問題に関し、関係諸国間の対話を促進し、問題解決を図ることの必要性を確認した。

朝鮮民主主義人民共和国側は、この宣言の精神に従い、ミサイル発射のモラトリアムを2003年以降も更に延長していく意向を表明した。

双方は、安全保障にかかわる問題について協議を行っていくこととした。　（外務省HP）

小泉純一郎「訪朝を終えて」（抜粋）（2002年9月19日）

17日、私は、日本の総理大臣としてはじめて、北朝鮮の平壌を訪問し、金正日国防委員長と会談しました。

金正日国防委員長との会談で、拉致問題について安否を確認することができましたが、帰国を果たせず亡くなられた方々のことを思うと痛恨の極みです。ご家族の気持ちを思うと言うべき言葉もありません。（略）

「日朝平壌宣言」の原則と精神が誠実に守られれば、日朝関係は敵対関係から協調関係に向けて大きな歩みをはじめることになります。

私は北朝鮮のような近い国との間で懸念を払拭し、互いに脅威を与えない協調的な関係をつくりあげることは日本の国益に資するものであり、政府としての責務であると信じます。　（小泉内閣メールマガジン 第62号）

67 民主党と自由党の合併

2002年11月29日、民主党の鳩山由紀夫代表は自由党の小沢一郎党首に対して、1強となっていた小泉自民党に対抗するため「野党結集」を旗印に合併を申し込んだ。同年9月に代表選を制した鳩山は、論功行賞人事を批判されて党内の求心力を失っていたことから退陣論を抑えようとしたためである。しかし、民主党内には新進党解散時のいきさつから「小沢アレルギー」を持つ議員も多く、結局合併は失敗に終わり、鳩山も辞任に追い込まれた。

12月に行われた民主党代表選では、民由合流に対する消極派の支持を集めた菅直人が当選した。合流に前向きだった菅は、党内の環境整備を慎重に進めた。03年1月、小沢との会談で一旦は合流の判断を先延ばしし、5月には小沢に国会での統一会派結成を持ちかけたが、小沢は拒否した。小沢は、01年の小泉政権発足当初から民主党と合流することで自民党に対抗できる野党の結成を目指していたためである。慎重に党内をまとめたい菅と、合流を早急に進めたい小沢との間に溝ができていたものの、小泉首相が11月総選挙を行うとの観測が強まったことで候補者調整や選挙運動準備が必要となるため合流は一気に実現へと向かった。7月、菅と小沢は会談に臨み、民主党が自由党を吸収すること、現執行部体制は合流後も維持することで合意して、民主党が誕生した。小沢は会見で「政党そのものの存在は手段でしかない」と言い切り、政権交代こそが目的であることを強調したのである。

03年7月下旬の時点で両党の候補者が30選挙区で競合していたことから、調整は困難を極めた。なお、民由合併により衆院での議席は増えたものの、自民党247に対して民主党は137と100以上の開きがあった。03年11月9日に実施された第43回衆院選はマニフェスト（政権公約）を用いた初めての選挙となり、民主党は「政権選択選挙」を争点として自民党に挑んだ。民主党は40増の177議席を獲得し、自民党は10減の237議席であった。自公保で絶対安定多数を確保したものの、二大政党化は一気に進んだ。民主党が獲得した177議席は、戦後自民党以外の政党での最多議席であり、比例区の得票数は自民党を上回った。

04年2月開会の国会は年金国会と呼ばれ、年金未納を追及した菅自身にも未納期間があったことが発覚し代表辞任に追い込まれ、岡田克也が次期代表となり二大政党間での政権選択が現実味を帯び始めた。

鳩山代表、最後の賭け 新党検討
（2002年11月29日）

　民主党の鳩山代表が29日、「最後の賭け」に出た。自ら「代表の座」を賭けて野党結集を目指すことで求心力の回復を期すもので、退路を断っての局面打開策だ。党内の時期尚早論にも関わらず、鳩山氏は同日夜、結集の相手方の自由党の小沢党首と会談した。新党結成を模索する「賭け」との見方も広がっているが、今後の展開次第では、逆に「鳩山降ろし」が本格化する危険もあり、鳩山氏の判断が逆効果になる可能性もある。

　民主、自由両党を中心とする新党構想は、今週に入って統一会派構想として表面化した。ただ、鳩山氏に近い議員らによる野党結集で鳩山体制の強化を図る動きと、羽田孜特別代表らによる鳩山氏の代表辞任を前提に新たな「顔」を持つ新勢力への道を探る動きに二分されていた。

（『朝日新聞』2002年11月30日）

合流優先、選挙後の火種に（2003年7月）

　2003年7月23日、民主党代表の菅直人と自由党党首の小沢一郎は9月末の合併方針で合意した。民主党には「壊し屋」の小沢への警戒感がくすぶる中、首相、小泉純一郎による「秋の衆院解散」観測に追われるように決断した。菅は会談後「小異を残して大同につく」と語った。

　小沢は01年の小泉政権発足後から民主党との合流構想を温め始めた。（略）

【選挙でまとまり　いつの時代も】
藤井裕久（元自由党幹事長）「小沢一郎氏は反自民・反小泉がまとまらないといけないと考えていた。民主党との合流方針は決めていた。指示はなかったが以心伝心だ。小沢氏は党名も民主党、執行部人事も（合流前の）民主党のままでいいと言っていた。合併は必要だった。いざ選挙という時にまとまるのはいつの時代も同じだ」

（『日本経済新聞』2015年6月7日）

民主・自由両党首の発言（2003年7月）
【菅民主党代表の発言要旨】
　今の日本の行き詰まった経済、政治、社会

状況を変えるには政治の指導性を回復しないと行けない。今回の小泉政権にはそうした指導性を期待することはできない。この十年間、本当の政権交代ができていない。小異を残して大同につく覚悟で合併が必要だ。（略）

【小沢自由党党首の会見要旨】
一、自民党政権を倒して政権交代を図るには、野党が大同団結して総選挙を戦わないといけない。民主党もそういう視点に立ってこの決断をした。その他の党派も一致協力して政権交代を図ろうと決断してくれることを期待する。

一、政党そのものの存在は手段でしかない。政党の存続が目的ではない。手段について何の未練も何の干渉もない。目標はただ一点、政権交代を図ることだ。我々はポストは何も求めていない。

（『日本経済新聞』2003年7月24日）

党首討論も二大政党化 （抜粋）

　昨年秋の総選挙後初めての国会での党首討論が18日、開かれる。45分ある討議時間の割り振りは、野党間の調整の結果、民主党の菅代表が40分、共産党の志位委員長が5分だけ。大半の時間を菅代表と小泉首相の「対決」が占め、二大政党化の波が押し寄せた格好となった。

（『朝日新聞』2004年2月18日）

第43回衆議院議員総選挙結果

	公示前勢力	立候補者数	当選者数	公示前比
自民党	247	336	237	-10
民主党	137	277	177	40
公明党	31	55	34	3
共産党	20	316	9	-11
社民党	18	65	6	-12
保守新党	9	11	4	-5
諸派	8	13	2	-6
無所属	0	86	11	6
合　計	※ 475	1159	480	

※欠員5
（総務省『平成15年11月9日執行　衆議院議員総選挙最高裁判所裁判官国民審査結果調』）

68　郵政民営化問題と郵政解散

　2005年8月8日、小泉首相は郵政民営化関連法案が参院で否決されたことを理由として、衆議院を解散した。小泉と郵政問題との関わりは1979（昭和54）年の第2次大平正芳内閣まで遡る。同内閣で大蔵政務次官に就任した小泉は、郵便貯金や簡易保険などの資金を原資とする財政投融資が公共事業にまわされており、郵政族を擁する田中派による利益誘導政治の源泉になっていると認識していた。巨大国営企業である郵政事業の改革は橋本龍太郎内閣時に行政改革の対象となり民営化が目指されたが、党内の族議員や郵政系労組の支援を受ける野党議員、郵政官僚の抵抗により公社化（日本郵政公社）することで妥協したという経緯があった。現業部門を国家から切り離し「小さな政府」を目指す動きは、1980年代頃からの世界的な傾向である。それはイギリスのサッチャー首相、アメリカのレーガン大統領、日本の中曽根康弘首相に代表される民営化、規制緩和、市場原理の重視を特徴とする新自由主義の現れであった。

　橋本行革によって03年4月1日に日本郵政公社が発足することが決まっていたため、第1次小泉内閣は02年4月郵政関連法案を国会に提出した。同法案は橋本行革時に合意された以上の民間参入を認めており、自民党の事前審査を経ずに国会に提出されたこともあり党総務会は紛糾する。衆院解散を辞さない小泉首相に対し、郵政族は「抵抗勢力」のレッテル貼りがなされることを恐れ妥協した。

　05年1月21日、通常国会における施政方針演説で小泉首相は郵政民営化法案を提出すると宣言した。その後、党内の事前審査を経ず、全会一致が慣例であった総務会において賛成多数で承認され、法案が国会に提出された。7月5日の衆院本会議では同法案の採決が行われ、5票差で可決、他方の参院では8月8日の採決で自民党内から22名の反対、8人の棄権が出たため17票差で否決された。このことを理由として衆院を解散した小泉首相は、造反議員に自民党の公認を与えず、さらに造反議員の選挙区に他の公認候補——刺客と呼ばれた——を立て、選挙戦を戦った。この結果、造反議員は無所属で戦うことを余儀なくされ、多くの元自民党議員が落選した。選挙の結果、自民党は公示前勢力より84議席増の296議席を獲得し、自公両党で議席の3分の2を確保した。選挙後の10月21日に郵政民営化法案が再び提出され成立した。この選挙で当選した刺客候補は「小泉チルドレン」と呼ばれた。

小泉内閣総理大臣記者会見（衆議院解散を受けて）（抜粋）（2005年8月8日）

　本日、衆議院を解散致しました。それは、私が改革の本丸と位置づけてきました、郵政民営化法案が参議院で否決されました。言わば、国会は郵政民営化は必要ないという判断を下したわけであります。

　私は、今年の通常国会冒頭におきましても、施政方針演説で郵政民営化の必要性を説いてまいりました。そして、今国会で郵政民営化法案を成立させると言ってまいりました。しかし、残念ながらこの法案は否決され廃案となりました。国会の結論が、郵政民営化は必要ないという判断を下された。私は本当に国民の皆さんが、この郵政民営化は必要ないのか、国民の皆さんに聞いてみたいと思います。言わば、今回の解散は郵政解散であります。郵政民営化に賛成してくれるのか、反対するのか。これをはっきりと国民の皆様に問いたいと思います。

　私は、4年前の自民党総裁選挙において、自民党を変える、変わらなければぶっ壊すと言ったのです。その変えるという趣旨は、今まで全政党が郵政民営化に反対してまいりました。なぜ民間にできることは民間にと言いながら、この郵政三事業だけは民営化してはならないと、私はこれが不思議でなりませんでした。郵便局の仕事は本当に公務員でなければできないのか、役人でなければできないのか、私はそうは思いませんでした。郵便局の仕事は、民間の経営者に任せても十分できると。むしろ民間人によってこの郵便局のサービスを展開していただければ、今よりももっと多様なサービスが展開できる。

（首相官邸 HP）

自民党マニフェスト（抜粋）（2005年8月）

「郵政民営化」で 脱役人天国

・役人の「無駄づかいの温床」だった郵便貯金、簡易保険の340兆円を民間に
・国民の資産である「郵便局ネットワーク」は必ず維持します。

「郵政民営化」をいまやらないでいつやる！

・郵便物は、どんどん減っています。現状を放置すれば、国民の負担は避けられません。

・官のルールに縛られた「公社」のままでは、新しいサービスも提供できず、ジリ貧です。

　26万人もの郵政国家公務員の既得権を守って、どんな改革ができるというのか。なんでもかんでも役所が手を出し、既得権を守ろうとする。そんな役人天国を許していたら、この国は重税国家になってしまう。「郵政民営化＝小さな政府」で、脱・役人天国。改革を望むなら、あなたの一票を自民党に。

（『自由民主党政権公約 2005』）

第163回国会における小泉内閣総理大臣所信表明演説（抜粋）（2005年9月26日）

　この度の総選挙の結果を受け、三度、内閣総理大臣の重責を担うことになりました。「改革なくして成長なし」、「民間にできることは民間に」、「地方にできることは地方に」との方針の下、自由民主党及び公明党による連立政権の安定した基盤に立って、引き続き構造改革を断行する決意であります。（略）

　郵政民営化の是非が問われたこの度の総選挙において、これに賛成する自由民主党及び公明党は、多くの国民の信任を頂きました。私は、この民意を大きな支えとして、改めて郵政民営化関連法案を提出し、国民を代表する国会で御審議いただき、成立を期す決意であります。

（国立国会図書館　国会会議録検索システム）

第44回衆議院議員総選挙結果

	解散時勢力	公示前勢力	候補者数	当選者数	公示前比
自民党	249	212	346	296	84
民主党	175	177	299	113	-64
公明党	34	34	52	31	-3
共産党	9	9	292	9	0
社民党	6	5	45	7	2
国民新党	0	4	14	4	0
諸派	1	4	13	2	-2
無所属	3	32	70	18	-14
合計	477	477	1131	480	3

（総務省『平成17年9月11日執行　衆議院議員総選挙最高裁判所裁判官国民審査結果調』）

69 第1次安倍晋三内閣

　郵政民営化を実現した小泉純一郎が次期総裁選に出馬しないと明言したことで、「ポスト小泉」が焦点化し、総裁候補として「麻垣康三」と呼ばれた安倍晋三、麻生太郎、福田康夫、谷垣禎一の4人の名前が挙がった。なかでも小泉内閣で幹事長に抜擢された安倍への期待は高く、安倍と同じ森派に属する福田が総裁選への不出馬を表明したことから安倍、麻生、谷垣の3人が争うこととなり、安倍が他候補を圧倒した。2006年9月26日、内閣総理大臣に任命された安倍は、自らの内閣を「美しい国内閣」と名付け、「戦後レジームからの脱却」に示された、教育改革、防衛庁の省への昇格、憲法改正に取り組むとした。右派的な言動・政策が目立ったが、外交面では小泉前首相の靖国神社参拝問題によって関係が悪化していた中国、韓国に訪問し、関係の修復に努めた。

　就任時には70％前後と高い支持率を誇った安倍内閣だったが、長続きしなかった。安倍は組閣時より「お友達内閣」「論功行賞」と批判され、さらに大臣の辞任があい次ぎ、閣僚選任時の「身体検査」の甘さが指摘された。例えば12月26日、佐多玄一郎規制改革担当大臣が虚偽の事務所経費を記載、提出していたことが判明し、辞任に追い込まれる。また、07年3月には松岡利勝農水大臣の光熱費問題が報じられ、松岡は5月28日議員宿舎で自殺した。

　また、郵政民営化に反対した造反議員の復党問題も持ち上がった。安倍首相は小泉内閣の構造改革路線継承を宣言していたため後退と受け止められ、さらに郵政選挙で当選した小泉チルドレンからの批判が起こり党内が二分した。

　安倍内閣最大の問題となったのは、いわゆる「消えた年金」問題である。社会保険庁による年金記録管理がずさんだったことから5000万件の記録が不明となっていることが明らかにされ、支持率が急減していった。

　7月21日の第21回参院選では、総選挙を経ていない安倍内閣に対する信任や年金問題が争点となった。郵政選挙によって衆議院で3分の2を得た与党による強行採決が繰り返されたこともマイナスイメージを増幅させ、自民党は27議席減と惨敗に終わる。一方の民主党は28議席増となり、野党が参議院で過半数を握る「ねじれ国会」となった。安倍首相は続投を宣言し、9月10日には臨時国会で所信表明演説を行ったものの、12日に突如辞任を表明した。第1次安倍内閣は「政権投げ出し」によって終了したのである。

安倍首相の家族観 （2006年6月）

　家庭科の教科書などは、「典型的な家族の
モデル」を示さず、「家族には多様なかたち
があっていい」と説明する。生まれついた性
によってワクをはめてはならないという考え
からだ。

　以前わたしは、自民党の「過激な性教育・
ジェンダーフリー教育実態調査プロジェクト
チーム」の座長をつとめていたが、そこの事
務局長の山谷えり子さん（参議院議員）が、
国会で何度もこのことを指摘した。（略）

　同棲、離婚家庭、再婚家庭、シングルマ
ザー、同性愛のカップル、そして犬と暮らす
人……どれも家族だ、と教科書は教える。そ
こでは、父と母がいて子どもがいる、ごくふ
つうの家族は、いろいろあるパターンのなか
の一つにすぎないのだ。

　たしかに家族にはさまざまなかたちがある
のが現実だし、あっていい。しかし、子ども
たちにしっかりした家族のモデルを示すの
は、教育の使命ではないだろうか。

（安倍晋三『美しい国へ』）

施政方針演説 （抜粋）（2006年9月29日）

　今後のあるべき日本の方向を、勇気をもっ
て、国民に指し示すことこそ、一国のトップ
リーダーの果たすべき使命であると考えま
す。私が目指すこの国のかたちは、活力と
チャンスと優しさに満ちあふれ、自律の精神
を大事にする、世界に開かれた、「美しい国、
日本」であります。この「美しい国」の姿
を、私は次のように考えます。

1つ目は、文化、伝統、自然、歴史を大切に
する国であります。

2つ目は、自由な社会を基本とし、規律を知
る、凛とした国であります。

3つ目は、未来へ向かって成長するエネル
ギーを持ち続ける国であります。

4つ目は、世界に信頼され、尊敬され、愛さ
れる、リーダーシップのある国であります。

　この「美しい国」の実現のため、私は、自
由民主党及び公明党による連立政権の安定し
た基盤に立って、「美しい国創り内閣」を組
閣しました。世界のグローバル化が進む中
で、時代の変化に迅速かつ的確に対応した政
策決定を行うため、官邸で総理を支えるス
タッフについて、各省からの順送り人事を排
し、民間からの人材を含め、総理自らが人選
する枠組みを早急に構築するなど、官邸の機
能を抜本的に強化し、政治のリーダーシップ
を確立します。未来は開かれているとの信念
の下、たじろぐことなく、改革の炎を燃やし
続けて参ります。

（首相官邸HP）

辞任の記者会見の冒頭発言 （抜粋）
（2007年9月24日）

　13日以降、入院して治療に専念してまい
りましたが、思うように体調が回復せず、今
まで国民の皆様に御説明をする機会を持てず
におりました。内閣総理大臣の職を辞する前
にどうしても一言、国民の皆様におわびを述
べさせていただきたいと考え、不完全ではあ
りますが、本日、このような機会を設けさせ
て頂きました。

　まず、おわびを申し上げたいのは、私の辞
意表明が国会冒頭の非常に重要な時期、特に
所信表明演説の直後という最悪のタイミング
になってしまったことです。このため、国会
は停滞し、国政に支障を来し、閣僚を始めと
する政府関係者の皆様、与野党関係者の皆
様、何より国民の皆様に多大な御迷惑をおか
けしたことを改めて深くお詫びを申し上げま
す。

（同上）

第21回参議院議員通常選挙結果

	公示前勢力	改選	選挙区	比例区	当選	公示前比
自民党	110	64	23	14	37	-27
民主党	81	32	40	20	60	28
公明党	23	12	2	7	9	-3
共産党	9	5	0	3	3	-2
社民党	6	3	0	2	2	-1
諸　派	5	2	1	2	3	1
無所属	6	1	7		7	6
合　計	240	119	73	48	121	

（総務省『平成19年7月29日執行　第21回参議院議
員通常選挙結果調』）

70　福田康夫内閣と大連立

　安倍首相の「政権投げ出し」によって、次期総裁選びが本格化した。与党は衆院で3分の2を確保する一方、参院で過半数を割る「ねじれ国会」状態のため、厳しい政権運営が予想されていた。来る総選挙で国民から信任を得る必要があることから、次期首相には「選挙の顔」も期待された。当初は幹事長であった麻生太郎が想定されたが、小泉元首相と「小泉チルドレン」が反対し、福田康夫を支持する声が高まっていった。2007年9月23日の自民党総裁選には福田と麻生が立候補し、福田が330票を獲得して次期総裁に就任した。9月25日の首班指名投票では、衆院で福田が指名された一方、参院では民主党代表の小沢一郎が指名されたが、憲法の衆院優越規定に基づき、福田が内閣総理大臣に指名された。

　内政面では「ねじれ国会」に悩まされた。参院で国会同意人事が約50年ぶりに不同意となり、またインド洋で自衛隊の給油活動に関わるテロ対策措置法の期限切れによって自衛隊の活動が停止するなど、政策変更を余儀なくされた。

　そのようななか、07年10月、福田首相と小沢代表の会談により、自・民の「大連立」構想が明らかになった。福田首相は民主党側に複数の閣僚ポストを提示し、円滑な国会運営を望み、一方の小沢代表は、党勢が上昇傾向であったが与党経験のない民主党の政権担当能力を不安視していた。両者の思惑は一致したものの、民主党内は大連立への反対論一色だった。小沢代表は大連立構想を撤回し、次期総選挙で政権交代を進める方針に転換した。

　福田首相は外交によって政権への支持を高めようとした。北海道・洞爺湖でのサミットを控え、中・韓首脳との交流を深めていく。両国共に日本との間に歴史問題を抱えていたが、関係の修復に動いた。8月の洞爺湖サミット首脳宣言に温室効果ガス削減が盛り込まれるなど福田首相のリーダーシップが高く評価された。しかし、外交の成功は支持率の上昇に繋がらなかった。

　08年8月、福田首相は内閣改造を行ったが、太田誠一農水大臣の失言、事務所費問題、そして事故米不正事件による引責辞任によって出だしからつまずいた。9月1日、福田首相は突如辞任を発表し、その際の記者会見で新聞記者から福田首相の発言が「他人事」のように聞こえると言われたのに対し、首相は「あなたとは違うんです」と感情をあらわにした。約2年の間に2人続けての「政権投げ出し」であった。

平成20年度予算成立・道路関連法案年度内未成立に関する首相談話（2008年3月31日）

1. 平成20年度予算は去る3月38日に成立いたしましたが、遺憾ながら、ガソリン関係の税制改正法案等は、本日までに成立しない異例の事態に至りました。

2. ガソリン関係の法案については、与野党間の実りある議論を経て年度内に円滑に成立する事を望んでいました。しかしながら、両院議長の斡旋にも関わらず、参議院で委員会付託もされず、一度も審議が行われない異常な事態のまま、年度末を迎えた事は誠に残念であります。

3. この結果、揮発油税や軽油取引税の暫定税率が期限切れとなりました。国民の皆様や地方自治体の関係者にご迷惑をお掛けすることとなり、深くお詫び申し上げます。

（首相官邸 HP）

日韓共同記者会見・李明博大統領の発言（抜粋）（2008年4月21日）

【問】大統領は就任後、過去に縛られ、未来に歩む道を緩めることはできないという未来志向の韓日関係を強調されました。しかし、極東問題や過去の歴史問題が再び浮上する場合未来志向の韓日関係が実用性を挙げることができるのかが気になります。（略）

【李明博大統領】韓日関係はもちろん、過去の歴史を私達が常に記憶するしかありません。しかし過去に縛られて未来に向かうことに支障を来してはならないと思います。歴史認識に関する問題については、その問題については日本のやるべき仕事であり、私たちがその問題によって未来に向かうことに支障を来してはならないというのが確実な考え方ですが日本側もその意味を十分に理解して頂いていると思っています。

（同上）

日中共同記者会見・胡錦濤国家主席の発言（抜粋）（2008年5月8日）

　中日両国は一衣帯水の隣国であります。中日両国の国民の間には2000年以上にわたる友好往来の歴史があります。中日友好は両国国民から幅広い支持と擁護を得ています。これは中日関係、中日友好を発展するしっかりした基盤であります。実際に証明されているように、長期的かつ安定した中日善隣友好関係を発展することは、両国と両国国民の根本的利益に合致し、またアジア太平洋地域と世界の平和安定と繁栄のためにもなります。

（同上）

G8洞爺湖サミット首脳宣言・温室効果ガス削減（2008年7月8日）

　世界全体の温室効果ガスの濃度を安定化させる決意である。この目標の達成は、すべての主要経済国により、適切な時間的枠組みの中で、世界全体の排出の増加を遅くし、止め、反転させ、また低炭素社会に移行するとの共通の決意を通してのみ可能となるであろう。我々は、2050年までに世界全体の排出量の少なくとも50％の削減を達成する目標というビジョンを、UNFCCC〔気候変動に関する国際連合枠組み条約〕のすべての締結国と共有し、かつ、この目標をUNFCCCの下での交渉において、これら諸国と共に検討し、採択することを求める。

（外務省 HP）

福田首相の辞任記者会見（記者との応答）（抜粋）（2008年9月1日）

【問】一般に、総理の会見が国民には他人事のように聞こえるというふうな話がよく聞かれておりました。今日の退任会見を聞いても、やはり率直にそのように印象を持つのです。安倍総理に引き続く、このような形での辞め方となったことについて、自民党を中心とする現在の政権に与える影響というものをどんなふうにお考えでしょうか。（略）

【総理】それは、順調にいけばいいですよ。これに越したことはないこしたことはない。しかし、私のこの先を見通す、この目の中には、決して順調ではない可能性がある。また、その状況の中で不測の事態に陥ってはいけない。そういうことも考えました。

　他人事のようにというふうにあなたはおっしゃったけれども、私は自分自身を客観的に見ることができるんです。あなたとは違うんです。そういうこともあわせ考えていただきたいと思います。どうもお世話になりました。

（首相官邸 HP）

71　麻生太郎内閣と自公政権の終焉

　2008年9月22日、自民党総裁選挙が行われた。2代続けて総選挙を経ず、さらに「政権投げ出し」の後に誰がなるのかが注目を集めた。総裁選には石原伸晃、小池百合子、麻生太郎、石破茂、与謝野馨の5人が立候補したが、結果は麻生が351票と大勝し、9月24日の首班指名選挙（参院は小沢一郎民主党代表を指名）を経て首相に指名された。

　麻生内閣は当初から「選挙管理内閣」であると期待され、麻生首相本人も国会冒頭での解散を宣言していた。しかし、15日にアメリカの投資銀行リーマン・ブラザーズの破綻に端を発する世界的な金融危機（リーマン・ショック）が発生したことで日本経済もまた深刻な状況に置かれた。株価は下がり続け、10月28日には日経平均株価が6000円台となり、1982年以来の安値を記録したのである。麻生首相は金融危機に対応するため、10月初旬に行うつもりであった総選挙を延期し、補正予算編成や定額給付金、高速道路料金の値下げ、エコポイントなどの国内経済の刺激策を矢継ぎ早に実行していった。また、11月15日のG20では金融危機防止のために国際協調が必要である旨を提案した。

　内閣発足時50％前後だった内閣支持率は、ほぼ一貫して下落し続けて「危険水域」といわれる30％を下回り、08年末には約20％まで急減した。また、麻生首相自身の失言、漢字読み間違い、さらには中川昭一財務大臣による「酩酊会見」などが重なったことで2月には10％前後にまで下落してしまう。党内では「麻生おろし」が始まり、麻生首相は郵政民営化見直しに言及することでこれに対処しようと試みたが、逆に党内の混乱を印象づけた。

　3月3日、小沢民主党代表の資金管理団体の会計責任者が政治資金規正法違反容疑で逮捕された。「敵失」により内閣支持率は若干上昇したが、早期に小沢が辞任したことから影響は限定的だった。09年1月、アメリカでは"Change"や"Yes, we can."などのキャッチフレーズを用いて選挙戦を戦ったバラク・オバマが大統領に当選した。アメリカ史上初の黒人大統領であり、かつ清新なイメージの大統領が誕生した一方、日本政治には閉塞感が満ちていた。9月10日に衆議院議員の満了が迫るなか、麻生首相は7月21日、衆議院を解散した。なお政策面では、麻生による「ユーラシア・クロスロード」構想の提唱など評価すべき点も多い。

「強い日本を！私の国家再建計画」（抜粋）
（2008年11月）

　私は決断した。本来なら内政外交の諸課題にある程度目鼻を付け、私の持論である政党間協議の努力も尽くした上で国民の信を問うべきなのかもしれない。だが、（略）民主党はじめ野党は、聞く耳を持たぬ、ただ政局優先の姿勢なのである。国会の冒頭、堂々と私とわが自民党の政策を小沢代表にぶつけ、その賛否をただしたうえで国民に信を問おうと思う。

（『文藝春秋』2008 年 11 月号）

金融・世界経済に関する首脳会合（G20）における麻生首相の提案（2008年11月15日）

【問題の根底】金融資本市場の安定確保は、現在の経済政策の最優先事項である。

　今次の金融危機の発生には、新たな金融商品の出現やグローバル化に、各国政府による監督・規制がついて行けなかったという問題がある。しかし、この問題の根底には、グローバルなインバランスの問題があり、基軸通貨国アメリカへの世界中からの資本流入という形で、アメリカ赤字がファイナンスされているという根本があることを忘れてはならない。

【金融危機防止のための国際協調】自由な市場原理に基づく競争、資本フローが今後とも成長の基礎であり続けることは言うまでもない。今や、各国における規制の在り方に少しでも差があった場合に、資本移動が瞬時に起こりうるほど、資本移動がグローバル化している。こうした状況の下で、金融危機の再発を防止するために、各国の様々な政策努力を収斂させるべく、いかに協調した行動を取るかは、いまや不可避の課題であろう。

（麻生太郎「危機の克服 麻生太郎の提案」）

麻生首相講演「安全と繁栄を確保する日本外交」（抜粋）（2009年6月30日）

　「自由と繁栄の弧」の真ん中に位置し、豊かな資源・エネルギーを有する中央アジア・コーカサス地域に、皆様の注意を向けて頂きたいと思います。この地域を通り、ユーラシア大陸をタテ・ヨコ双方でつなげることに、日本は協力します。これを、「ユーラシア・クロスロード」と名づけます。

　タテの線は、「南北の物流路」、即ち、中央アジアからアフガニスタンを経てアラビア海に至るルートです。道路や鉄道の整備を想定しています。ヨコの線は、「東西回廊」です。中央アジアからコーカサスを経て欧州に至るルートです。カスピ海沿岸の港湾整備などを想定しています。

　こうした広域インフラの整備により、資源豊かな中央アジア・コーカサスと、経済的基盤を必要としているアフガニスタン、パキスタンを含む地域が一体となります。（略）

　こうした一連の構想とつなげて、太平洋に始まり欧州に至るユーラシア大陸全体を貫き、ヒト・モノ・カネが自由に流れるルートを整備する。そんな未来も描けます。いわば、現代版シルクロードとも言え、本日は皆様と、そうした夢のある大きな構想を、共有させて頂きます。

　この地域で安定と繁栄が相乗効果をあげれば、世界経済を大きく押し上げることとなるでしょう。中国、インド、ロシアは、そのための重要なパートナーです。こうした構想に、これらの国々が関心を持つことを、歓迎します。

（日本国際問題研究所『国際問題』2009 年 7 月号）

衆議院解散の記者会見（抜粋）（2009年7月）

　私は、本日、衆議院を解散して、国民の皆様に信を問う決意をいたしました。日本を守り、国民の暮らしを守るのは、どちらの政党か、政治の責任を明らかにするためであります。

　私は、就任以来、景気を回復させ、国民生活を守ることを最優先に取り組んで参りました。その間、私の不用意な発言のために不信を与え、政治に対する信頼を損なわせました。深く反省をいたしております。

　また、自民党内の結束の乱れについてであります。私が至らなかったため、国民の皆様に不信感を与えました。総裁として、心からおわびを申し上げるところです。

（首相官邸HP）

72　第45回総選挙と政権交代

　野党として雌伏する間、民主党は自民党とは異なる政策決定のあり方を模索していた。選挙では1997年に政権をとった英国労働党のマニフェストを手本にし始め、2009年のマニフェストでは、政権交代を強く意識した政策を訴えた。

　その第一の柱は、統治のあり方の改革であり、マニフェストの「五原則・五策」にその構想が示された。改革の第一は、「官僚主導」から「政治主導」であり、事務次官等会議の廃止などによって官僚の政策決定への関与を減らし、代わって政務三役を中核に、政府に入る国会議員を政策の決定と実行の中心とすることを構想した。第二は「官邸主導」で、予算編成の骨格を策定する国家戦略局の設置、政治主導による人事制度の導入、事案に関わる閣僚が協議を行う閣僚委員会と自民党政権期の予算や制度に問題がないかをチェックする行政刷新会議の創設などにより、首相官邸が政策決定を主導する体制の確立が目指された。第三は党の政策調査会の廃止、自民党政権下の与党事前審査制の廃止による政策決定の内閣への一元化であった。

　第二の柱は、富の再分配に基づく政策の実行である。その内容は、月額2万6000円の子ども手当の支給、高校教育の無償化、農家戸別所得補償制度、高速道路無料化などで、「ばらまき」の性格を持つものであった。また、消費増税の否定と、消費税全額の年金財源化も謳った。膨大な財源が必要となるこれらの政策のために、歳出を見直して財源を捻出するとした。

　首相が毎年のように変わることに加え、自民党政権の失策も続き、政権交代に対する期待が高まる中で、09年8月30日に衆院選が施行された。その結果、民主党が309議席を獲得して大勝した。自民党は公示前から181議席減の119議席にとどまるという大敗を喫し、1955年の結党以来初めて衆議院における第一党の座を失った。公明党も10議席減の21議席で、与党の敗北となり、麻生内閣は総辞職した。

　後継首相には民主党の鳩山由紀夫代表が就任した。民主党は社会民主党と国民新党と政策協定を結び、9月16日に三党連立による鳩山内閣が発足した。民主党単独政権とならなかったのは、民主党が参議院で単独過半数を占めておらず、両党との連立が必要なためであった。

Manifesto　マニフェスト2009

鳩山政権の政権構想

5原則

原則1　官僚丸投げの政治から、政権党が責任を持つ政治家主導の政治へ。

原則2　政府と与党を使い分ける二元体制から、内閣の下の政策決定に一元化へ。

原則3　各省の縦割りの省益から、官邸主導の国益へ。

原則4　タテ型の利権社会から、ヨコ型の絆（きずな）の社会へ。

原則5　中央集権から、地域主権へ。

5策

第1策　政府に大臣、副大臣、政務官（以上、政務三役）、大臣補佐官などの国会議員約100人を配置し、政務三役を中心に政治主導で政策を立案、調整、決定する。

第2策　各大臣は、各省の長としての役割と同時に、内閣の一員としての役割を重視する。「閣僚委員会」の活用により、閣僚を先頭に政治家自ら困難な課題を調整する。事務次官会議は廃止し、意思決定は政治家が行う。

第3策　官邸機能を強化し、総理直属の「国家戦略局」を設置し、官民の優秀な人材を結集して、新時代の国家ビジョンを創り、政治主導で予算の骨格を策定する。

第4策　事務次官・局長などの幹部人事は、政治主導の下で業績の評価に基づく新たな幹部人事制度を確立する。政府の幹部職員の行動規範を定める。

第5策　天下り、渡りの斡旋を全面的に禁止する。国民的な観点から、行政全般を見直す「行政刷新会議」を設置し、全ての予算や制度の精査を行い、無駄や不正を排除する。官・民、中央・地方の役割分担の見直し、整理を行う。国家行政組織法を改正し、省庁編成を機動的に行える体制を構築する。　　　　　（民主党アーカイブHP）

三党連立政権合意書（2009年9月9日）

民主党、社会民主党、国民新党の三党は、第45回衆議院総選挙で国民が示した政権交代の審判を受け、新しい連立政権を樹立することとし、その発足に当たり、次の通り合意した。

一　三党連立政権は、政権交代という民意に従い、国民の負託に応えることを確認する。

二　三党は、連立政権樹立に当たり、別紙の政策合意に至ったことを確認する。

三　調整が必要な政策は、三党党首クラスによる基本政策閣僚委員会において議論し、その結果を閣議に諮り、決していくことを確認する。　　　　　　　　　　（同上）

連立政権樹立に当たっての政策合意（抜粋）
　　　　　　　　　　　　　　　（2009年9月9日）

国民は今回の総選挙で、新しい政権を求める歴史的審判を下した。

その選択は、長きにわたり既得権益構造の上に座り、官僚支配を許してきた自民党政治を根底から転換し、政策を根本から改めることを求めるものである。

民主党、社会民主党、国民新党は連立政権樹立に当たって、2009年8月14日の「衆議院選挙にあたっての共通政策」を踏まえ、以下の実施に全力を傾注していくことを確認する。

小泉内閣が主導した競争至上主義の経済政策をはじめとした相次ぐ自公政権の失政によって、国民生活、地域経済は疲弊し、雇用不安が増大し、社会保障・教育のセーフティネットはほころびを露呈している。

国民からの負託は、税金のムダづかいを一掃し、国民生活を支援することを通じ、我が国の経済社会の安定と成長を促す政策の実施にある。

連立政権は、家計に対する支援を最重点と位置づけ、国民の可処分所得を増やし、消費の拡大につなげる。また中小企業、農業など地域を支える経済基盤を強化し、年金・医療・介護など社会保障制度や雇用制度を信頼できる、持続可能な制度へと組み替えていく。さらに地球温暖化対策として、低炭素社会構築のための社会制度の改革、新産業の育成等を進め、雇用の確保を図る。こうした施策を展開することによって、日本経済を内需主導の経済へと転換を図り、安定した経済成長を実現し、国民生活の立て直しを図っていく。　　　　　　　　　　　　　　　　　（同上）

73　鳩山由紀夫内閣の迷走

　鳩山内閣は、総選挙で掲げたマニフェストの実行に着手した。事務次官等会議を廃止し、大臣、副大臣、大臣政務官からなる政務三役会議を設置して政策決定の中心機関とした。国家戦略局の設置には法改正が必要なため、国家戦略室としてスタートさせた。また、案件に関わる閣僚による閣僚委員会も設置された。さらに内閣の下での政策決定を一元化するため、党の政策調査会を廃止した。

　しかし、「政治主導」を強く意識するあまり官僚との関係がこじれ、政策の立案や実行に支障をきたした。国家戦略室は権限と役割を巡って政府内で見解がまとまらず、閣僚委員会も開催は稀であった。政調会の廃止で政策に関与できない議員の不満をかわす目的で各省に置かれた政策会議も、会議の議論や決定に権限がないため機能しなくなった。

　政策面では、農業者戸別所得補償は実施されたが、高校無償化は公立学校に限定され、2010年6月から月額1万3000円で支給された子ども手当も東日本大震災後は復興優先から従前の児童手当に戻った。高速道路無料化は実験段階で中止となった。財源の問題を解決できなかったためである。

　民主党が政策実行のための財源に見込んでいたのは、歳出の削減と特別会計の「埋蔵金」である。補正予算の見直しと、行政刷新会議による事業仕分けにより削減額を捻出したものの、期待された額からはほど遠かった。08年のリーマン・ショックの影響で、税収の増加も見込めなかった。

　民主党に追い打ちをかけたのが、普天間基地の移設をめぐる鳩山の発言である。鳩山は衆院選の際、民主党のマニフェストにはない普天間基地の「最低でも県外」への移設を明言した。しかし、新たな移転先は見つからず、鳩山も移転を断念し、5月28日に沖縄の米軍基地の辺野古移設が閣議決定された。

　閣議決定に先立ち、閣議書への署名を拒否した社民党の福島瑞穂消費者・少子化担当相を鳩山が罷免すると、社民党は連立を離脱した。与党は衆議院の議席で3分の2を割り込み、参議院でも過半数をわずかに超えるだけとなった。

　鳩山の政治と金の問題も国民の不信を高めた。参院選での勝利を確信できない民主党の執行部は鳩山に退陣を促し、6月2日に鳩山は辞任を表明した。

鳩山首相の所信表明演説（抜粋）
（2009年10月26日）

　あの暑い夏の総選挙の日から、既に２カ月がたとうとしています。また、私が内閣総理大臣の指名を受け、民主党、社会民主党、国民新党の三党連立政策合意のもとに新たな内閣を発足させてから、40日がたとうとしています。

　総選挙において、国民の皆様は政権交代を選択されました。これは、日本に民主主義が定着してから、実質的に初めてのことであります。

　長年続いた政治家と官僚のもたれ合いの関係、しがらみや既得権益によって機能しなくなった政治、年金や医療への心配、そして将来への不安など、今の日本の政治を何とかしてくれないと困るという国民の声が、この政権交代をもたらしたのだと私は認識しております。その意味において、あの夏の総選挙の勝利者は国民の皆さん一人一人です。その一人一人の強い意思と熱い期待にこたえるべく、私たちは、今こそ日本の歴史を変える、この意気込みで国政の変革に取り組んでまいります。（略）

　私は、政治と行政に対する国民の信頼を回復するために、行政の無駄や因習を改め、まずは政治家が率先して汗をかくことが重要だと考えております。

　このために、鳩山内閣は、これまでの官僚依存の仕組みを排し、政治主導、国民主導の新しい政治へと180度転換させようとしています。

　各省庁における政策の決定は、官僚を介さず、大臣、副大臣、大臣政務官から成る政務三役会議が担うとともに、政府としての意思決定を内閣に一元化させました。また、事務次官等会議を廃止し、国民の審判を受けた政治家がみずから率先して政策の調整や決定を行うようにいたしました。重要な政策については、各閣僚委員会において徹底的に議論を重ねた上で結論を出すことにいたしました。

（国立国会図書館　国会会議録検索システム）

国家戦略室の設置に関する規則
（2009年9月18日内閣総理大臣決定）

【設置及び任務】

第１条　内閣官房に、税財政の骨格、経済運営の基本方針その他内閣の重要政策に関する基本的な方針等のうち内閣総理大臣から特に命ぜられたものに関する企画及び立案並びに総合調整を行うため、当分の間、国家戦略室（以下「戦略室」という。）を置く。

【組織】

第２条　戦略室に、室長その他所要の室員を置く。

２　室長は、戦略室の事務を掌理する。

３　室員は、非常勤とすることができる。

【政策参与】

第３条　戦略室に、政策参与を置くことができる。

２　政策参与は、命を受け、戦略室の所掌に係る専門的事項について意見を具申する。

３　政策参与は、非常勤とする。

【補則】

第４条　この規則に定めるもののほか、戦略室の内部組織に関し必要な事項は、室長が定める。

（内閣官房 HP）

鳩山首相の辞任表明（抜粋）
（2010年6月2日）

　政権交代によって、国民の皆さんの暮らしが必ずよくなる。その確信のもとで、皆さん方がお選びいただき、私は総理大臣として今日までその職を行ってきた。皆さん方と協力して、日本の歴史を変えよう。官僚任せの政治ではない、政治主導、国民の皆さんが主役になる政治を作ろう。そのように思いながら今日までがんばってきたつもりだ。私はきょうお集まりの国会議員の皆さんと一緒に、国民のための予算を成立させることができたことを誇りに思っている。（略）

　これからももっともっと人の命を大切にする政治を進めていかなければならない。

　ただ、残念なことに、そのような政権与党のしっかりとした仕事が、必ずしも国民の皆さんの心に映っていない。国民の皆さんが徐々に聞く耳を持たなくなってきてしまった。

（『朝日新聞』2010年6月3日）

74 「密約」問題

　密約問題とは、1960年の日米安保条約の改定と72年の沖縄返還を巡る交渉過程において、日米間で公表された合意事項とは別に、事前協議、核の持ち込み、沖縄返還時の日本による費用の肩代わりについて非公表の取り決めが交わされていたのではないかという疑惑である。

　密約の存在は、74年のラロック証言や81年のライシャワー証言といった当事者の証言やアメリカ側が公開した史料などから、早くから指摘されていた。しかし、自民党政権期において、日本政府は国会で密約の問題が取り上げられるたびに、その存在を否定し続けてきた。その一方で、政府内では、68年の三木武夫外相以降、密約が存在する事実が引き継がれてきた。

　政権交代で新たに外相に就任した岡田克也は、就任直後の2009年9月に、外務省に密約問題に関する調査を行うよう命じた。岡田は、外交上の秘密は政府の暴走につながる、外交情報の公開によって国民の外交への理解が深まって外交の基盤が強化される、との判断から調査を進める決心をした。

　外務省の内部調査の結果は09年11月に出され、①日米安保の改定時の核の持ち込み（60年1月）、②日米安保改定時における朝鮮半島有事の際の戦闘作戦行動（60年1月）、③沖縄返還の際の有事における核の持ち込み（72年）、④沖縄返還時における原状回復の補償費の肩代わり（72年）、という4つの密約の存在が指摘された。

　この内部調査の内容を検討する有識者委員会が組織され、委員会としての報告書を10年3月に発表した。委員会は密約を、公表されている合意とは異なる、重要な内容を含んだ秘密部分を含む「狭義の密約」と、明確な文書による合意はないものの暗黙裏に公表された合意とは異なる重要な内容を持つ「広義の密約」に区分した。その上で、内部調査で示された4つの密約について、①、②、④を密約と認定した一方で、③は密約ではないとの評価を下した。

　その他にも日米地位協定や日米合同委員会を巡って明らかとされていない密約が存在しているとの指摘もあり、さらなる実態の解明が必要とされる。

いわゆる「密約」問題に関する外務省調査報告書（概要）（抜粋）（2010年3月5日）

2．調査の結果これまでに判明した事実関係
（1）安保条約改定時の核持込みに関する「密約」
（イ）問題の所在
　安保条約改定交渉において「討議の記録」という非公表の文書が作成され、これが核搭載艦船の寄港等について事前協議の対象から除外する日米間の秘密の了解となっていたのではないかというもの。
（ロ）調査結果の概要
→ 藤山外務大臣とマッカーサー駐日米大使との間で作成された「討議の記録」の写しと思われる文書二件（英文のみ）が発見された。
→ 上記「討議の記録」によって、核搭載艦船の寄港等を事前協議の対象から除外するとの日米間の認識の一致があったかどうかについては、それを否定する多くの文書が発見された。現実はむしろ、この点について日米間で認識の不一致があったということと思われる。
（2）安保条約改定時の朝鮮有事の際の戦闘作戦行動に関する「密約」
（イ）問題の所在
　安保条約改定交渉において、朝鮮半島有事における米軍の戦闘作戦行動を事前協議なしに認めること等を内容とする非公表の文書（いわゆる「岸ミニット」又は「朝鮮覚書」）が存在するのではないかというもの。
（ロ）調査結果の概要
→ 藤山外務大臣とマッカーサー駐日米大使との間で作成された「第一回安全保障協議委員会のための議事録」の写しと思われる文書二件（英文のみ）が発見された。
→ 日本側は、沖縄返還交渉の際、佐藤総理大臣・ニクソン米大統領の共同声明及び佐藤総理大臣のナショナル・プレス・クラブにおける演説において、朝鮮有事の際の対応についての対外的表明を行うことにより、本件文書を置き換えることを意図して対米交渉を行った。
（3）沖縄返還時の有事の際の核持ち込みについての「密約」
（イ）問題の所在

　沖縄返還後に重大な緊急事態が生じ、米国政府が核兵器を沖縄へ再び持ち込むことについて事前協議を提起する場合、日本側はこれを承認するとの内容の秘密の合意議事録が、佐藤・ニクソン両首脳の間で作成されたのではないかというもの。本件については、故佐藤元総理の命を受け当該合意議事録の準備に当たったとされる故若泉敬氏がその著書にて指摘。
（ロ）調査結果の概要
調査した文書からは、当該「合意議事録」は発見されなかった。
　（なお、平成21年12月、当該「合意議事録」が佐藤元総理宅に同総理の遺品として残されていたとの報道を受け、その写しを入手し、若泉氏の著作に記載されている「合意議事録」の内容と比較を行った結果、その内容はほぼ同一であることを確認。）
（4）沖縄返還時の原状回復補償費の肩代わりに関する「密約」
（イ）問題の所在
　沖縄返還交渉の最終局面において、沖縄返還協定において米国政府が自発的に支払うべきこととなっている土地の原状回復補償費400万ドルを日本側が肩代わりすることを内容とする非公表の文書（『議論の要約』）が作成されたのではないかというもの。吉野アメリカ局長とスナイダー在京米大公使は、1971年6月12日、当該文書にイニシャルしたとの指摘がなされている。
（ロ）調査結果の概要
→ 調査した文書からは、吉野元局長が署名をしたとされ、米国で公表された「議論の要約」は発見されず、また、この「議論の要約」が作成されたかどうかは確認できなかった。
→ 一方、原状回復補償費の400万ドルの支払いの問題に関し、米側の強い要請に基づき、非公表の大臣書簡を発出することにつき日米間で交渉が行われたものの、最終的に大臣の判断により、日本側としてこのような文書を作成しないとの結論に至ったことを示すメモが発見された。

（外務省HP）

75　菅直人内閣

　2010年6月の民主党の代表選で代表に選出され、政権の座についた菅直人首相は小沢一郎と距離を置く「脱小沢」路線をとり、鳩山政権末期に低迷していた内閣支持率を大幅に回復させた。

　参院選の公示前、菅は参院選の争点とするべく、消費増税に言及した。しかし、マニフェストに反するとして党内でも反対意見が強く、さらに増税の際に実施するとした低所得者向けの優遇措置の発言に一貫性がなく批判を招いた。この影響もあり、民主党は44議席を獲得するにとどまった。非改選議席と併せても過半数に達せずにねじれ国会となった。

　参院選後、9月に再度民主党の代表選が行われ、菅が小沢を破った。内閣改造で菅は小沢グループからは大臣に起用せず、「脱小沢」路線を一層強めた。菅はねじれ国会に加えて、党内の小沢グループとの対立への対応に追われていく。

　外交でも菅は苦しんだ。韓国との関係では、8月に韓国併合100周年にあたっての首相談話を発表し、日本の植民地支配への謝罪を改めて表明した。対中関係では、9月に尖閣諸島沖で中国漁船が起こした海上保安庁の巡視船に対する衝突事件の対応で苦慮する。対日強硬姿勢をとる中国に配慮し、勾留されていた乗組員を釈放した。乗組員が釈放されると、日本国内で内閣の措置への批判が強まり、菅内閣の支持率は下落した。

　10月に召集された臨時国会では、国会答弁を軽視する発言をした柳田稔法相、中国漁船問題への対応を批判された仙谷由人官房長官と馬淵澄夫国土交通相への問責決議案が議決され、菅首相の苦しい国会運営が続いた。

　11年3月11日、東日本大震災が発生する。19日に菅首相はねじれ国会を解消すべく自民党の谷垣禎一総裁に大連立を打診したが、拒否された。

　民主党の政策や震災、原発事故対応を批判する自民党は、6月1日に内閣不信任決議案を提出する。これに民主党の小沢と鳩山のグループがそれぞれ賛成する意向を示した。党の分裂を回避するため、菅・鳩山会談が行われ、3項目の確認事項が合意された。会談後、菅は若い世代に責任を引き継いでほしいと述べ辞任を示唆した。ただし辞任の時期は震災、原発対応に「一定のめど」が立った段階とし、その後も政権の座にとどまった。特例公債法案と再生可能エネルギー特別措置法案の成立を期していた菅首相は、両案が成立した後の8月26日に辞任した。

菅首相の所信表明演説 （抜粋）
（2010年6月11日）

　私の基本的な政治理念は、国民が政治に参加する真の民主主義の実現です。その原点は、政治学者である松下圭一先生に学んだ市民自治の思想であります。

　従来、我が国では、行政を官僚が仕切る官僚内閣制の発想が支配してきました。しかし、我が国の憲法は、国民が国会議員を選び、そして、国会の指名を受けた内閣総理大臣が内閣を組織すると定めています。松下先生が説かれるように、本来は、官僚内閣制ではなくて、国会内閣制なのであります。

　政治主導とは、より多数の国民に支持された政党が内閣と一体となって国政を担っていくことを意味します。これにより、官僚主導の行政を変革しなければなりません。広く開かれた政党を介して、国民が積極的に参加し、国民の統治による国政を実現する、この目標に向けて邁進いたします。

（国立国会図書館　国会会議録検索システム）

韓国併合100年にあたっての内閣総理大臣談話（2010年8月10日）

　本年は、日韓関係にとって大きな節目の年です。ちょうど百年前の8月、日韓併合条約が締結され、以後36年に及ぶ植民地支配が始まりました。三・一独立運動などの激しい抵抗にも示されたとおり、政治的・軍事的背景の下、当時の韓国の人々は、その意に反して行われた植民地支配によって、国と文化を奪われ、民族の誇りを深く傷付けられました。

　私は、歴史に対して誠実に向き合いたいと思います。歴史の事実を直視する勇気とそれを受け止める謙虚さを持ち、自らの過ちを省みることに率直でありたいと思います。痛みを与えた側は忘れやすく、与えられた側はそれを容易に忘れることは出来ないものです。この植民地支配がもたらした多大の損害と苦痛に対し、ここに改めて痛切な反省と心からのお詫びの気持ちを表明いたします。

　このような認識の下、これからの百年を見据え、未来志向の日韓関係を構築していきます。また、これまで行ってきたいわゆる在サハリン韓国人支援、朝鮮半島出身者の遺骨返還支援といった人道的な協力を今後とも誠実に実施していきます。さらに、日本が統治していた期間に朝鮮総督府を経由してもたらされ、日本政府が保管している朝鮮王朝儀軌等の朝鮮半島由来の貴重な図書について、韓国の人々の期待に応えて近くこれらをお渡ししたいと思います。

　日本と韓国は、2000年来の活発な文化の交流や人の往来を通じ、世界に誇る素晴らしい文化と伝統を深く共有しています。さらに、今日の両国の交流は極めて重層的かつ広範多岐にわたり、両国の国民が互いに抱く親近感と友情はかつてないほど強くなっております。また、両国の経済関係や人的交流の規模は国交正常化以来飛躍的に拡大し、互いに切磋琢磨しながら、その結び付きは極めて強固なものとなっています。

　日韓両国は、今この21世紀において、民主主義や自由、市場経済といった価値を共有する最も重要で緊密な隣国同士となっています。それは、二国間関係にとどまらず、将来の東アジア共同体の構築をも念頭に置いたこの地域の平和と安定、世界経済の成長と発展、そして、核軍縮や気候変動、貧困や平和構築といった地球規模の課題まで、幅広く地域と世界の平和と繁栄のために協力してリーダーシップを発揮するパートナーの関係です。

　私は、この大きな歴史の節目に、日韓両国の絆がより深く、より固いものとなることを強く希求するとともに、両国間の未来をひらくために不断の努力を惜しまない決意を表明いたします。　　　　（Web Archiving Project HP）

菅首相と鳩山前首相の「確認事項」
（2011年6月2日）

一、民主党を壊さないこと

二、自民党政権に逆戻りさせないこと

三、大震災の復興ならびに被災者の救済に責任を持つこと

（1）復興基本法案の成立

（2）第2次補正予算の早期編成のめどをつけること

（『日本経済新聞』2011年6月3日）

76　東日本大震災

　2011年3月11日14時46分、三陸沖を震源地とする地震が発生した。マグニチュード9.0を記録した戦後最大規模の地震であった。

　地震後、東北地方と関東地方の太平洋沿岸に高さ10メートルを超える巨大な津波が襲い、多くの人命を奪い、建物を押し流すなど、各地に甚大な被害を与えた。加えて、東京電力の福島第一原子力発電所では、津波によって複数の原子炉がメルトダウンを起こし、大量の放射性物質が漏洩するという原発事故が発生した。4月1日に政府は、地震を発端とする災害を東日本大震災と称することを持ち回り閣議で了承した。

　地震発生直後、菅内閣は首相を本部長とする緊急災害対策本部を設置した。震災への対応の中心となるべき組織であったが、他に原子力災害統合対策本部、被災者生活支援特別対策本部、震災ボランティア連携室など、複数の本部や対策室が設置され、それらの関係が不明瞭なために組織同士が効果的に機能しなかった。また、菅首相が震災や原発事故への対応に自信を有していたこと、民主党政権期に政治家と官僚との間で意思疎通が十分でなかった問題などがあり、政府の初動対応には円滑さを欠く場面があった。

　地震の発生により、国会は与野党の間で休戦状態となった。野党の自民党と公明党は通常国会の休会を提案したが、民主党はこれを容れず、国会審議を控えることにした。2012年度予算の審議は震災への対応から迅速になされ、3月29日に成立した。また11年4月に実施された統一地方選挙において、被災地域では選挙の延期の措置が執られた。

　6月24日、東日本大震災復興基本法が施行され、東日本大震災復興対策本部が内閣に設置された。復興関連の政策、事業を専門に所管する復興庁も12年2月に発足し、以後被災地域の復興が進展していくことになる。

　東日本大震災による被害状況は、警察庁の発表によると、19年12月の段階で、死者1万5899人、行方不明者2529人、建物の全壊12万1991戸、半壊28万2902戸である。現在もなお多くの被災者が避難をしている状況が続いている。

東日本大震災復興基本法（抜粋）
（2011年6月24日）

第2条　東日本大震災からの復興は、次に掲げる事項を基本理念として行うものとする。

一　未曽有の災害により、多数の人命が失われるとともに、多数の被災者がその生活基盤を奪われ、被災地域内外での避難生活を余儀なくされる等甚大な被害が生じており、かつ、被災地域における経済活動の停滞が連鎖的に全国各地における企業活動や国民生活に支障を及ぼしている等その影響が広く全国に及んでいることを踏まえ、国民一般の理解と協力の下に、被害を受けた施設を原形に復旧すること等の単なる災害復旧にとどまらない活力ある日本の再生を視野に入れた抜本的な対策及び一人一人の人間が災害を乗り越えて豊かな人生を送ることができるようにすることを旨として行われる復興のための施策の推進により、新たな地域社会の構築がなされるとともに、21世紀半ばにおける日本のあるべき姿を目指して行われるべきこと。この場合において、行政の内外の知見が集約され、その活用がされるべきこと。

二　国と地方公共団体との適切な役割分担及び相互の連携協力並びに全国各地の地方公共団体の相互の連携協力が確保されるとともに、被災地域の住民の意向が尊重され、あわせて女性、子ども、障害者等を含めた多様な国民の意見が反映されるべきこと。この場合において、被災により本来果たすべき機能を十全に発揮することができない地方公共団体があることへの配慮がされるべきこと。

三　被災者を含む国民一人一人が相互に連帯し、かつ、協力することを基本とし、国民、事業者その他民間における多様な主体が、自発的に協働するとともに、適切に役割を分担すべきこと。

四　少子高齢化、人口の減少及び国境を越えた社会経済活動の進展への対応等の我が国が直面する課題や、食料問題、電力その他のエネルギーの利用の制約、環境への負荷及び地球温暖化問題等の人類共通の課題の解決に資するための先導的な施策への取組が行われるべきこと。

五　次に掲げる施策が推進されるべきこと。
　　イ　地震その他の天災地変による災害の防止の効果が高く、何人も将来にわたって安心して暮らすことのできる安全な地域づくりを進めるための施策
　　ロ　被災地域における雇用機会の創出と持続可能で活力ある社会経済の再生を図るための施策
　　ハ　地域の特色ある文化を振興し、地域社会の絆の維持及び強化を図り、並びに共生社会の実現に資するための施策

六　原子力発電施設の事故による災害を受けた地域の復興については、当該災害の復旧の状況等を勘案しつつ、前各号に掲げる事項が行われるべきこと。
　　　　　　　　　　　　　　　　　（衆議院HP）

復興庁設置法（抜粋）**（2011年12月16日）**

第3条　復興庁は、次に掲げることを任務とする。

一　東日本大震災復興基本法（平成23年法律第76号）第2条の基本理念にのっとり、東日本大震災（平成23年3月11日に発生した東北地方太平洋沖地震及びこれに伴う原子力発電所の事故による災害をいう。以下同じ。）からの復興に関する内閣の事務を内閣官房とともに助けること。

二　東日本大震災復興基本法第二条の基本理念にのっとり、主体的かつ一体的に行うべき東日本大震災からの復興に関する行政事務の円滑かつ迅速な遂行を図ること。

第8条　復興庁に、復興大臣を置く。

2　復興大臣は、国務大臣をもって充てる。

3　復興大臣は、内閣総理大臣を助け、復興庁の事務を統括し、職員の服務について統括する。

第13条　復興庁に、復興推進会議（以下「会議」という。）を置く。

2　会議は、次に掲げる事務をつかさどる。
　　一　東日本大震災からの復興のための施策の実施を推進すること。
　　二　東日本大震災からの復興のための施策について必要な関係行政機関相互の調整をすること。
　　　　　　　　　　　　　　　　　　（同上）

77　野田佳彦内閣

　菅首相の辞任後、民主党の代表選で5名が争い、野田佳彦が代表となった。野田は、小沢一郎とも近い興石東を幹事長に起用し、党内の団結をはかったが、政権期にはねじれ国会とともに、小沢の行動に苦慮することになる。

　野田は、①環太平洋経済連携協定（TPP）への参加、②社会保障制度改革と消費税増税、を重要政策と位置づけていた。そこで野田内閣は、2011年11月開催のアジア太平洋経済協力会議（APEC）でTPP交渉への参加を表明しようとしたが、党内には慎重な姿勢を求める意見も強く、「交渉参加へ向けて関係国との協議に入る」と表明するにとどめた。

　他方、社会保障と税の一体改革関連法案には、党内で小沢や鳩山が反対した。野田は自民党と公明党との合意を重視し、同案は12年6月26日に衆議院で可決された。採決の際、小沢グループが造反し、民主党を離党して「国民の生活が第一」を立ち上げた。参議院での審議が難航すると、野田は自民党と公明党に「近いうちに国民に信を問う」と明言することで法案を8月10日に成立させた。

　野田政権は対東アジア外交でも難題に直面した。対中関係では、石原慎太郎東京都知事が尖閣諸島を都が購入する意向を表明したことをきっかけに、内閣は国有化に踏み切り、12年9月に閣議決定した。中国は猛反発し、日中関係はさらに冷え込んだ。対韓関係も、従軍慰安婦問題、李明博大統領による竹島上陸や天皇の謝罪を求める発言が原因となって悪化した。

　自民党と公明党は野田が早期の衆議院解散を行わないことから、参議院で野田に対する問責決議案を12年9月に可決させた。衆議院の解散を巡って与野党の対立が深まる中、11月14日の国会の党首討論で、野田は特例公債法案と選挙制度改革の実現を条件に16日に衆議院を解散すると明言した。これに自民党と公明党も賛同して、衆議院は解散された。

　12月16日の総選挙で民主党は57議席という大惨敗を喫した。小沢が結成した日本未来の党も9議席で、09年の総選挙で躍進した民主党の勢力は大幅に退潮した。この選挙結果を受け、野田首相は退陣を表明し、民主党政権は3年4カ月で終焉した。他方、自民党は294議席、公明党が31議席を獲得し、自公が政権の座に返り咲いた。他に日本維新の会が54議席と躍進したことが注目された。

党首討論における衆議院解散をめぐるやりとり（抜粋）（2012年11月14日）

内閣総理大臣（野田佳彦君）　私は、安倍総裁にお尋ねしたのは、特例公債、これは今週中に決着をつけましょうという話をしました。それが一つ。これは前向きにお答えをいただいたものと受けとめさせていただきます。

それから、一票の格差と定数是正の問題は、もともと民主党は一票の格差先行で話をしていました。

確認をしたいと思います。与野党協議を通じて定数削減や選挙制度とセットとしようとしたのは、御党を含めて、ほかの野党の皆さんです。事実関係から申し上げたいと思います。それを踏まえていて、二月の党首討論において谷垣総裁から一票の格差が最優先というお話がありましたので、それは憲法の問題にかかわりますから最優先という認識は一致をいたしました。これは順序を追っての御説明でございます。

その上で、もう過去の話ではありません。定数削減はやらなければいけないんです。消費税を引き上げる前に、お互いに国民の皆様に約束したことを、この国会で結論を出そうじゃありませんか。ぜひ、これは法案を提出いたしましたから、御党におかれても御決断をいただきますように強く期待をいたします。

その一方で、どうしても……（発言する者あり）聞いてください。どうしても定数削減で賛同していただけない、あってはならないことだと思いますが、そういうことがあった場合に、最悪のケースですよ、ここで国民の皆さんの前に約束をしてほしいんです。定数削減は来年の通常国会で必ずやり遂げる。それまでの間は議員歳費を削減する。

国民の皆様に消費税を引き上げるという御負担をお願いしている以上、定数削減をする道筋をつくらなければなりません。我々は、自分たちが出している法案に御賛同をいただきたい。諦めずにそれは粘り強く主張してまいります。

でも、ここで何も結果が出ないというわけにはいかないと思っているんです。そのためにも、ぜひ協議をしていただき、これについ

ても、これはお尻を決めなかったら決まりません。この御決断をいただくならば、私は今週末の16日に解散をしてもいいと思っております。ぜひ国民の前に約束してください。

安倍晋三君　民主党というのは、改めて、思いつきのポピュリスト政党だな、本当にそのように思いました。

そもそも、定数の削減、選挙制度、そしてその前に、憲法違反の状況を変えるための定数の是正、これをしっかりと行っていくべきだ、この協議を進めていくべきだ、我が党の方からちゃんと話をしているんですよ。それなのに、それを全然進めてこなかったのは、解散をひたすら恐れ、それを行ってこなかったのは皆さんの方じゃありませんか。そのことはまずはっきりと申し上げておきたいと思いますよ。

そして、いよいよ、民主党の党内が大混乱して、解散に追い詰められる中において、今そうおっしゃってきた。

私たちは、まずは0増5減、これは当然やるべきだと思いますよ。そして、来年の通常国会において、私たちは既に、私たちの選挙公約において、定数の削減と選挙制度の改正を行っていく、こう約束をしています。今この場で、そのことをしっかりとやっていく、約束しますよ。

（略）

内閣総理大臣（野田佳彦君）　この政治改革の議論は、もう与野党協議では相当やってまいりました。あとは、我々与党と野党第一党が決断をして、特に、我々の提案は中小政党に配慮した比例の削減であります。民主党にとってプラスの提案ではありません。そのことを踏まえて、各党の御理解を得るべく努力をしながら、早く結論を出す、ぜひこれは協力してやりましょうよ。

そして、そのことをもって、私は、いずれにしてもその結論を得るため、後ろにもう区切りをつけて結論を出そう。16日に解散をします。やりましょう、だから。

安倍晋三君　今、総理、16日に選挙をする、それは約束ですね。約束ですね。よろしいんですね。よろしいんですね。（略）

（国立国会図書館　国会会議録検索システム）

78 第46回総選挙と第2次安倍晋三内閣

　社会保障と税の一体改革を巡り、野田佳彦首相と谷垣自民党総裁が法案成立と衆議院解散に合意したことで総選挙への動きが本格化した。自民党では谷垣総裁の任期が2012年9月30日で満了することから総裁選を9月26日に実施することが決まる。再選を目指す谷垣は党内調整の失敗から出馬断念に追い込まれ、一方の町村派では会長の町村信孝の他に安倍晋三も立候補したため派閥分裂選挙となった。他にも石破茂、石原伸晃、林芳正の5人が立候補して総裁選が行われた。結果、石破199、安倍141と石破が第1位となったが過半数に至らなかったことから決選投票となり、安倍108、石破89で安倍が逆転勝利した。

　野田首相は衆議院解散を表明していたが、実際に解散がないまま10月に通常国会が開会した。11月14日の党首討論では野田首相が突如解散に言及し、16日に衆議院は解散され、12月16日に総選挙が実施されることとなった。

　総選挙をにらんで新党の結成が相次ぎ、「乱立」の様相を呈したことに批判が相次いだ。民主党小沢グループは同党を離党して「国民の生活が第一」を結成し、さらに滋賀県知事の嘉田由紀子が代表を務める日本未来の党に合流し、中道左派のまとまりが作られた。また、2005年頃より日本維新の会やみんなの党など中道政党の結党が相次いでおり、この選挙で政党要件を満たす政党は12に及び、自民・民主による「二大政党」路線が多党化にシフトした。選挙の結果、自民党が単独過半数を上回る294議席を獲得し、公明党と合わせて3分の2を確保した一方、民主党は自民党の増加分とほぼ同じ数減少した。維新やみんなが躍進する一方、未来や共産、社民は議席を減らし、全体として左派政党に厳しい結果となった。野党が分裂したことで、与党に有利な結果となったのである。

　12月26日、総選挙の結果を受けて第2次安倍晋三政権が成立した。安倍内閣では、社会保障と税の一体改革の柱である消費税増税を決定し、法案を成立させた。これによって14年4月に消費税は5%から8%に引き上げられた。なお、消費税は10%まで上げることが予定されていたが、11月の記者会見において安倍首相は再増税の先送りを表明、17年に引き上げが行われる予定となった（当時。実際の引き上げは19年10月）。また内閣法制局長官人事では、これまで内閣法制次長からの昇格が慣例であったのを、集団的自衛権に肯定的な立場をとる外務省国際法局長の小松一郎を就任させた。

「瑞穂の国」の資本主義（2013年1月）

特に総理を辞めてからの5年間、講演やミニ集会などで地方の窮状を実感する機会が数多くありました。（略）

日本という国は古来、朝早く起きて、汗を流して田畑を耕し、水を分かちあいながら、秋になれば天皇家を中心に五穀豊穣を祈ってきた、「瑞穂の国」であります。自立自助を基本とし、不幸にして誰かが病で倒れれば、村の人たちみんなでこれを助ける。これが日本古来の社会保障であり、日本人のDNAに組み込まれているものです。

私は瑞穂の国には、瑞穂の国にふさわしい資本主義があるのだろうと思っています。自由な競争と開かれた経済を重視しつつ、しかしウォール街から世間を席巻した、強欲を原動力とするような資本主義ではなく、道義を重んじ、真の豊かさを知る、瑞穂の国には瑞穂の国にふさわしい市場主義の形があります。

（安倍晋三『新しい国へ　美しい国へ完全版』）

総理大臣談話（抜粋）（2012年12月26日）

本日、私は再び内閣総理大臣を拝命し、自由民主党と公明党の連立による新たな内閣が発足いたしました。

このたびの衆議院議員総選挙の結果は、これまでの政治の混乱に終止符を打ち、責任ある安定した体制のもとで「まっとうな政治」を進めて欲しい、という国民各層の強い期待の表れだと受け止めています。（略）

政・官相互の信頼関係に基づく真の政治主導によって、「新しい日本」の国づくりを進めるための大胆な政策を果敢に打ち出してまいります。

（首相官邸HP）

所信表明演説（抜粋）（2013年1月28日）

私は、かつて病のために職を辞し、大きな政治的挫折を経験した人間です。国家の舵取りをつかさどる重責を改めてお引き受けするからには、過去の反省を教訓として心に刻み、丁寧な対話を心がけながら、真摯に国政運営に当たっていくことを誓います。

国家国民のために再び我が身を捧げんとする私の決意の源は、深き憂国の念にあります。危機的な状況にある我が国の現状を正していくために、為さなければならない使命があると信じるからです。

デフレと円高の泥沼から抜け出せず、50兆円とも言われる莫大な国民の所得と産業の競争力が失われ、どれだけ真面目に働いても暮らしが良くならない、日本経済の危機。

32万人近くにも及ぶ方々が住み慣れた故郷に戻れないまま、遅々として進んでいない、東日本大震災からの復興の危機。

外交政策の機軸が揺らぎ、その足下を見透かすかのように、我が国固有の領土・領海・領空や主権に対する挑発が続く、外交・安全保障の危機。

そして、国の未来を担う子ども達の中で陰湿ないじめが相次ぎ、この国の歴史や伝統への誇りを失い、世界に伍していくべき学力の低下が危惧される、教育の危機。

このまま、手をこまねいているわけにはいきません。

そのためには、日本の未来をおびやかしている数々の危機を何としてもとっぱしていかなければなりません。

（国立国会図書館　国会会議録検索システム）

第46回衆議院議員総選挙結果

	公示前勢力	立候補者数	当選者数	公示前比
民主党	231	267	57	-174
自民党	118	337	294	176
未来の党	61	121	9	-52
公明党	21	54	31	10
維新の会	11	172	54	43
みんなの党	8	69	18	10
共産党	9	322	8	-1
社民党	5	33	2	-3
国民新党	2	3	1	-1
諸派	4	77	1	-3
無所属	7	49	5	-2
合　計	477	1504	480	

（総務省『平成24年12月16日執行　衆議院議員総選挙最高裁判所裁判官国民審査結果調』）

79　安保法制の成立

　安倍首相は従来から集団的自衛権の行使を認める立場であったことから、第2次安倍政権では集団的自衛権に対する政府の解釈を変更して新たな安全保障政策を打ち立てようとした。2012年2月の記者会見では、第1次内閣で設置した「安全保障の法的基盤の再構築に関する懇談会」を再開させ、改めて集団的自衛権について検討を行うことを表明、13年2月に懇談会が再開された（会長・柳井俊二）。また、第1次内閣期の外務省国際法局長として同懇談会の実務を担当していた小松一郎が8月8日、内閣法制局長官に任命された。同局は従来より、集団的自衛権の行使が憲法に反すると解釈していたため、この解釈を変更する前触れではないかと指摘された。

　14年5月15日、懇談会は「安全保障環境が顕著な規模と速度で変化している」との認識のもと、「必要最小限度の自衛権の行使には個別的自衛権に加えて集団的自衛権の行使が認められるという判断」も可能であるとの提言を出し、解釈見直しを後押しした。この提言をもとに7月、政府は集団的自衛権の行使を可能とする憲法解釈の変更と、安全保障法制の整備を閣議決定した。集団的自衛権の行使にあたり、「自衛の措置としての武力の行使の新三要件」が示され、その中で、従来の個別的自衛権に加え「我が国と密接な関係にある他国に対する武力攻撃」がなされた場合にも自衛隊による武力行使が可能であるとされた。15年5月14日、安保法制関連法案が国会に提出され、審議が始まる。

　法案への賛否を巡り国会の外でも議論が広がった。端緒となったのが6月4日の衆議院憲法審査会参考人質疑において、与党推薦の学識者を含む参考人全員が法案を違憲であると表明したことである。歴代の内閣が否定してきた集団的自衛権の行使を容認することは、「合憲性を基礎づけようとする論理が破綻している」（長谷部恭男）との意見が出されたのである。法案は7月16日衆議院で、9月19日参議院でそれぞれ可決し、成立した。しかし、安保法制に反対する世論は高まりを見せ、8月30日には安保法制に反対する12万人（主催者発表）が国会を取り囲むデモが行われた。それまでの国会デモは労働組合や政党が組織したものであることが多かったが、この反対運動では「戦争させない・9条壊すな！総がかり行動」、「安全保障関連法案に反対する学者の会」や「SEALDs」といった市民団体が中心となって行われたことが注目される。

「日本を、取り戻す」(抜粋)(2013年1月)

　また、集団的自衛権の解釈を変更すべきだと私は考えます。

　日米安保条約第5条には、日本の施政下にある地域が攻撃を受けた際は、共同対処する旨が記されています。つまり米国の兵士は、日本のために命を懸けることになっています。では仮に尖閣海域の公海上を米軍の船と海上自衛隊の船が航行している際に、米国の艦船が攻撃を受けた際、自衛隊はこれを救出できるのか。集団的自衛権の行使を認めない限り、答えはノーです。(略)　集団的自衛権の行使とは、米国に従属することではなく、対等となることです。それにより、日米同盟をより強固なものとし、結果として抑止力が強化され、自衛隊も米軍も一発の弾を撃つ必要はなくなる。これが日本の安全保障の根幹を為すことは、言うまでもありません。

(安倍晋三『新しい国へ　美しい国へ完全版』)

集団的自衛権について・記者会見 (抜粋)
(2012年2月26日)

　自民党と公明党の連立政権は今日発足をいたしました。この連立政権によって政権基盤は安定し、政策を実行できるわけであります。(略)　その上において、集団的自衛権の行使、解釈の変更についてでありますが、さきの安倍政権において、安保法制懇の結果が、報告は福田内閣において官房長官に対してなされたわけであります。あの類型でいいのかどうかということについても、もう一度あの報告を安倍政権において、あのときの有識者から伺うことによって、また検討を進めていきたいと思っております。

(首相官邸HP)

安全保障関連法案に反対する学者の会・共同声明 (抜粋)(2015年7月20日)

　集団的自衛権の行使を容認することを中心とした違憲性のある安全保障関連法案が強行採決されたことに、私たちは強い怒りを込めて抗議します。(略)

　戦後の日本は憲法9条の下で、対外侵略に対して直接的な関与はしてきませんでした。政府は「安全保障環境の変化」を口実に、武力行使ができる立法を強行しようとしていますが、戦後日本が一貫してきた隣国との対話による外交に基づく信頼関係こそが、脅威を取り除いてきたという事実を見失ってならないと思います。

(『朝日新聞デジタル』)

SEALDs・Statement (抜粋)(2015年9月)

　SEALDs (Students Emergency Action for Liberal Democracy - s) は、自由で民主的な日本を守るための、学生による緊急アクションです。担い手は10代から20代前半の若い世代です。私たちは思考し、そして行動します。

　私たちは、戦後70年でつくりあげられてきた、この国の自由と民主主義の伝統を尊重します。そして、その基盤である日本国憲法のもつ価値を守りたいと考えています。この国の平和憲法の理念は、いまだ達成されていない未完のプロジェクトです。現在、危機に瀕している日本国憲法を守るために、私たちは立憲主義・生活保障・安全保障の3分野で明確なヴィジョンを表明します。

(SEALDs『SEALDs　民主主義ってこれだ!』)

安倍首相の記者会見 (抜粋)
(2015年9月25日)

　この国会では、平和安全法制も成立をいたしました。二度と戦争の惨禍を繰り返してはならない。戦後70年守り続けてきたこの不戦の誓いをより確かなものとしていく。そのための強固な基盤を作ることができたと考えています。(略)

　私も含めて、日本人の誰一人として戦争など望んでいない。当然のことであります。世界に誇る民主主義国家の規範であるこの日本において、戦争法案といったレッテル貼りを行うことは、根拠のない不安をあおろうとするものであり、全く無責任である。そのことを改めて申し上げたいと思います。

(首相官邸HP)

80　第48回総選挙と民進党の分裂

2017年9月、安倍首相と麻生太郎副総理は翌年12月に任期満了となる衆議院の解散について会談した。同25日首相は衆院解散の記者会見を行い、森友・加計問題への取り組みや少子高齢化問題（消費税増税分の使途変更）、対北朝鮮への圧力路線への信を問うとして衆議院を解散した（「国難突破解散」）。この頃民進党から離党者が相次いでいることから、選挙戦で有利に働くとの思惑もあった。

民進党では16年9月の代表選で蓮舫が前原誠司、玉木雄一郎をくだし、代表に就任した。野党側では同年春より共産党を含む共闘路線が採用されており、蓮舫もこの路線の継続を表明するが、党内の保守系議員を中心に不満は大きく、長島昭久や細野豪志が離反した。その上、17年7月の東京都議会議員選挙では小池百合子都知事が立ち上げた都民ファーストの会ブームに埋没し、惨敗したことで蓮舫体制は崩壊する。9月の代表選には前原と枝野幸男が立候補し前原が選出されたが離党ドミノは止むことなく、離党議員は都民ファが国政進出を果たすために立ち上げた希望の党に参加していった。前原代表は都民ファと対立するよりも連携の道を選ぶこととし、最終的に合流した。28日の衆院解散を受けて、前原代表は両院議員総会において総選挙で民進党の候補者を擁立せずに希望の党への事実上の合流を行うことを提案、全会一致で採択された。前原代表は民進党所属議員全員の希望の党入りを期待したが、そもそも希望の党への合流に反対する議員がおり、さらに小池代表が入党希望者の選別を明言したことから新党設立の機運が高まり、10月3日に枝野が立憲民主党を立ち上げた。なお、民進党は参議院議員を中心に存続し、18年4月には民進・希望と無所属の会の一部議員が国民民主党に合流した。なお選挙戦では、共産・社民など左派政党は選挙協力を行ったが、希望の党候補に対して共産党が対立候補を擁立するなど、民進党の分裂により野党共闘路線は事実上破綻した。

10月22日投票の総選挙では、自民党が引き続き単独過半数を維持、公明党とともに3分の2議席を維持した。野党では立憲民主党の躍進が目立ち、公示前の15議席から55議席に躍進した。その一方で希望の党は現有議席を割り込み50議席に終わった。特に東京の小選挙区では、長島のみの当選にとどまり小池代表の最側近であった若狭勝が落選するなど苦しい戦いとなった。この総選挙を受けて、安倍首相は第2次内閣の閣僚全員を再任した上で第3次内閣を組閣した。

安倍首相の記者会見（2017年9月25日）

　さきの国会では、森友学園への国有地売却の件、加計学園による獣医学部の新設などが議論となり、国民の皆様から大きな不信を招きました。私自身、閉会中審査に出席するなど、丁寧に説明する努力を重ねてまいりました。今後ともその考えに変わりはありません。（略）

　少子高齢化、緊迫する北朝鮮情勢、正に国難とも呼ぶべき事態に強いリーダーシップを発揮する。自らが先頭に立って国難に立ち向かっていく。これがトップである私の責任であり、総理大臣としての私の使命であります。苦しい選挙戦になろうとも、国民の皆様と共にこの国難を乗り越えるため、どうしても今、国民の声を聞かなければならない。そう判断いたしました。

　この解散は、国難突破解散であります。急速に進む少子高齢化を克服し、我が国の未来を開く。北朝鮮の脅威に対して、国民の命と平和な暮らしを守り抜く。この国難とも呼ぶべき問題を、私は全身全霊を傾け、国民の皆様と共に突破していく決意であります。

（首相官邸 HP）

小池百合子東京都知事の記者会見
（2017年9月26日）

【問】　前原（民進党）代表が昨日発言した「公認申請すれば、排除されない」ということについて。小池知事・代表は、安保・改憲で一致する人のみを公認すると。前原代表をだましたのでしょうか。共謀して、リベラル派大量虐殺、公認拒否、とも言われているのですが。

【小池代表】　前原代表がどういう発言したのか承知を致していませんが、排除されない、ということはございませんで、排除いたします。取捨…というか、絞らせていただきます。それは、安全保障、そして憲法観といった根幹の部分で一致していることが政党としての、政党を構成する構成員としての必要最低限のことではないかと思っておりますので、それまでの考えであったり、そういったことも踏まえながら判断をしたいと思います。

（『朝日新聞』）

枝野幸男の記者会見（2017年10月2日）

　立憲民主党代表の枝野幸男でございます。

　私たちは立憲主義という言葉を、もう一度思い出さなければならない、そんな状況になっている。森友・加計も税金の使われ方の問題なのです。国有地が安く払い下げられたら、その分は皆さんの税金が食い物にされたのと一緒なのです。安保法制をきっかけに、それまで政治にあまり関わりのなかった人たちが声をあげて頂けるようになった。この流れを止めてはいけない。草の根の民主主義を取り戻しましょう。

　上からの経済政策はもうやめましょう。右か左かという、イデオロギーの時代ではないのです。上からか、草の根からか。これが21世紀の本当の対立軸なのです。

（立憲民主党 HP）

第48回衆議院議員総選挙結果

	公示前勢力	立候補者数	当選者数	公示前比
自民党	284	332	284	0
希望の党	57	235	50	-7
公明党	35	53	29	-6
共産党	21	243	12	-9
立憲民主党	15	78	55	40
日本維新の会	14	52	11	-3
社会民主党	2	21	2	0
諸　派	0	93	0	0
無所属	44	73	22	-22
合　計	472	1180	465	

※自民党（3名）、立憲民主党（1名）の追加公認を含む。

（総務省『平成29年10月22日執行　衆議院議員総選挙最高裁判所裁判官国民審査結果調』）

民進党分裂と総選挙の経緯

9月25日	小池都知事が希望の党立ち上げ
同日	安倍首相が衆院解散表明
28日	衆院解散
同日	前原代表が希望の党への合流を提案
29日	小池代表の「排除」発言
10月3日	枝野議員が立憲民主党結成
22日	衆院選投開票、与党3分の2獲得

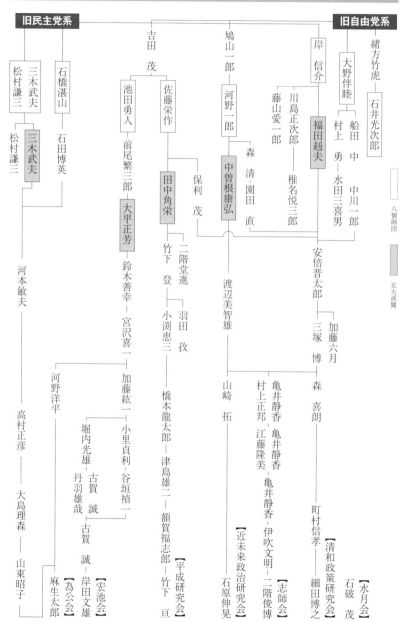

出典）中北浩爾「自民党の『派閥』はなぜ求心力を失ったのか」（東洋経済 online）を修正

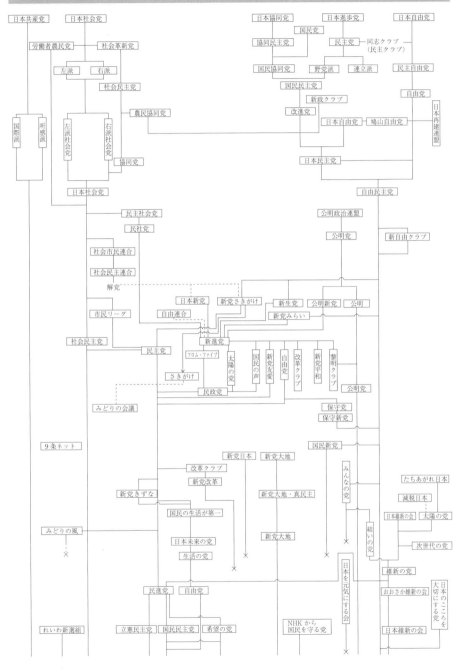

五ヶ条ノ御誓文（明治元年3月14日）

　一　廣ク會議ヲ興シ萬機公論ニ決スヘシ
　一　上下心ヲ一ニシテ盛ニ經綸ヲ行フヘシ
　一　官武一途庶民ニ至ル迄各其志ヲ遂ケ人心ヲシテ倦マサラシメン事ヲ要ス
　一　舊來ノ陋習ヲ破リ天地ノ公道ニ基クヘシ
　一　智識ヲ世界ニ求メ大ニ皇基ヲ振起スヘシ

　我國未曾有ノ変革ヲ爲ントシ朕躬ヲ以テ衆ニ先ンシ天地神明ニ誓ヒ大ニ斯國是ヲ定メ萬民保
全ノ道ヲ立ントス衆亦此旨趣ニ基キ協心努力セヨ

（『太政官日誌　慶応4年』第1－2巻、国立国会図書館デジタルコレクション）

大日本帝国憲法（1889年2月11日公布、1890年11月29日施行）

　朕祖宗ノ遺烈ヲ承ケ万世一系ノ帝位ヲ踐ミ朕カ親愛スル所ノ臣民ハ即チ朕カ祖宗ノ恵撫慈養
シタマヒシ所ノ臣民ナルヲ念ヒ其ノ康福ヲ増進シ其ノ懿徳良能ヲ発達セシメムコトヲ願ヒ又
其ノ翼賛ニ依リ与ニ倶ニ国家ノ進運ヲ扶持セムコトヲ望ミ乃チ明治十四年十月十二日ノ詔命
ヲ履踐シ茲ニ大憲ヲ制定シ朕カ率由スル所ヲ示シ朕カ後嗣及臣民及臣民ノ子孫タル者ヲシテ
永遠ニ循行スル所ヲ知ラシム
　国家統治ノ大権ハ朕カ之ヲ祖宗ニ承ケテ之ヲ子孫ニ伝フル所ナリ朕及朕カ子孫ハ将来此ノ憲
法ノ条章ニ循ヒ之ヲ行フコトヲ愆ラサルヘシ
　朕ハ我カ臣民ノ権利及財産ノ安全ヲ貴重シ及之ヲ保護シ此ノ憲法及法律ノ範囲内ニ於テ其ノ
享有ヲ完全ナラシムヘキコトヲ宣言ス
　帝国議会ハ明治二十三年ヲ以テ之ヲ召集シ議会開会ノ時ヲ以テ此ノ憲法ヲシテ有効ナラシム
ルノ期トスヘシ
　将来若此ノ憲法ノ或ル条章ヲ改定スルノ必要ナル時宜ヲ見ルニ至ラハ朕及朕カ継統ノ子孫ハ
発議ノ権ヲ執リ之ヲ議会ニ付シ議会ハ此ノ憲法ニ定メタル要件ニ依リ之ヲ議決スルノ外朕カ
子孫及臣民ハ敢テ之カ紛更ヲ試ミルコトヲ得サルヘシ
　朕カ在廷ノ大臣ハ朕カ為ニ此ノ憲法ヲ施行スルノ責ニ任スヘク朕カ現在及将来ノ臣民ハ此ノ
憲法ニ対シ永遠ニ従順ノ義務ヲ負フヘシ

御名御璽
明治二十二年二月十一日

　　第1章　天皇
第1条　大日本帝国ハ万世一系ノ天皇之ヲ統治ス
第2条　皇位ハ皇室典範ノ定ムル所ニ依リ皇男子孫之ヲ継承ス
第3条　天皇ハ神聖ニシテ侵スヘカラス
第4条　天皇ハ国ノ元首ニシテ統治権ヲ総攬シ此ノ憲法ノ条規ニ依リ之ヲ行フ
第5条　天皇ハ帝国議会ノ協賛ヲ以テ立法権ヲ行フ
第6条　天皇ハ法律ヲ裁可シ其ノ公布及執行ヲ命ス
第7条　天皇ハ帝国議会ヲ召集シ其ノ開会閉会停会及衆議院ノ解散ヲ命ス

第8条　天皇ハ公共ノ安全ヲ保持シ又ハ其ノ災厄ヲ避クル為緊急ノ必要ニ由リ帝国議会閉会ノ場合ニ於テ法律ニ代ルヘキ勅令ヲ発ス

2　此ノ勅令ハ次ノ会期ニ於テ帝国議会ニ提出スヘシ若議会ニ於テ承諾セサルトキハ政府ハ将来ニ向テ其ノ効力ヲ失フコトヲ公布スヘシ

第9条　天皇ハ法律ヲ執行スル為ニ又ハ公共ノ安寧秩序ヲ保持シ及臣民ノ幸福ヲ増進スル為ニ必要ナル命令ヲ発シ又ハ発セシム但シ命令ヲ以テ法律ヲ変更スルコトヲ得ス

第10条　天皇ハ行政各部ノ官制及文武官ノ俸給ヲ定メ及文武官ヲ任免ス但シ此ノ憲法又ハ他ノ法律ニ特例ヲ掲ケタルモノハ各々其ノ条項ニ依ル

第11条　天皇ハ陸海軍ヲ統帥ス

第12条　天皇ハ陸海軍ノ編制及常備兵額ヲ定ム

第13条　天皇ハ戦ヲ宣シ和ヲ講シ及諸般ノ条約ヲ締結ス

第14条　天皇ハ戒厳ヲ宣告ス

2　戒厳ノ要件及効力ハ法律ヲ以テ之ヲ定ム

第15条　天皇ハ爵位勲章及其ノ他ノ栄典ヲ授与ス

第16条　天皇ハ大赦特赦減刑及復権ヲ命ス

第17条　摂政ヲ置クハ皇室典範ノ定ムル所ニ依ル

2　摂政ハ天皇ノ名ニ於テ大権ヲ行フ

第2章　臣民権利義務

第18条　日本臣民タル要件ハ法律ノ定ムル所ニ依ル

第19条　日本臣民ハ法律命令ノ定ムル所ノ資格ニ応シ均ク文武官ニ任セラレ及其ノ他ノ公務ニ就クコトヲ得

第20条　日本臣民ハ法律ノ定ムル所ニ従ヒ兵役ノ義務ヲ有ス

第21条　日本臣民ハ法律ノ定ムル所ニ従ヒ納税ノ義務ヲ有ス

第22条　日本臣民ハ法律ノ範囲内ニ於テ居住及移転ノ自由ヲ有ス

第23条　日本臣民ハ法律ニ依ルニ非スシテ逮捕監禁審問処罰ヲ受クルコトナシ

第24条　日本臣民ハ法律ニ定メタル裁判官ノ裁判ヲ受クルノ権ヲ奪ハル、コトナシ

第25条　日本臣民ハ法律ニ定メタル場合ヲ除ク外其ノ許諾ナクシテ住所ニ侵入セラレ及捜索セラル、コトナシ

第26条　日本臣民ハ法律ニ定メタル場合ヲ除ク外信書ノ秘密ヲ侵サル、コトナシ

第27条　日本臣民ハ其ノ所有権ヲ侵サル、コトナシ

2　公益ノ為必要ナル処分ハ法律ノ定ムル所ニ依ル

第28条　日本臣民ハ安寧秩序ヲ妨ケス及臣民タルノ義務ニ背カサル限ニ於テ信教ノ自由ヲ有ス

第29条　日本臣民ハ法律ノ範囲内ニ於テ言論著作印行集会及結社ノ自由ヲ有ス

第30条　日本臣民ハ相当ノ敬礼ヲ守リ別ニ定ムル所ノ規程ニ従ヒ請願ヲ為スコトヲ得

第31条　本章ニ掲ケタル条規ハ戦時又ハ国家事変ノ場合ニ於テ天皇大権ノ施行ヲ妨クルコトナシ

第32条　本章ニ掲ケタル条規ハ陸海軍ノ法令又ハ紀律ニ牴触セサルモノニ限リ軍人ニ準行ス

第3章　帝国議会

第33条　帝国議会ハ貴族院衆議院ノ両院ヲ以テ成立ス

第34条　貴族院ハ貴族院令ノ定ムル所ニ依リ皇族華族及勅任セラレタル議員ヲ以テ組織ス

第35条　衆議院ハ選挙法ノ定ムル所ニ依リ公選セラレタル議員ヲ以テ組織ス

第36条　何人モ同時ニ両議院ノ議員タルコトヲ得ス

第37条　凡テ法律ハ帝国議会ノ協賛ヲ経ルヲ要ス

第38条　両議院ハ政府ノ提出スル法律案ヲ議決シ及各々法律案ヲ提出スルコトヲ得

第39条　両議院ノ一ニ於テ否決シタル法律案ハ同会期中ニ於テ再ヒ提出スルコトヲ得ス

第40条　両議院ハ法律又ハ其ノ他ノ事件ニ付キ各々其ノ意見ヲ政府ニ建議スルコトヲ得但シ其ノ採納ヲ得サルモノハ同会期中ニ於テ再ヒ建議スルコトヲ得ス

第41条　帝国議会ハ毎年之ヲ召集ス

第42条　帝国議会ハ三箇月ヲ以テ会期トス必要アル場合ニ於テハ勅命ヲ以テ之ヲ延長スルコトアルヘシ

第43条　臨時緊急ノ必要アル場合ニ於テ常会ノ外臨時会ヲ召集スヘシ

2　臨時会ノ会期ヲ定ムルハ勅命ニ依ル

第44条　帝国議会ノ開会閉会会期ノ延長及停会ハ両院同時ニ之ヲ行フヘシ

2　衆議院解散ヲ命セラレタルトキハ貴族院ハ同時ニ停会セラルヘシ

第45条　衆議院解散ヲ命セラレタルトキハ勅令ヲ以テ新ニ議員ヲ選挙セシメ解散ノ日ヨリ五箇月以内ニ之ヲ召集スヘシ

第46条　両議院ハ各々其ノ総議員三分ノ一以上出席スルニ非サレハ議事ヲ開キ議決ヲ為ス事ヲ得ス

第47条　両議院ノ議事ハ過半数ヲ以テ決ス可否同数ナルトキハ議長ノ決スル所ニ依ル

第48条　両議院ノ会議ハ公開ス但シ政府ノ要求又ハ其ノ院ノ決議ニ依リ秘密会ト為スコトヲ得

第49条　両議院ハ各々天皇ニ上奏スルコトヲ得

第50条　両議院ハ臣民ヨリ呈出スル請願書ヲ受クルコトヲ得

第51条　両議院ハ此ノ憲法及議院法ニ掲クルモノ、外内部ノ整理ニ必要ナル諸規則ヲ定ムルコトヲ得

第52条　両議院ノ議員ハ議院ニ於テ発言シタル意見及表決ニ付院外ニ於テ責ヲ負フコトナシ但シ議員自ラ其ノ言論ヲ演説刊行筆記又ハ其ノ他ノ方法ヲ以テ公布シタルトキハ一般ノ法律ニ依リ処分セラルヘシ

第53条　両議院ノ議員ハ現行犯罪又ハ内乱外患ニ関ル罪ヲ除ク外会期中其ノ院ノ許諾ナクシテ逮捕セラル、コトナシ

第54条　国務大臣及政府委員ハ何時タリトモ各議院ニ出席シ及発言スルコトヲ得

第4章　国務大臣及枢密顧問

第55条　国務各大臣ハ天皇ヲ輔弼シ其ノ責ニ任ス

2　凡テ法律勅令其ノ他国務ニ関ル詔勅ハ国務大臣ノ副署ヲ要ス

第56条　枢密顧問ハ枢密院官制ノ定ムル所ニ依リ天皇ノ諮詢ニ応ヘ重要ノ国務ヲ審議ス

第5章　司法

第57条　司法権ハ天皇ノ名ニ於テ法律ニ依リ裁判所之ヲ行フ

2　裁判所ノ構成ハ法律ヲ以テ之ヲ定ム

第58条　裁判官ハ法律ニ定メタル資格ヲ具フル者ヲ以テ之ニ任ス

2　裁判官ハ刑法ノ宣告又ハ懲戒ノ処分ニ由ルノ外其ノ職ヲ免セラル、コトナシ

3　懲戒ノ条規ハ法律ヲ以テ之ヲ定ム

第59条　裁判ノ対審判決ハ之ヲ公開ス但シ安寧秩序又ハ風俗ヲ害スルノ虞アルトキハ法律ニ依リ又ハ裁判所ノ決議ヲ以テ対審ノ公開ヲ停ムルコトヲ得

第60条　特別裁判所ノ管轄ニ属スヘキモノハ別ニ法律ヲ以テ之ヲ定ム

第61条　行政官庁ノ違法処分ニ由リ権利ヲ傷害セラレタリトスルノ訴訟ニシテ別ニ法律ヲ以テ定メタル行政裁判所ノ裁判ニ属スヘキモノハ司法裁判所ニ於テ受理スルノ限ニ在ラス

　第6章　会計
第62条　新ニ租税ヲ課シ及税率ヲ変更スルハ法律ヲ以テ之ヲ定ムヘシ
2　但シ報償ニ属スル行政上ノ手数料及其ノ他ノ収納金ハ前項ノ限ニ在ラス
3　国債ヲ起シ及予算ニ定メタルモノヲ除ク外国庫ノ負担トナルヘキ契約ヲ為スハ帝国議会ノ協賛ヲ経ヘシ
第63条　現行ノ租税ハ更ニ法律ヲ以テ之ヲ改メサル限ハ旧ニ依リ之ヲ徴収ス
第64条　国家ノ歳出歳入ハ毎年予算ヲ以テ帝国議会ノ協賛ヲ経ヘシ
2　予算ノ款項ニ超過シ又ハ予算ノ外ニ生シタル支出アルトキハ後日帝国議会ノ承諾ヲ求ムルヲ要ス
第65条　予算ハ前ニ衆議院ニ提出スヘシ
第66条　皇室経費ハ現在ノ定額ニ依リ毎年国庫ヨリ之ヲ支出シ将来増額ヲ要スル場合ヲ除ク外帝国議会ノ協賛ヲ要セス
第67条　憲法上ノ大権ニ基ツケル既定ノ歳出及法律ノ結果ニ由リ又ハ法律上政府ノ義務ニ属スル歳出ハ政府ノ同意ナクシテ帝国議会之ヲ廃除シ又ハ削減スルコトヲ得ス
第68条　特別ノ須要ニ因リ政府ハ予メ年限ヲ定メ継続費トシテ帝国議会ノ協賛ヲ求ムルコトヲ得
第69条　避クヘカラサル予算ノ不足ヲ補フ為ニ又ハ予算ノ外ニ生シタル必要ノ費用ニ充ツル為ニ予備費ヲ設クヘシ
第70条　公共ノ安全ヲ保持スル為緊急ノ需用アル場合ニ於テ内外ノ情形ニ因リ政府ハ帝国議会ヲ召集スルコト能ハサルトキハ勅令ニ依リ財政上必要ノ処分ヲ為スコトヲ得
2　前項ノ場合ニ於テハ次ノ会期ニ於テ帝国議会ニ提出シ其ノ承諾ヲ求ムルヲ要ス
第71条　帝国議会ニ於イテ予算ヲ議定セス又ハ予算成立ニ至ラサルトキハ政府ハ前年度ノ予算ヲ施行スヘシ
第72条　国家ノ歳出歳入ノ決算ハ会計検査院之ヲ検査確定シ政府ハ其ノ検査報告ト倶ニ之ヲ帝国議会ニ提出スヘシ
2　会計検査院ノ組織及職権ハ法律ヲ以テ之ヲ定ム

　第7章　補則
第73条　将来此ノ憲法ノ条項ヲ改正スルノ必要アルトキハ勅命ヲ以テ議案ヲ帝国議会ノ議ニ付スヘシ
2　此ノ場合ニ於テ両議院ハ各々其ノ総員三分ノ二以上出席スルニ非サレハ議事ヲ開クコトヲ得ス出席議員三分ノ二以上ノ多数ヲ得ルニ非サレハ改正ノ議決ヲ為スコトヲ得ス
第74条　皇室典範ノ改正ハ帝国議会ノ議ヲ経ルヲ要セス
2　皇室典範ヲ以テ此ノ憲法ノ条規ヲ変更スルコトヲ得ス
第75条　憲法及皇室典範ハ摂政ヲ置クノ間之ヲ変更スルコトヲ得ス
第76条　法律規則命令又ハ何等ノ名称ヲ用キタルニ拘ラス此憲法ニ矛盾セサル現行ノ法令ハ総テ遵由ノ効力ヲ有ス
2　歳出上政府ノ義務ニ係ル現在ノ契約又ハ命令ハ総テ第六十七条ノ例ニ依ル

（国立国会図書館ＨＰ「日本国憲法の誕生」）

理解を深めるための文献リスト

　　各項目の執筆にあたって活用した参考文献を、「通史」「内政」「外交・安全保障」「政党・派閥」「政治家研究」「政治家・官僚などの日記・回顧録」「政治家・官僚などのインタビュー」「資料」「新聞・機関紙」「雑誌」「ホームページ」に分けて、編著者名を50音順に並べた。他の書籍も用いたが、現段階で入手しやすいもの、図書館で閲覧しやすいものに限定した。いずれも戦後日本政治を理解・研究するうえで有用な書籍である。

　　アスタリスクが付された文献は、資料部分で活用したことを示している。

通史

池田慎太郎『現代日本政治史2　独立完成への苦闘』（吉川弘文館、2011 年）

石川真澄・山口二郎『戦後政治史』第三版（岩波新書、2010 年）

井上寿一『終戦後史　1945 ～ 1955』（講談社選書メチエ、2015 年）

猪木武徳『戦後世界経済史』（中公新書、2009 年）

岩渕美克・岩崎正洋編『日本の連立政権』（八千代出版、2018 年）

内田健三『戦後日本の保守政治』（岩波新書、1969 年）

内田健三『現代日本の保守政治』（岩波新書、1989 年）

内田健三・古屋哲夫・金原左門編『日本議会史録』第 4 ～ 6 巻（第一法規、1990 年）

北岡伸一『日本政治史　増補版』（有斐閣、2017 年）

北村公彦・伊藤大一・宇治敏彦・内田満・大橋豊彦・金指正雄・佐竹五六編『現代日本政党史録』全 6 巻（第一法規、2003 ～ 2004 年）

楠綾子『現代日本政治史1　占領から独立へ』（吉川弘文館、2013 年）

後藤謙次『ドキュメント平成政治史』全 3 巻（岩波書店、2014 年）

河野康子『日本の歴史 24　戦後と高度成長の終焉』（講談社学術文庫、2010 年）

佐道昭広『現代日本政治史5　「改革」政治の混迷』（吉川弘文館、2012 年）

信夫清三郎『戦後日本政治史』全 4 巻（勁草書房、1965 ～ 1967 年）

清水真人『平成デモクラシー史』（ちくま新書、2018 年）

清水唯一朗・瀧井一博・村井良太『日本政治史』（有斐閣、2020 年）

白鳥令編『新版　日本の内閣』第 3 巻（新評論、2002 年）

富田信男・楠精一郎・小西德應『日本政治の変遷　史料と基礎知識』新版（北樹出版、1993 年）

冨森叡児『戦後保守党史』（岩波現代文庫、2006 年）

中島琢磨『現代日本政治史3　高度成長と沖縄返還』（吉川弘文館、2012 年）

林茂・辻清明編『日本内閣史録』第 5・6 巻（第一法規、1981 年）

升味準之輔『戦後政治』上下（東京大学出版会、1983 年）

升味準之輔『現代政治』上下（東京大学出版会、1985 年）

御厨貴・芹川洋一『平成の政治』（日本経済新聞出版社、2018 年）

宮城大蔵『現代日本外交史』（中公新書、2016 年）

薬師寺克行『現代日本政治史』（有斐閣、2014 年）

吉田裕編『日本の時代史 26　戦後改革と逆コース』（吉川弘文館、2004 年）

若月秀和『現代日本政治史4　大国日本の政治指導』（吉川弘文館、2012 年）

内政

朝日新聞政治部『竹下政権の崩壊』（朝日新聞社、1989 年）

朝日新聞政治部『竹下派支配』（朝日新聞出版、1992 年）

粟屋憲太郎『東京裁判への道』（講談社学術文庫、2013 年）

石田博英『石橋政権・七十一日』（行政問題研究所出版局、1985 年）

井田正道編『変革期における政権と世論』（北樹出版、2010 年）

上杉隆『官邸崩壊』（幻冬舎文庫、2011 年）

宇治敏彦『鈴木政権・八六三日』（行政問題研究所出版局、1983 年）

内田雅俊『靖国神社の何が問題か』（平凡社新書、2014 年）

＊大来佐武郎『所得倍増計画の解説』（日本経済新聞社、1960 年）

逢坂巌『日本政治とメディア』（中公新書、2014 年）

大日向一郎『岸政権・一二四一日』（行政問題研究所出版局、1985 年）

岡野加穂留・藤本一美編『村山政権とデモクラシーの危機』（東信堂、2000 年）

奥健太郎・河野康子編『自民党政治の源流』（吉田書店、2015 年）

奥山俊宏『秘密解除 ロッキード事件』（岩波書店、2016 年）

長田達治『細川政権・二六三日』（行研出版局、1997 年）

川内一誠『大平政権・五五四日』（行政問題研究所出版局、1982 年）

清宮龍『福田政権・七一四日』（行政問題研究所出版局、1984 年）

楠田実編『佐藤政権・二七九七日』上下（行政問題研究所出版局、1983 年）

倉重篤郎『小泉政権・一九八〇日』上下（行研、2013 年）

古関彰一『日本国憲法の誕生』増補改訂版（岩波現代文庫、2017 年）

後藤謙次『竹下政権・五七六日』（行研出版局、2000 年）

小林良彰『政権交代』（中公新書、2012 年）

小宮京『自由民主党の誕生』（木鐸社、2010 年）

佐々木毅編著『政治改革 1800 日の真実』（講談社、1999 年）

＊SEALDs 編著『SEALDs　民主主義ってこれだ！』（大月書店、2015 年）

＊自治大学校編『戦後自治史 4　衆議院議員選挙法の改正』（自治大学校、1961 年）

＊自治大学校編『戦後自治史 6　公職追放』（自治大学校、1964 年）

信田智人『総理大臣の権力と指導力』（東洋経済新報社、1994 年）

信田智人『政治主導 vs 官僚支配』（朝日新聞出版、2013 年）

清水真人『官邸主導』（日本経済新聞社、2005 年）

清水真人『首相の蹉跌』（日本経済新聞社、2009 年）

高橋哲哉『靖国問題』（平凡社新書、2005 年）

竹中治堅『参議院とは何か―1947 ～ 2010』（中公叢書、2010 年）

竹中治堅編著『二つの政権交代』（勁草書房、2017 年）

田崎史郎『安倍官邸の正体』（講談社現代新書、2014 年）

田中愛治・河野勝・日野愛郎・飯田健・読売新聞世論調査部編『2009 年、なぜ政権交代
　　だったのか』（勁草書房、2009 年）

田中角栄『日本列島改造論』（日刊工業新聞社、1972 年）

田中一昭編著『行政改革〈新版〉』（ぎょうせい、2006 年）

田中善一郎『日本の総選挙　1946 － 2003』（東京大学出版会、2005 年）

地方自治制度研究会編『地方分権 20 年のあゆみ』（ぎょうせい、2015 年）

富田信男『芦田政権・二二三日』（行研出版局、1992 年）

中北浩爾『経済復興と戦後政治　日本社会党 1945 ～ 1951 年』（東京大学出版会、1998 年）

中北浩爾『1955 年体制の成立』（東京大学出版会、2002 年）

中北浩爾『現代日本のデモクラシー』（岩波新書、2012 年）

中北浩爾『自公政権とは何か』（ちくま新書、2019 年）

中野士郎『田中政権・八八六日』（行政問題研究所出版局、1982 年）

永野信利『吉田政権・二六一六日』第2版、上下（行研、2013年）

中村慶一郎『三木政権・七四七日』（行政問題研究所出版局、1981年）

日本再建イニシアティブ『民主党政権　失敗の検証』（中公新書、2013年）

日暮吉延『東京裁判の国際関係』（木鐸社、2002年）

弘中喜通『宮澤政権・六四四日』（行研出版局、1998年）

福永文夫『占領下中道政権の形成と崩壊』（岩波書店、1997年）

福永文夫『日本占領史　1945〜1952』（中公新書、2014年）

福永文夫『第二の「戦後」の形成過程』（有斐閣、2015年）

保阪正康『「靖国」という悩み』（毎日新聞社、2007年）

牧太郎『中曽根政権・一八〇六日』上下、（行研出版局、1988年）

牧原出『内閣政治と「大蔵省支配」』（中公叢書、2003年）

牧原出『権力移行』（NHK出版、2013年）

牧原出『「安倍一強」の謎』（朝日新書、2016年）

政野淳子『四大公害病　水俣病、新潟水俣病、イタイイタイ病、四日市公害』（中公新書、2013年）

増田弘編著『大日本帝国の崩壊と引揚・復員』（慶應義塾大学出版会 , 2012年）

増田弘『公職追放―三大政治パージの研究』（東京大学出版会、1996年）

増田弘『公職追放論』（岩波書店、1998年）

御厨貴『安倍政権は本当に強いのか』（PHP新書、2015年）

御厨貴編『「政治主導」の教訓 政権交代は何をもたらしたのか』（勁草書房、2012年）

村井哲也『戦後政治体制の起源―吉田茂の「官邸主導」』（藤原書店、2008年）

＊持株会社整理委員会調査部第二課編『日本財閥とその解体』（持株会社整理委員会、1949年）

吉田裕『昭和天皇の終戦史』（岩波新書、1992年）

吉村克己『池田政権・一五七五日』（行政問題研究所出版局、1985年）

＊読売新聞社『昭和史の天皇』第4巻（読売新聞社、1968年）

読売新聞政治部『真空国会　福田「漂流政権」の深層』（新潮社、2008年）

読売新聞政治部『自民崩壊の300日』（新潮社、2009年）

読売新聞政治部『民主瓦解』（新潮社、2012年）

外交・安全保障

明田川融『日米行政協定の政治史』（法政大学出版会、1999年）

明田川融『日米地位協定』（みすず書房、2017年）

池田慎太郎『日米同盟の政治史』（国際書院、2004年）

井上正也『日中国交正常化の政治史』（名古屋大学出版会、2010年）

植村秀樹『再軍備と五五年体制』（木鐸社、1995年）

楠綾子『吉田茂と安全保障政策の形成』（ミネルヴァ書房、2012年）

河野康子『沖縄返還をめぐる政治と外交』（東京大学出版会、1994年）

小林昭菜『シベリア抑留　米ソ関係の中での変容』（岩波書店、2018年）

坂元一哉『日米同盟の絆』（有斐閣、2000年）

佐道明広『戦後日本の防衛と政治』（吉川弘文館、2003年）

信田智人『冷戦後の日本外交』（ミネルヴァ書房、2006年）

信田智人『政権交代と戦後日本外交』（千倉書房、2018年）

信夫隆司『日米安保条約と事前協議制度』（弘文堂、2012年）

信夫隆司『若泉敬と日米密約』（日本評論社、2014年）

柴山太『日本再軍備への道』（ミネルヴァ書房、2010 年）

庄司貴由『自衛隊海外派遣と日本外交』（日本経済評論社、2015 年）

白鳥潤一郎『「経済大国」日本の外交』（千倉書房、2015 年）

鈴木宏尚『池田政権と高度成長期の日本外交』（慶應義塾大学出版会、2013 年）

田中孝彦『日ソ国交回復の史的研究』（有斐閣、1993 年）

豊下楢彦『安保条約の成立』（岩波新書、1996 年）

中島信吾『戦後日本の防衛政策』（慶應義塾大学出版会、2006 年）

中島琢磨『沖縄返還と日米安保体制』（有斐閣、2012 年）

野添文彬『沖縄返還後の日米安保』（吉川弘文館、2016 年）

服部龍二『日中国交正常化』（中公新書、2011 年）

原彬久『戦後日本と国際政治』（中央公論社、1988 年）

細谷千博『サンフランシスコ講和への道』（中央公論社、1984 年）

増田弘『自衛隊の誕生』（中公新書、2004 年）

宮城大蔵・渡辺豪『普天間・辺野古　歪められた二〇年』（集英社新書、2016 年）

山本章子『米国と日米安保条約改定』（吉田書店、2017 年）

山本章子『日米地位協定』（中公新書、2019 年）

吉澤文寿『新装新版　戦後日韓関係』（クレイン、2015 年）

吉田真吾『日米同盟の制度化』（名古屋大学出版会、2012 年）

吉次公介『池田政権期の日本外交と冷戦―戦後日本外交の座標軸 1960 ‐ 1964』（岩波書
店、2009 年）

若月秀和『「全方位外交」の時代』（日本経済評論社、2006 年）

若月秀和『冷戦の終焉と日本外交』（千倉書房、2017 年）

和田春樹『朝鮮戦争全史』（岩波書店、2002 年）

渡辺昭夫・宮里政玄『サンフランシスコ講和』（東京大学出版会、1986 年）

渡邉昭夫・河野康子編著『安全保障政策と戦後日本 1972 ～ 1994』（千倉書房、2016 年）

政党・派閥

自民党

朝日新聞政治部『竹下派支配』（朝日新聞出版、1992 年）

北岡伸一『自民党』（中公文庫、2008 年）

佐藤誠三郎・松崎哲久『自民党政権』（中央公論社、1986 年）

＊自由民主党『自由民主党党史』全 3 巻（自由民主、1987 年）

＊自由民主党編纂『自由民主党五十年史』上下（自由民主、2006 年）

中北浩爾『自民党政治の変容』（ＮＨＫ出版、2014 年）

中北浩爾『自民党』（中公新書、2017 年）

内田健三『派閥』（講談社現代新書、1983 年）

渡辺恒雄『派閥』（弘文堂、2014 年）

社会党

岡田一郎『日本社会党』（新時代社、2005 年）

＊月刊社会党編集部『日本社会党の三十年』全 3 巻（日本社会党中央本部機関紙局、1976 年）

＊資料日本社会党 50 年刊行委員会・日本社会党中央本部機関紙広報委員会編『資料 日本社
会党 50 年』（資料日本社会党 50 年刊行委員会・日本社会党中央本部機関紙広報委員会、
1995 年）

高畠通敏『社会党』（岩波書店、1989 年）

＊日本社会党結党四十周年記念出版刊行委員会編『資料 日本社会党四十年史』（日本社会党

中央本部、1985 年）

＊日本社会党五〇年史編纂委員会編『日本社会党史』（社会民主党全国連合、1996 年）

＊日本社会党政策資料集成刊行委員会・日本社会党政策審議会編『日本社会党政策資料集成』（日本社会党中央本部機関誌局、1990 年）

原彬久『戦後史のなかの日本社会党』（中公新書、2000 年）

山口二郎・石川真澄『日本社会党』（日本経済評論社、2003 年）

公明党

薬師寺克行『公明党』（中公新書、2016 年）

中野潤『創価学会・公明党の研究』（岩波書店、2016 年）

＊公明党史編纂委員会『公明党 50 年の歩み』（公明党機関紙委員会、2018 年）

民社党

＊『民社党史』（民社党史刊行委員会、1994 年）

共産党

＊日本共産党中央委員会編『日本共産党綱領集』（1957 年）

日本共産党中央委員会『日本共産党の八十年—1922 ～ 2002』（日本共産党中央委員会出版局、2003 年）

民主党

伊藤光利・宮本太郎編『民主党政権の挑戦と挫折—その経験から何を学ぶか』（日本経済評論社、2014 年）

上神貴佳・堤英敬編著『民主党の組織と政策』（東洋経済新報社、2011 年）

前田幸男・堤英敬編著『統治の条件』（千倉書房、2015 年）

政治家研究

猪木正道『評伝吉田茂』全 4 巻（ちくま学芸文庫、1995 年）

宇治敏彦編『首相列伝　伊藤博文から小泉純一郎まで』（東京書籍、2001 年）

内山融『小泉政権』（中公新書、2007 年）

江上照彦『西尾末広伝』（「西尾末広伝記」刊行委員会、1984 年）

栗田直樹『緒方竹虎』（吉川弘文館、1996 年）

高坂正堯『宰相吉田茂』（中公叢書、1968 年）

小西德應編著『三木武夫研究』（日本経済評論社、2011 年）

新川敏光『田中角栄』（ミネルヴァ書房、2018 年）

武田知己『重光葵と戦後政治』（吉川弘文館、2002 年）

服部龍二『中曽根康弘』（中公新書、2015 年）

服部龍二『田中角栄』（講談社現代新書、2016 年）

服部龍二『佐藤栄作』（朝日選書、2017 年）

服部龍二『増補版　大平正芳』（文春学藝ライブラリー、2019 年）

早野透『田中角栄』（中公新書、2012 年）

原彬久『岸信介』（岩波新書、1995 年）

原彬久『吉田茂』（岩波新書、2005 年）

福永文夫『大平正芳』（中公新書、2008 年）

藤井信幸『池田勇人』（ミネルヴァ書房、2011 年）

増田弘編『戦後日本首相の外交思想』（ミネルヴァ書房、2016 年）

増田弘『石橋湛山』（ミネルヴァ書房、2017 年）

御厨貴編『宰相たちのデッサン』（ゆまに書房、2007 年）

村井良太『佐藤栄作』（中公新書、2019 年）

矢嶋光『芦田均と日本外交』（吉川弘文館、2019 年）
＊矢部貞治『近衛文麿』下巻（弘文堂、1952 年）
　渡辺昭夫編『戦後日本の宰相たち』（中公文庫、2001 年）

政治家・官僚などの日記・回顧録

＊赤城宗徳『今だからいう』（文化総合出版、1973 年）
＊安倍晋三『美しい国へ』（文春新書、2006 年）
＊安倍晋三『新しい国へ　美しい国へ　完全版』（文春新書、2013 年）
＊池田勇人『均衡財政—附・占領下三年のおもいで』（中公文庫、1999 年）
　石橋湛一・伊藤隆編『石橋湛山日記』上下（みすず書房、2001 年）
　井出一太郎著／井出亜夫・竹内桂・吉田龍太郎編『井出一太郎回顧録』（吉田書店、2018
　　年）
　伊藤昌哉『池田勇人とその時代』（朝日文庫、1985 年）
＊江副浩正『改訂版 リクルート事件・江副浩正の真実』（中公新書ラクレ、2010 年）
＊大平正芳『大平正芳全著作集』1 ～ 4（講談社、2010 ～ 2011 年）
　岡田克也『外交をひらく』（岩波書店、2014 年）
　岸信介『岸信介回顧録—保守合同と安保改定』（廣済堂出版、1983 年）
　佐藤榮作『佐藤榮作日記』全 6 巻（朝日新聞社、1997 ～ 1998 年）
　楠田實著／和田純・五百旗頭真編『楠田實日記』（中央公論新社、2001 年）
＊河野一郎『今だから話そう』（春陽堂書店、1958 年）
　幣原喜重郎『外交五十年』（原書房、1974 年）
＊菅原通濟『無手勝流　通濟一代風雪篇』（常盤山文庫出版部、1971 年）
　中曽根康弘『自省録』（新潮文庫、2014 年）
＊鳩山一郎『鳩山一郎回顧録』（文芸春秋新社、1957 年）
　鳩山薫『鳩山一郎・薫日記』下巻（中央公論新社、2005 年）
　東久邇稔彦『東久邇日記 日本激動期の秘録』（徳間書店、1968 年）
　細川護熙『内訟録—細川護熙総理大臣日記』（日本経済新聞出版社、2010 年）
＊福田赳夫『回顧九十年』（岩波書店、1995 年）
　森田一著／福永文夫・井上正也編『大平正芳秘書官日記』（東京堂書店、2018 年）
　森喜朗『私の履歴書　森喜朗回顧録』（日本経済新聞出版社、2013 年）
＊吉田茂『回想十年』1 ～ 4（中公文庫、1998 年、改版・上中下、2014 年）
　若泉敬『他策ナカリシヲ信ゼムト欲ス』（文藝春秋、1994 年）

政治家・官僚などのインタビュー

　五百旗頭真・伊藤元重・薬師寺克行『90 年代の証言 宮澤喜一—保守本流の軌跡』（朝日
　　新聞社、2006 年）
　五百旗頭真・伊藤元重・薬師寺克行『90 年代の証言 小沢一郎—政権奪取論』（朝日新聞社、
　　2006 年）
＊五百旗頭真・伊藤元重・薬師寺克行『90 年代の証言 森喜朗—自民党と政権交代』（朝日
　　新聞社、2007 年）
　五百旗頭真・伊藤元重・薬師寺克行『90 年代の証言 野中広務—権力の興亡』（朝日新聞社、
　　2008 年）
　五百旗頭真・伊藤元重・薬師寺克行『90 年代の証言 菅直人—市民運動から政治闘争へ』
　　（朝日新聞社、2008 年）
　五百旗頭真・宮城大蔵編『橋本龍太郎外交回顧録』（岩波書店、2013 年）

石原信雄・御厨貴『首相官邸の決断』（中公文庫、2002 年）

岩野美代治著・竹内桂編『三木武夫秘書回顧録』（吉田書店、2017 年）

岸信介・矢次一夫・伊藤隆『岸信介の回想』（文春学芸ライブラリー、2014 年）

後藤田正晴『情と理』上下（講談社＋α文庫、2006 年）

竹下登『政治とは何か』（講談社、2001 年）

武村正義述／御厨貴・牧原出編『聞き書 武村正義回顧録』（岩波書店、2011 年）

中曽根康弘『天地有情』（文藝春秋、1996 年）

中曽根康弘『中曽根康弘が語る戦後日本外交』（新潮社、2012 年）

＊原彬久編『岸信介証言録』（中公文庫、2014 年）

三木睦子述・明治大学三木武夫研究会編『総理の妻』（日本経済評論社、2011 年）

御厨貴・中村隆英『聞き書 宮沢喜一回顧録』（岩波書店、2005 年）

御厨貴・牧原出編『聞き書 野中広務回顧録』（岩波現代文庫、2018 年）

＊村山富市『村山富市の証言録』（新生舎出版、2011 年）

森喜朗・田原総一郎『日本政治のウラのウラ 証言・政界 50 年』（講談社、2013 年）

薬師寺克行『証言民主党政権』（講談社、2012 年）

薬師寺克行『村山富市回顧録』（岩波現代文庫、2018 年）

山口二郎・中北浩爾編『民主党政権とは何だったのか』（岩波書店、2014 年）

資料

＊浅野豊美・吉澤文寿・李東俊・長澤裕子編集『日韓国交正常化問題資料　基礎資料編』第6 巻（現代史料出版、2011 年）

＊朝日新聞社編『民主選挙大観』（朝日新聞社、1946 年）

＊朝日新聞社編『朝日年鑑　昭和 23 年版』（朝日新聞社、1948 年）

＊有沢広巳・稲葉秀三編『資料戦後二十年史』2・経済（日本評論社、1966 年）

＊イタイイタイ病訴訟弁護団編『イタイイタイ病裁判』第 6 巻（総合図書、1974 年）

＊岩沢雄司編集代表『国際条約集 2019 年版』（有斐閣、2019 年）

＊大嶽秀夫編・解説『戦後日本防衛問題資料集』全 3 巻（三一書房、1991 ～ 1993 年）

＊外務省編纂『日本外交文書　太平洋戦争　第 3 冊』（外務省、2010 年）

＊外務省編『主要条約集』

＊外務省アジア局中国課監修『日中関係基本資料集　1949 年～ 1997 年』（霞山会、1998 年）

＊外務省特別資料部編『日本占領及び管理重要文書集』第 1 巻（東京経済新報社、1949 年）

＊外務省情報部『朝鮮の動乱とわれらの立場』（外務省情報部、1950 年）

＊外務省条約局『条約集　二国間条約　昭和四十年』（外務省条約局、1966 年）

＊憲法調査会『憲法制定の経過に関する小委員会報告書』（大蔵省印刷局、1964 年）

＊参謀本部編『敗戦の記録』（原書房、1989 年）

＊自治省選挙部編『選挙法百年史』（第一法規出版、1990 年）

＊末川博編『資料戦後二十年史』3・法律（日本評論社、1966 年）

＊袖井林二郎編訳『吉田茂＝マッカーサー往復書簡集〔1945 － 1954〕』（講談社学術文庫、2012 年）

＊創価学会四十年史編纂委員会編『創価学会四十年史』（創価学会、1970 年）

竹前英治・中村隆英監修／天川晃ほか編／平野孝解説・訳『GHQ 日本占領史 8　政府機関の再編』（日本図書センター、1996 年）

＊竹前英治・中村隆英監修／天川晃ほか編／細谷正宏・水谷憲一訳『GHQ 日本占領史 28　財閥解体』（日本図書センター、1999 年）

＊竹前英治・中村隆英監修／天川晃ほか編／合田公計解説・訳『GHQ 日本占領史 33　農地

　改革』（日本図書センター、1997 年）

＊辻清明編『資料戦後二十年史』1・政治（日本評論社、1966 年）

＊内閣制度百年史編纂委員会編『内閣制度百年史』下巻（大蔵省印刷局、1985 年）

＊日本管理法令研究会編『日本管理法令研究（複製版）』（大空社、1992 年）

＊服部龍二「連立政権合意文書―1993－2012―」（『中央大学論集』第 35 号、2014 年）

＊法政大学大原社会問題研究所編『日本労働年鑑　第 22 集　1949 年版』（東洋経済新報社、
　1949 年）

＊法政大学大原社会問題研究所編『日本労働運動資料集成』第 2 巻・1947-1949 年（旬報社、
　2007 年）

＊細谷千博・有賀貞・石井修・佐々木卓也編『日米関係資料集　1945-97』（東京大学出版会、
　1999 年）

＊毎日新聞社編『選挙総覧　昭和 24 年総選挙・国民審査』（毎日新聞社、1949 年）

＊三木武夫出版記念会編『議会政治とともに』上下（三木武夫出版記念会、1984 年）

＊村川一郎編『日本政党史辞典』下巻（国書刊行会、1998 年）

＊文部省大臣官房文書課編『終戦教育事務処理提要』第 1 輯（文部省大臣官房文書課、1945
　年）

＊臨調事務局監修『臨調最終提言　臨時行政調査会第 4 次・第 5 次答申』（行政管理研究セ
　ンター、1983 年）

＊『衆議院議員総選挙一覧　第 22 回』（衆議院事務局、1950 年）

＊『平成 15 年 11 月 9 日執行　衆議院議員総選挙最高裁判所裁判官国民審査結果調』（総務
　省自治行政局、2004 年）

＊『平成 17 年 9 月 11 日執行　衆議院議員総選挙最高裁判所裁判官国民審査結果調』（総務
　省自治行政局、2006 年）

＊『平成 19 年 7 月 29 日執行　参議院議員通常選挙結果調』（総務省自治行政局、2007 年）

＊『平成 24 年 12 月 16 日執行　衆議院議員総選挙最高裁判所裁判官国民審査結果調』（総務
　省自治行政局、2013 年）

＊『平成 29 年 10 月 22 日執行　衆議院議員総選挙最高裁判所裁判官国民審査結果調』（総務
　省自治行政局、2019 年）

＊『日本占領重要文書』第 1 巻、基本編（日本図書センター、1989 年）

新聞・機関紙

＊　『朝日新聞』

＊　『官報』

＊　『月刊社会民主』

＊　『公明新聞』

＊　『埼玉新聞』

＊　『自由新報』

＊　『しんぶん赤旗』

＊　『日本経済新聞』

＊　『毎日新聞』

＊　『読売新聞』

＊　"The New York Times"

雑誌

＊　『外交青書』

* 『国際問題』
* 『諸君』
* 『判例時報』
* 『文藝春秋』
* 『法律時報』

ホームページ
*アジア歴史資料センター（https://www.jacar.go.jp/）
* e-gov（https://www.e-gov.go.jp/）
*外務省（https://www.mofa.go.jp/mofaj/）
*宮内庁（https://www.kunaicho.go.jp/）
*国立公文書館（http://www.archives.go.jp/）
*国立国会図書館　インターネット資料収集保存事業（http://warp.da.ndl.go.jp/）
*国立国会図書館　国会会議録検索システム（https://kokkai.ndl.go.jp/#/）
*国立国会図書館　帝国議会会議録検索システム（https://teikokugikai-i.ndl.go.jp/#/）
*衆議院（http://www.shugiin.go.jp/internet/index.nsf/html/index.htm）
*自由民主党（https://www.jimin.jp/）
*首相官邸（https://www.kantei.go.jp/）
*神道政治連盟（http://www.sinseiren.org/）
*チャーチル・スピークス・ドットコム（http://www.churchill-speeches.com/）
　データベース「世界と日本」（http://worldjpn.grips.ac.jp/）
*内閣官房（https://www.cas.go.jp/）
*内閣府国際平和協力本部事務局（http://www.pko.go.jp/）
* 21世紀臨調（http://www.secj.jp/）
*日本記者クラブ（https://www.jnpc.or.jp/）
*防衛省（https://www.mod.go.jp/）
*民主党アーカイブ（http://archive.dpj.or.jp/）
*立憲民主党（https://cdp-japan.jp/）
*労働政策研究・研修機構（https://www.jil.go.jp/index.html）

著者・担当一覧

小西德應（こにし　とくおう）　　　　　　　　　　　　　　　　　　　　10-32

　　1958 年　富山県生まれ
　　明治大学政治経済学部教授
　　主要業績（いずれも共著）
　　『三木武夫研究』（日本経済評論社、2011 年）
　　『首相列伝　伊藤博文から小泉純一郎まで』（東京書籍、2001 年）
　　『新版　日本政治の変遷』（北樹出版、1992 年）

竹内　桂（たけうち　けい）　　　　　　　　　　　　33-38,47-58,65,66,72-77

　　1973 年　石川県生まれ
　　2016 年　明治大学大学院政治経済学研究科博士後期課程修了。博士（政治学）。
　　明治大学政治経済学部助教
　　主要業績
　　「岸信介内閣期の三木武夫」（『政経論叢』第 87 巻第 3・4 号、2019 年 3 月）
　　増田弘編『戦後日本首相の外交思想』（共著、ミネルヴァ書房、2016 年）
　　「『阿波戦争』に関する一考察―第 10 回参議院選挙徳島地方区における保守系候補の対立を中心に」
　　　（『選挙研究』第 32 巻第 1 号、2016 年 6 月）

松岡信之（まつおか　のぶゆき）　　　　　　　　1-9,39-46,59-64,67-71,78-80

　　1984 年　新潟県生まれ
　　2014 年　明治大学大学院政治経済学研究科博士後期課程修了。博士（政治学）
　　明治大学政治経済学部兼任講師
　　主要業績
　　「第 22 回衆議院議員総選挙における埼玉県選挙区」（『さいたま市アーカイブズセンター紀要』第 4 号、
　　　2020 年 3 月）
　　「近代日本における選挙制度に関する基礎的研究―初期帝国議会における選挙法改正議論―」（共著、
　　　『岐阜女子短期大学研究紀要』第 68 輯、2019 年 3 月）
　　「自民党における人材輩出源としての実業家について：高碕達之助を中心に」（『明治学院大学法律
　　　科学研究年報』第 31 号、2015 年 8 月）

戦後日本政治の変遷──史料と基礎知識

2020 年 4 月 1 日　初版第 1 刷発行

編著者　小西　徳應
　　　　竹内　　桂
　　　　松岡　信之

発行者　木村　慎也

定価はカバーに表示　印刷／製本　モリモト印刷

発行所　株式会社 北 樹 出 版

〒 153-0061　東京都目黒区中目黒 1-2-6
URL:http://www.hokuju.jp
電話(03)3715-1525(代表)　FAX(03)5720-1488